高等职业教育"十三五"创新型规划教材

新质量管理与审核

秦振友　李敬伟　著

北京理工大学出版社
BEIJING INSTITUTE OF TECHNOLOGY PRESS

版权专有　侵权必究

图书在版编目（CIP）数据

新质量管理与审核/秦振友，李敬伟著．—北京：北京理工大学出版社，2018.2
（2019.3 重印）

ISBN 978－7－5682－5302－4

Ⅰ.①新… Ⅱ.①秦…②李… Ⅲ.①质量管理 Ⅳ.①F273.2

中国版本图书馆 CIP 数据核字（2018）第 027048 号

出版发行 / 北京理工大学出版社有限责任公司
社　　址 / 北京市海淀区中关村南大街 5 号
邮　　编 / 100081
电　　话 / (010) 68914775（总编室）
　　　　　 (010) 82562903（教材售后服务热线）
　　　　　 (010) 68948351（其他图书服务热线）
网　　址 / http：//www.bitpress.com.cn
经　　销 / 全国各地新华书店
印　　刷 / 三河市天利华印刷装订有限公司
开　　本 / 787 毫米 × 1092 毫米　1/16
印　　张 / 15.5　　　　　　　　　　　　　　　　　责任编辑 / 李玉昌
字　　数 / 364 千字　　　　　　　　　　　　　　　文案编辑 / 韩　泽
版　　次 / 2018 年 2 月第 1 版　2019 年 3 月第 4 次印刷　责任校对 / 周瑞红
定　　价 / 39.00 元　　　　　　　　　　　　　　　责任印制 / 李　洋

图书出现印装质量问题，请拨打售后服务热线，本社负责调换

前 言

中国在1988年12月正式发布了等效采用ISO 9000标准的GB/T 10300《质量管理与质量保证》系列国家标准。1992年5月我国决定等同采用ISO 9000系列标准。该标准的发布实施，有利于我国借鉴世界经济强国的质量管理实践经验，促进我国的经济发展，提高我国的管理水平和产品质量水平。

ISO 9000族标准是一个"高度浓缩"的标准，阅读起来很难理解其含义，更难将其应用于实际工作当中。作者根据多年从事质量管理体系的实践经验，对本标准进行了诠释，阅读本书有利于读者更深刻地理解标准原文，书中提供了大量的实用性阅读材料，非常有利于读者对标准的理解和应用。

第二次世界大战期间，以美国为代表的世界军事工业得到了前所未有的发展，那时的军事产品，不仅仅注重产品的性能，更注重产品的质量。20世纪50年代末，由美国发布实施的MIL-Q-9858A《质量大纲要求》是世界上最早的有关质量保障方面的标准。该标准的建立使得美国的军品质量得到了很好的保障，并在世界范围内产生了很大的影响。一些发达国家，如法国、加拿大、英国、美国、日本等先后制订和发布了用于民品生产的质量管理和质量保障标准。

1986年，ISO（国际标准化组织）发布了第一个质量管理体系标准：ISO 8402《质量管理和质量保证——术语》，1987年相继发布了ISO 9000《质量管理和质量保障标准——选择和使用指南》、ISO 9001《质量体系——设计、开发、生产、安装和服务的质量保证模式》、ISO 9002《质量体系——生产和安装的质量保证模式》、ISO 9003《质量体系——最终检验和试验的质量保证模式》和ISO 9004《质量管理和质量体系要素——指南》，这些标准统称为系列ISO 9000标准。随后该系列标准经过了多次修改，形成了今天的ISO 9000族标准。该标准的应用有助于推动组织的质量管理国际化，在消除贸易壁垒和提高产品质量及顾客满意方面产生了积极的影响。

国际标准化组织刚刚发布的ISO 9001：2015标准与ISO 9001：2008标准相比进行了较大的改版。

为了便于使用者实施多个ISO管理体系标准，并便于使用者将质量管理体系更好地与其他管理体系融合，国际标准化组织发布了一个指导文件——ISO/IEC Directives 2013。该指导文件为管理体系标准规定了标准模板，即"标准的标准"，该模板的具体要求是：

第一章　范围
第二章　规范性引用文件
第三章　术语和定义
第四章　组织的环境
第五章　领导力
第六章　计划

第七章　支持

第八章　运行

第九章　绩效评价

第十章　改进

ISO 9001：2015 版质量管理体系遵循这一标准模板格式进行了修订和补充。

本次修订具体体现在以下几个方面：

第一，将 2008 版质量管理体系标准中的：本标准所出现的术语"产品"，也可指"服务"更改为：产品和服务，将产品和服务并列。

第二，按照"ISO/IEC Directives 2013"的要求，新增："4.1 理解组织及其背景和 4.2 理解相关方的需求和期望"。

第三，明确提出应确定质量管理体系的边界和适用性，并建立质量管理体系的范围。

第四，关于删减：不再局限于 2008 版质量管理体系标准的第 7 章。

第五，对最高管理者明确提出了"对质量管理体系的有效性承担责任"等十项要求。

第六，明确提出了质量方针应在组织内得到理解、沟通、应用等要求，质量方针需保持成文信息。

第七，取消了最高管理者代表的具体要求，将 2008 版质量管理体系标准中关于最高管理者代表的内容合并到了最高管理者的职责中。

第八，新增了 6.1 条款："应对风险和机遇的措施"，表面上看好像无"预防措施"这一条款，但通过添加"应对风险和机遇的措施"这一要求，而强化了预防措施，避免质量事故的发生。

第九，新版标准明确提出目标需保持文件化的信息。

第十，在新版标准 7.1.1 总则中，明确提出了：现有内部资源的能力和局限及需要从外部供方获取什么的要求。

第十一，在新版标准 7.1.4 过程运行环境中增加了社会和心理两个方面的因素，使得质量保障环境更充分。

第十二，删除了对计算机软件的确认要求。

第十三，新增了 7.1.6 组织知识，关注了涉及组织核心技术等方面知识的保护。

第十四，将 2008 版质量管理体系标准中的"能力、培训和意识"分为"能力"和"意识"两部分。

第十五，对于"沟通"，明确提出了沟通"沟通的内容、沟通的时机、沟通的对象、如何沟通、由谁负责沟通"五要素。

第十六，不再把质量手册作为硬性要求的条款。

第十七，新版标准在"产品与服务要求"条款中，对与顾客的沟通新增了两条要求："顾客财产的处理和控制"以及"相关时，确定应急措施的特定要求"。

第十八，将 2008 版质量管理体系标准中的"设计与开发的评审、验证、确认"合并成"产品与服务的设计开发"，明确"可以按照适合组织的方式单独或任意组合进行"。

第十九，新版标准新增了 8.4 条款"外部提供的过程、产品和服务的控制"，强化了对外包的控制。

第二十，将 2008 版质量管理体系标准中的 7.5.1 和 7.5.2 合并成了新版标准的 8.5.1

"生产和服务提供的控制"。

第二十一，将2008版质量管理体系标准中的"顾客财产"修改为："顾客或外部供方的财产"，明确了顾客或外部供方财产可以包括："原材料、组件、工具或设备、顾客现场、知识产权和个人数据"。

第二十二，新版"防护"中，明确规定了防护的内容包括标识、搬运、污染控制、包装、储存、传送或运输以及保护。

第二十三，新版标准增加了8.5.5条款"交付后的活动"。

第二十四，新版标准增加了8.5.6条款"变更控制"。

第二十五，新版标准将2008版质量管理体系标准中的8.2.3"过程的监视和测量"及8.2.4"产品的监视和测量"全部整合到了新版标准的"9.1.1总则"当中。

第二十六，新版质量管理体系标准在格式上符合"ISO/IEC Directives 2013"的要求。

当代大学生是国家未来经济建设的主力军，大学生在校期间学习质量管理体系标准，将拓宽其知识结构，丰富知识内容，提升管理水平。本书在每章节中引入了大量的案例，每章节的后面都编写了思考题，有利于学生理解标准的要求和深入思考质量管理体系标准的内涵。

本书可供各高等学校教育使用，也可供相关培训机构培训使用。

尽管本书的作者已尽了很大的努力，但不足之处在所难免，敬请读者批评指正。

秦振友

2017年12月

目 录

第一章　质量管理概述 (1)
第一节　世界范围内质量管理的四个发展阶段 (1)
一、质量检验管理阶段 (1)
二、统计质量管理阶段 (1)
三、全面质量管理阶段 (2)
四、标准质量管理阶段 (2)
第二节　质量管理在中国 (3)

第二章　质量管理体系基础知识 (6)
第一节　质量管理原则 (6)
一、组织管理 (6)
二、质量管理相关方 (6)
三、七项质量管理原则 (6)
第二节　质量管理体系的方法 (11)
第三节　质量方针和质量目标 (12)
第四节　最高管理者在质量管理体系中的作用 (14)
第五节　文件 (15)
第六节　质量管理体系的评价 (15)
第七节　持续改进 (17)
第八节　统计技术的作用 (18)
第九节　术语和定义 (18)

第三章　GB/T 19001—2016 标准的内涵 (28)
第一节　引言 (28)
一、总则 (28)
二、质量管理原则 (31)
三、过程方法 (35)
第二节　范围 (41)

第三节　规范性引用文件 …………………………………………………… (42)
第四节　术语和定义 ………………………………………………………… (42)
第五节　组织环境 …………………………………………………………… (43)
　一、理解组织及其环境 …………………………………………………… (43)
　二、理解相关方的需求和期望 …………………………………………… (44)
　三、确定质量管理体系的范围 …………………………………………… (46)
　四、质量管理体系及其过程 ……………………………………………… (48)
　五、文件和记录的宏观要求 ……………………………………………… (51)
第六节　领导作用 …………………………………………………………… (52)
　一、领导作用和承诺 ……………………………………………………… (52)
　二、方针 …………………………………………………………………… (57)
　三、组织内的角色、职责和权限 ………………………………………… (59)
第七节　策划 ………………………………………………………………… (65)
　一、应对风险和机遇的措施 ……………………………………………… (65)
　二、质量目标及其实现的策划 …………………………………………… (77)
　三、变更的策划 …………………………………………………………… (81)
第八节　支持 ………………………………………………………………… (81)
　一、资源 …………………………………………………………………… (81)
　二、能力 …………………………………………………………………… (98)
　三、意识 …………………………………………………………………… (105)
　四、沟通 …………………………………………………………………… (106)
　五、成文信息 ……………………………………………………………… (111)
第九节　运行 ………………………………………………………………… (118)
　一、运行的策划和控制 …………………………………………………… (118)
　二、产品和服务的要求 …………………………………………………… (125)
　三、产品和服务的设计和开发 …………………………………………… (133)
　四、外部提供过程、产品和服务的控制 ………………………………… (147)
　五、生产和服务的提供 …………………………………………………… (154)
　六、产品和服务的放行 …………………………………………………… (170)
　七、不合格输出的控制 …………………………………………………… (173)
第十节　绩效评价 …………………………………………………………… (176)
　一、监视、测量、分析和改进 …………………………………………… (176)
　二、内部审核 ……………………………………………………………… (189)
　三、管理评审 ……………………………………………………………… (206)
第十一节　改进 ……………………………………………………………… (210)
　一、总则 …………………………………………………………………… (210)
　二、不合格和纠正措施 …………………………………………………… (211)
　三、持续改进 ……………………………………………………………… (217)

第四章　审核知识 …………………………………………………………… (219)

第一节　基础知识 …………………………………………………………… (219)

一、基本概念 …………………………………………………………… (219)
　　二、审核原则 …………………………………………………………… (220)
　　三、审核员行为规范 …………………………………………………… (220)
　　四、审核员应具备的个人素质 ………………………………………… (220)
　第二节　管理体系认证 …………………………………………………… (221)
　　一、基本概念 …………………………………………………………… (221)
　　二、我国的认证认可管理机构 ………………………………………… (221)
　　三、管理体系认证的过程 ……………………………………………… (222)

参考文献 ……………………………………………………………………… (236)

第一章

质量管理概述

第一节　世界范围内质量管理的四个发展阶段

一、质量检验管理阶段

1. 操作工人的质量管理

20世纪以前，世界市场经济欠发达，那时手工作坊式的生产占主导地位，生产分工不细。质量检验由生产工人自己完成，产品质量主要靠操作工人的经验、技术水平来保障。

2. 质量检验管理阶段

20世纪初，资本主义生产组织不断完善，其技术越来越发达，生产分工越来越细化。美国质量管理学家泰勒首创用计划、标准化和统一管理三项原则管理生产，提出计划与执行分工、检验与生产分工，建立终端专职检验制度。事实证明，这种滞后的终端检验，即使对全部产品实施检验，也不能确保质量，因为不合格的产品已经在前面的生产过程中生成了。

二、统计质量管理阶段

第二次世界大战期间，美国经济复苏，军需物资出现大量质量问题，正如前所述，终端检验已无法解决产品质量合格率低的问题，为此，美国政府颁布了三项战时质量控制标准：Z1.1《质量控制指南》、Z1.2《数据分析用控制图法》、Z1.3《工序控制用控制图法》。这就是质量管理中最早的质量控制标准。同时，美国政府采取三项强制措施加强质量管理：第一，强行对各公司以总检验师为首的质量管理人员开办"质量控制方法学习班"；第二，强制实施三项标准及其细则；第三，军方采购部门规定所有订货合同中应规定质量管理要求条款（此即质量体系认证的雏形），否则取消订货资格。

第二次世界大战后，美国民用工业也相继采用这三项标准，以后开展国际合作，正式进入了"统计质量管理阶段"，即把质量管理的重点由生产线的终端移至生产过程的工序，把全数检验改为抽样检验，把抽样检验的数据分析制成控制图，再用控制图对工序进行加工质量监控，从而杜绝生产过程中大量不合格产品的产生。

三、全面质量管理阶段

1961年，美国通用电气公司质量经理菲根堡姆出版了《全面质量管理》一书，指出："全面质量管理是为了能够在最经济的水平上并考虑到充分满足用户要求的条件下，进行市场研究、设计、生产和服务，把企业的研制质量、维持质量和提高质量的活动构成整个有效的体系。"20世纪80年代，世界各国纷纷接受这一全新观念，并首先在日本开花结果，极具成效。

市场经济的公平、激烈竞争，要求设计开发出适销对路的产品，因此，质量管理还要前移至产品的设计开发过程，进而再前移至"市场研究"阶段，产品出厂后还要跟踪市场，积极为顾客服务，随着市场经济的不断发展，质量管理沿着产品流程向两端拓展，最终汇聚于市场。所以，全面质量管理始于市场又终于市场。

全面质量管理是全过程的，非检验部门一家所能承担，它涉及设计、工艺、设备、生产、计划、财会、教育、劳资、销售等部门。在系统论中，整个企业管理包括全面质量管理、全面财务管理、全面计划管理和全面劳动人事管理等，其中，全面质量管理是企业管理体系的核心。

全面质量管理的特征是"四全""一科学"，即全过程的质量管理、全企业的质量管理、全指标的质量管理、全员的质量管理以及以数理统计方法为中心的一套科学管理方法。

四、标准质量管理阶段

1. ISO 9000族标准的产生

1979年，国际标准化组织（ISO）成立了第176个技术委员会（TC 176），负责制订质量管理和质量保证标准。ISO/TC 176的目标是"要让全世界都接受和使用ISO 9000族标准，为提高组织的运作能力提供有效的方法；增进国际贸易，促进全球的繁荣和发展；使任何机构和个人，可以有信心从世界各地得到任何期望的产品，以及将自己的产品顺利地销到世界各地。"

1986年，ISO/TC 176发布了ISO 8402：1986《质量管理和质量保证——术语》；1987年发布了ISO 9000：1987《质量管理和质量保证标准——选择和使用指南》、ISO 9001：1987《质量体系——设计、开发、生产、安装和服务的质量保证模式》、ISO 9002：1987《质量体系——生产、安装和服务的质量保证模式》、ISO 9003：1987《质量体系——最终检验和试验的质量保证模式》以及ISO 9004：1987《质量管理和质量体系要素——指南》。这6项国际标准通称为1987版ISO 9000系列国际标准。1990年，ISO/TC 176技术委员会开始对ISO 9000系列标准进行修订，于1994年发布了ISO 8402：1994、ISO 9000-1：1994、ISO 9001：1994、ISO 9002：1994、ISO 9003：1994、ISO 9004-1：1994等6项国际标准，统称为1994版ISO 9000族标准，这些标准分别取代1987版6项ISO 9000族标准。随后，ISO 9000族标准进一步扩充到包含27个标准和技术文件的庞大标准家族。

2. 2000版ISO 9000族标准的修订情况

质量体系标准问世以来，在全球范围内得到广泛采用，对推动组织的质量管理工作和促进国际贸易的发展发挥了积极的作用。据统计，截至1998年年底，全球获得ISO 9000标准认证的组织已超过27万家。在中国，截至2000年2月底，共有16 551家企业获得质量体系认证证书。而且，质量体系认证机构签署了 IAF 质量体系认证多边承认协议。

但是，各国的标准使用者也反映这套标准还存在着一些不足和需要解决的问题。如 1994 版标准所采用的过程和语言的表述主要是针对生产硬件的组织，其他行业采用此标准时，对于标准的理解和具体实施会带来诸多不便。标准的框架提供了 3 种质量保证模式，给标准应用带来一定的局限性。标准采用 20 项质量体系要素的结构不尽合理，要素间的相关性不好。标准对 20 项质量体系要素中的 17 项规定了应建立程序并形成文件，在一定程度上限制了改进的机会。标准过多地强调质量体系的符合性，而忽视了对产品质量的保证和组织整体业绩的提高。标准对与顾客有关的接口仅做了有限的规定和要求，尤其是缺少对顾客满意和不满意信息的监控。标准没有建立 ISO 9001 与 ISO 9004 的联系，两项标准间协调性不好且结构不一。标准没有考虑与 ISO 14000 环境管理体系等其他管理体系的相容性，使组织实施综合性管理体系时产生困难，标准的通用性差，为此制订了许多指南性标准来弥补致使这套 ISO 9000 族标准数量太多的漏洞，而实际上只有少数几项标准得到广泛应用。

鉴于上述情况，ISO/TC 176 对 1994 版的 ISO 9000 族标准进行修订，并于 2000 年年底发布 2000 版的 ISO 9000 族标准。

3. 2008 版和 2015 版的修订情况

已经在"前言"中进行了详细的说明。

思考题

请简述世界范围内质量管理的几个阶段及各阶段的特征。

第二节　质量管理在中国

虽然质量管理的几种"经典模式"皆为西方国家首创，但在我国，质量管理的产生和发展过程却更源远流长。

根据历史文献记载，我国早在 2 400 多年以前，就开始了以商品成品检验为主的质量管理方法，有了青铜制刀枪武器的质量检验制度。

先秦时期的《礼记》中"月令"篇，有"物勒工名，以考其诚，工有不当，必行其罪，以究其情"的记载，其意为在生产的产品上刻上工匠或工场名字，并设置了政府中负责质量的官职"大工尹"，目的是考查质量，如质量不好，就要处罚和治罪。当时的手工业产品主要是兵器、车辆、钟、鼓等。由于兵器的质量是决定当时战争胜负的关键，是生死攸关的大事，因此质量管理就更详尽严格。如对弓箭，就分为"兵矢""田矢"和"旋矢"三类；对"弓"的原料选择规定"柏最好，其次是桔、木瓜、桑等，竹为下"；对弓体本身的弹射力、射出距离、速度、对箭上的羽毛及其位置等也有具体规定。这些规定都是根据实践经验总结出来的，目的是要生产出高质量的弓和箭。

北宋时期，为了加强对兵器的质量管理，专设了军器监，当时军器监总管沈括写的《梦溪笔谈》中就谈到了当时兵器生产的质量管理情况。据古书记载，当时兵器生产批量剧增，质量标准也更具体。这些质量标准基本上还是实践经验的总结，产品质量主要依靠工匠的实际操作技术，靠手摸、眼看等感官估量和监督的度量衡器测量而定，靠师傅传授技术经验来达到标准。可是，质量管理是严厉的，历代封建王朝，对产品都制订了一些成品验收制度和产品劣质的处罚措施。官府监造的产品一般都由生产者自检后，再由官方派员验收，而且秦、汉、唐、宋、明、清各朝都以法律形式颁布对产品劣质的处罚措施，如笞（杖打30、40、50次）、没收、罚款和对官吏撤职、降职等处罚规定。

从传统质量管理阶段到统计质量管理阶段，我国在工业产品质量检验管理中，一直沿用了苏联20世纪40—60年代使用的百分比抽样方法。直到20世纪80年代初，我国计数抽样检查标准制订贯彻后，才逐步跨入第三个质量管理阶段——统计质量管理阶段。

1981年11月，我国成立了全国统计方法应用标准化技术委员会（与ISO/TC 69对应），初步形成一个数理统计方法标准体系。该标准体系主要有六个方面的标准：数理统计方法术语与数据标准；数据的统计处理和解释；控制国标准；以数据统计方法为基础的抽样检查方法标准；测量方法和结果的精度分析标准；可靠性统计方法标准。20世纪80年代以后，产品可靠性已成为产品质量的重要指标。

上述六个方面的数理统计方法标准在质量管理过程中的实施，大大改进了产品质量，使"事后检验"转变为"事前预防"，从而有效地控制了产品或工程质量。但是，由于我国还处于社会主义初级阶段，由于企业管理水平及职工文化素质较低等方面的原因，有相当一部分企业对此"望而生畏"，从而影响了数理统计方法的推广应用。

另外，仅仅依赖质量检验和运用统计方法是很难保证与提高产品质量的。同时，把质量管理的职能仅仅交给专门的质量控制工程师和技术人员，显然也是不妥的。因此，许多企业开始了全面质量管理的实践。自1987年推行以来，全面质量管理正从工业企业逐步推行到交通运输、邮电、商业、乡镇等各类企业，甚至有些金融、卫生等方面的企事业单位也已积极推行全面质量管理。质量管理的一些概念和方法先后被制订为国家标准，我国也采用了ISO 9000国际标准，广大企业在认真总结全面质量管理经验与教训的基础上，通过宣传贯彻GB/T 19000系列标准，进一步全面深入地推行这种现代国际通用质量管理方法。

1992年，国家技术监督局召开第一次全国质量认证工作会议。次年，发布了《采用国际标准和国外先进标准管理办法》、实行采标产品标志制度，同时对6 400多个强制性国家标准进行了复审，最后确定其中1 666项为强制性国家标准。

1993年9月1日，《中华人民共和国产品质量法》经第七届全国人大常委会第三十次会议通过并颁布，标志着我国产品质量法制建设迈入了新的历史阶段。为从根本上提高我国主要产业的整体素质，使我国产品质量、工程质量、服务质量跃上一个新台阶，1996年12月24日，国务院发布了《质量振兴纲要（1996—2016年）》，提出经过5~15年的努力，实现上述目标。

2000年，第九届全国人大常委会第十六次会议通过的《关于修改〈中华人民共和国产品质量法〉的决定》实施。新的《产品质量法》明确了各级人民政府在产品质量工作中的责任；规定生产者、销售者必须建立健全内部产品质量管理制度，对产品质量监督部门依法组织进行的产品质量监督检查，生产者、销售者不得拒绝；补充、完善了产品质量监督管理的行政执法手段和必要的行政强制措施；建立了产品质量社会监督机制。

2001年，国家质量技术监督局与国家出入境检验检疫局合并，组建中华人民共和国国家质量监督检验检疫总局。

2003年8月20日，国务院审议并通过《中华人民共和国认证认可条例（草案）》。而截至当年6月底，我国认证机构已颁发经国家认可的ISO 9000质量管理体系认证证书83 906

张,由合资认证机构颁发的 ISO 9000 证书 2 300 多张。

2004 年 9 月 2 日,国家质检总局向社会发布《卓越绩效评价准则》国家标准和《卓越绩效评价准则实施指南》国家标准化指导性技术文件。该标准的发布标志着我国在推行全面质量管理 25 年后,质量管理发展进入了新的阶段。从此,质量不再只是表示狭义的产品和服务的质量,而且也不再仅仅包含工作质量,质量已经成为"追求卓越的经营质量"的代名词,并以追求"组织效率最大化和顾客价值最大化"为目标。

2008 年 12 月 30 日中华人民共和国国家质量监督检验检疫总局和中国国家标准化管理委员会发布并于 2009 年 3 月 1 日实施了《质量管理体系要求》,该标准与 2000 版质量管理体系标准相比没有什么大的变化。2008 版标准只在 2000 版的基础上变更、增加和增强了一些要求,通过对其修订,使表述更为明确,并增强与 GB/T 24001—2004 的相容性。

2016 年 12 月 31 日中华人民共和国国家质量监督检验检疫总局和中国国家标准化管理委员发布了 2016 版的质量管理体系标准,该标准与 2008 版相比在标准结构和内容上已经发生了较大的变化,具体变化已经在本书的"前言"里面进行了详细的阐述。

思考题

1. 中国质量管理有几个阶段?各有什么特点?
2. ISO 9001:2015《质量管理体系要求》与 ISO 9001:2008《质量管理体系要求》相比有哪些变化?修改的意义有哪些?

第二章

质量管理体系基础知识

第一节 质量管理原则

一、组织管理

为了成功领导和运作一个组织,需要采用系统和透明的方式进行管理。

成功地领导和运作一个组织的关键因素之一就是要求其管理方式是系统和透明的。

所谓系统的管理方式,是指按照事物本身的系统性把管理对象放在整体中认识和思考的一种方式,也就是着重从整体与部分、整体与外部环境、部分与部分之间的相互关联中研究思考管理对象,从而达到满足整体、统筹全局、把整体与部分辩证地统一起来处理问题的目的。

二、质量管理相关方

针对所有相关方的需求,实施并保持持续改进其业绩的管理体系,可使组织获得成功。质量管理是组织各项管理的内容之一。

相关方是与组织的业绩或成就有利益关系的个人或者团体。一个组织的相关方往往是多方面的,如顾客、所有者、员工、供方、银行、工会、合作伙伴或者社会等。针对这多方面的需求,实施单一的管理,往往顾此失彼,但实施并保持持续改进业绩的管理体系,会使多方面的需求得到满足,进而使组织获得成功。

最高管理者在领导组织进行业绩改进时,首先要遵守的就是七项质量管理原则。

三、七项质量管理原则

(一) 以顾客为关注焦点

GB/T 19000—2016 标准条款内容:

> A. 以顾客为关注焦点
> 质量管理的主要关注焦点是满足顾客要求并且努力超越顾客期望。

组织依存于顾客,因此,组织应当理解顾客当前和未来的需求,满足顾客需求并力争超越顾客期望。

顾客是组织的服务对象，是组织存亡的决定因素。顾客的需求和期望是组织的眼睛和方向。理解顾客的需求和期望就成为组织正确决策的前提条件。顾客包括组织内部顾客和外部顾客。

内部顾客是指组织内的个人或者团体，包括股东、员工、所有者等。另外，组织内部部门和部门之间也会形成顾客的关系，如生产部门是采购部门的顾客、销售部门是生产部门的顾客。

外部顾客包括接受组织产品（服务）的属于组织之外的个人或者组织，包含忠实顾客、流动顾客、潜力顾客。忠实顾客是指顾客与组织、产品有稳固的联系，顾客认准并长期使用组织品牌、产品；流动顾客是指顾客对组织的品牌或产品还没有上升到完全认同的高度，他们购买产品时不是非该组织的产品不买，而是处于流动状态的顾客；潜力顾客是指不是组织的现实顾客，而是组织争取的对象。

孟子说过："爱人者，人恒爱之；敬人者，人恒敬之。"故此，理解顾客的需求和期望并予以满足是组织"爱人和敬人"并得到"人恒爱之""人恒敬之"的根本措施之一。美国心理学家马斯洛提出人的"基本需求层次理论"将需求分为五种，分别为：生理上的需求，安全上的需求，情感和归属的需求，尊重的需求，自我实现的需求。另外两种需要：求知需要和审美需要。这两种需要未被列入他的需求层次排列中，他认为这二者应居于尊重需求与自我实现需求之间。

东京理工大学教授狩野纪昭定义了三个层次的顾客需求：基本型需求、期望型需求和兴奋型需求。

基本型需求：顾客认为产品"必须有"的属性或功能。当其特性不充足（不满足顾客需求）时，顾客很不满意；当其特性充足（满足顾客需求）时，顾客是满意的。

期望型需求：要求提供的产品或服务比较优秀，但并不是"必须"的产品属性或服务行为，有些期望型需求连顾客都不太清楚，但却是他们希望得到的。在市场调查中，顾客谈论的通常是期望型需求。期望型需求在产品中实现得越多，顾客就越满意；当没有实现这些需求时，顾客就不满意。

兴奋型需求：要求提供给顾客一些完全出乎意料的产品属性或服务行为，使顾客产生惊喜。当其特性不充足时，并且是无关紧要的特性，则顾客无所谓；当产品提供了这类需求中的服务时，顾客就会对产品非常满意，从而提高顾客的忠诚度。

据此调查分析顾客需求和期望并予以满足和超越，是组织永远立于不败之地的关键。

（二）领导作用

GB/T 19000—2016 标准条款内容：

> B. 领导作用
> 各级领导建立统一的宗旨和方向，并且创造全员积极参与的条件，以实现组织的质量目标。

领导者应确保组织的目标与方向的一致性。他们应当创造并保持良好的内部环境，使员工能充分参与实现组织的目标的活动。

有一个分饼的故事，发人深省：九个人曾经生活在一起，每天分吃一筐饼。最大的问题是每天的饼都是不够分的。刚开始的时候，这九个人抓阄决定分饼的次序，每人一天，结果九天当中，他们只有一人吃饱，那就是分饼的那个人。后来，他们推选出一位他们都信得过的人负责分饼，结果，大家都千方百计地讨好分饼的人，搞得这个小团体乌烟瘴气。然后，他们就组成了三人的分饼小组，结果他们各自照顾自己的好朋友，搞得大家关系紧张。最后，他们想出了一个好办法，九个人轮流分饼，但是谁分饼谁就最后吃剩下的一份，为了不让自己吃得最少，分饼的人就尽量分得公平。大家和和气气，日子过得很和谐。

从九个人分饼的故事来看，不同的决策，带来了差距较大的效果。可见，如何形成一个强有力的团队，是一个组织成功的关键。

如何才能形成一个强有力的团队？首先，领导者要确定组织的发展方向，并根据发展方向制订组织的发展目标。其次，领导者要创造良好的内部环境，让职工参与到实现目标的活动中来。良好的内部环境，包括好的企业文化、公司良好的企业形象和社会地位及良好的发展前景、个人职业生涯规划与个人晋升的机制和个人更多的学习机会、健全的薪酬与退休（退职）制度、制度化的管理、健全有效的激励系统、有效的沟通和人文关怀，满足需求的资金投放、适宜的设备、员工技能水平和科研能力等。

（三）全员参与

GB/T 19000—2016标准条款内容：

> C. 全员参与
> 在整个组织内各级人员的胜任、被授权和积极参与，是提高组织创造和提供价值能力的必要条件。

各级人员都是组织之本，唯有其充分参与，才能使他们为组织的利益发挥其才干。

一个组织要实现的首要目标是：顾客满意！

一台发动机由许许多多的零部件构成，只有所有的零部件按照各自的运行规律协调一致地运行，整台发动机才会正常运转。如果有一个零部件出现了故障，整台发动机将不能正常工作，也就完不成主人赋予它的工作任务。一个组织也是这样，它的活动有许多过程，这些过程涉及方方面面的人员，这些分布在不同岗位上的人员，就像一台机器上的零部件，必须按照各自的运行规律不折不扣地运行，整个组织才会朝着预定的方向发展，完成预定的目标。如果一个岗位上的工作人员不按照本岗位的运行规律行事，整个组织的运转将受到影响，甚至酿成大祸，"7.23"动车相撞事故就是明显的例子。

如何使各级人员充分参与到组织的活动中来，应从以下六个方面考虑：

第一，确定员工（含管理者）的需求和期望。

第二，确定满足上述要求的目标并实施实现该目标的措施。

第三，确定并实施各岗位的职责。

第四，为各岗位目标的实现提供必要的资源。

第五，规定并实施测量每个岗位工作效率的方法。

第六，针对工作岗位上发生的任何问题，及时采取必要的措施，防止不合格的事件发生。

（四）过程方法

GB/T 19000—2016标准条款内容：

> D. 过程方法
> 将活动作为相互关联、功能连贯的过程系统来理解和管理时，可更加有效和高效地得到一致的、可预知的结果。

将活动和相关资源作为过程进行管理，可以更高效地得到期望的结果。

系统的识别和管理组织所应用的过程，特别是这些过程之间的相互作用，可称之为"过程方法"。一个组织内有许多活动和相关资源，这些活动和资源的有序排列，会使一个组织迸发出强大的生命力；反之，就会造成活动重叠、资源浪费，甚至危及组织的生存。例如，在一个组织的不同活动的岗位中，职责应该明确，互不重叠，目标清晰，没有漏项。这些活动的所有岗位职责履行完毕、目标全部实现之时，也就是整个过程的全部目标得以实现之日，这就是过程方法所要达到的效果。但是现实中却不是这样，不少的组织内，这个活动和那个活动之间有重叠的地方、各岗位的职责有"打架"的地方，也有"不接手"的空白之处。这就造成了要么因职责重叠造成资源浪费，要么因职责不清使得组织的工作没有人干或者乱干，要么因活动"不接手"的遗漏而造成目标无法实现。最终导致组织的整体目标实现不了，效益大打折扣。所以说，将活动和相关资源作为过程进行管理，可以更高效地得到期望的结果。这就是这里所说的"过程方法"。

（五）改进

GB/T 19000—2016 标准条款内容：

> E. 改进
> 成功的组织持续关注改进。

任何一项活动，在活动开始之初，都要进行策划，有的组织甚至邀请专家进行精密的策划，然后付诸实施。在实施的过程中，进行全方位的检查。实践告诉我们，无论活动的策划多么周密，因为人知识的局限性、认知能力的局限性、对事物预测的局限性，往往在实施过程中出现各种出人预料的问题，例如，策划的周密性，设备运转的稳定性，操作人员的操作水平，市场的偶然性，管理人员的管理能力，管理体系的适宜性、充分性、有效性等因素在活动的运转过程中，很难都符合要求。针对这些问题，及时采取纠正措施或者预防措施，使之满足策划的要求，将会使组织的总体业绩得到最大提升，最终实现策划的目标，这就是这里所说的"持续改进"。

（六）循证决策

GB/T 19000—2016 标准条款内容：

> F. 循证决策
> 基于数据和信息的分析和评价的决策，更有可能产生期望的结果。

有效的决策是建立在对数据和信息进行分析的基础之上的。真实的数据既可以定性反映客观事实，又可以定量描述客观事实，给人以清晰明确的数量概念，更好地分析问题、解决问题，避免那种凭感觉、靠经验、"拍脑袋"粗放式的工作方法，增强了依据事实进行决策的能力。商业巨头沃尔玛公司成功的秘诀之一就是注重数据和信息分析。沃尔玛公司由美国零售业传奇人物山姆·沃尔顿先生于1962年在阿肯色州成立。经过50多年的发展，已经成为美国最大的私人雇主和世界上最大的连锁零售商。目前，沃尔玛在全球开设了超过7 000家商场，员工总数210多万人，分布在全球16个国家。每周光临沃尔玛的顾客超过1亿人次。该公司较大的两个行政部门就是市场调研部和市场分析部，每天全世界7 000多家商场的所有销售数据信息都会通过其企业自己的卫星上传到美国总部，总部的市场分析部会对这些数据信息进行分析，供公司高层领导决策。这些数据信息使公司高层领导时时把握市场脉搏，及时作出恰当的决策，使公司时时处于最高效的运转状态。

要用好基于事实的决策方法，一般情况下要做好以下三方面的工作。

首先，做好数据和信息的收集。其方法一般有调查法、访问和观察法、实验法。调查法一般分为普查和抽样调查两大类。普查适应于样本数较小的总体。抽样调查是从事物的总样本中抽取部分样本进行调查，用所得到的调查数据推断总体。抽取的样本数一般是样本总数的二次方根。访问和观察法，一般是深入现场进行现场观察（包括测绘、录音、录像、拍照、笔录、电话、互联网等）。实验法，一般是通过实验获取其他手段难以获得的信息或数据。

其次，运用统计技术对收集到的信息、数据进行分析。针对收集到的信息，运用统计技术对信息进行加工整理和价值评价。对收集到的数据信息进行加工整理的统计技术有：甘特图（又称进度图、顺序图、日程进度图）、流程图、5W2H分析表、直方图、趋势图、雷达图、扇形图、散布图等。

最后，任何事情的成功取决于活动实施之前的精心策划和正确的决策。正确的决策是建立在对数据和信息的分析之上的。沃尔玛公司的成功运作就是一个很好的证明。

（七）关系管理

GB/T 19000—2016标准条款内容：

> G. 关系管理
> 为了持续成功，组织需要管理与有关的相关方（如：供方）的关系。

组织与供方相互依存，互利的关系可增强双方创造价值的能力。

震惊全国的"三鹿奶粉事件"中，在我们大骂乳制品商缺乏职业道德、政府有关部门缺乏监管力度的时候，我们忽略了一个非常重要的环节——奶农！作为乳制品供应链的最前端，他们缺乏政策倾斜和财政补贴，"粮贱伤农"，中国的大部分奶农都濒临破产的边缘。他们缺乏法律和组织保护，中国的奶农都是分散的个体，缺乏集体议价权。尽管有奶站、奶农合作社，但依然是松散型的组织。相较于财大气粗的乳制品企业，奶农无疑是弱势的群体。

企业为了单方面地追逐利润，挤压了供方的生存空间，导致供方生存困难。为了生存，供方不得不想尽办法，甚至不择手段降低自己的成本，以牺牲原材料质量为代价，以满足自己的生存空间，其最终产品质量可想而知。这一事件让我们看到，"与供方互利的关系"在质量管理中的分量有多么重要。可见，"组织与供方相互依存、互利的关系可增强双方创造价值的能力"。

思考题

1. 七项质量管理原则的核心是什么？

2. 为什么说七项质量管理原则是最高管理者领导组织进行业绩改进的指导原则？
3. 为什么说七项质量管理原则是质量管理体系的理论基础？

第二节　质量管理体系的方法

> 质量管理体系的方法
> 建立和实施质量管理体系的方法包括以下步骤：
> a）确定顾客和其他相关方的需求和期望；
> b）建立组织的质量方针和质量目标；
> c）确定实现质量目标必需的过程和职责；
> d）确定和提供实现质量目标必需的资源；
> e）规定测量每个过程的有效性和效率的方法；
> f）应用这些测量方法确定每个过程的有效性和效率；
> g）确定防止不合格并消除其产生的原因的措施；
> h）建立和应用持续改进质量管理体系的过程。
> 上述方法也适用于保持和改进现有的质量管理体系。
> 采用上述方法的组织能对其过程能力和产品质量树立信心，为持续改进提供基础，从而增进顾客和其他相关方满意，并使组织成功。

在从事教学工作和社会实践的日子里，作者多次询问在校大学生、高校中层管理干部、企业的中层和高层管理者这样一个问题："假设你是一个企业的最高管理者，你应该如何管理？"

高校大学生的回答大同小异，概括起来就是："给顾客提供质量好的产品、聘用专业的技术人员、诚信经营。"

高校中层管理者的回答是："明确责任、制订好计划、定期检查。"

企业中层和高层管理者的回答也是大同小异："按时交货、完成利润、管理好员工、确保员工安全生产。"

上述管理者的回答，基本代表了我国目前大部分企业的管理现状。当代大学生是国家未来的管理者，他们的管理水平的高低决定着我国未来管理水平的高低。从他们的回答来看，没有发现作为高校大学生知识上的优势。当今的中国正处在赶超世界强国的历史进程中。时不待我，今天的国际、国内形势迫切要求我们有超高的管理水平，来提高我们的管理效益，实现赶超世界强国的目标。但是，纵观国内的管理现状，距离世界强国的管理水平差距明显。究其原因，就是对质量管理体系不了解、不熟悉、不使用，所以在全民中贯彻质量管理体系、提高管理水平已经迫在眉睫。上述质量管理体系的方法很全面、很清晰地说出了质量管理者必须考虑的八个方面。这八个方面的全面实施是质量保证的前提，从而增进顾客和其他相关方满意，否则，管理工作将会出现漏项。

思考题

质量管理体系的方法给了我们哪些启示？

第三节 质量方针和质量目标

GB/T 19000—2016 标准条款内容：

> 质量方针
> 关于质量的方针。
> 注1：通常，质量方针与组织（3.2.1）的总方针相一致，可以与组织的愿景（3.5.10）和使命（3.5.11）相一致，并为制订质量目标（3.7.2）提供框架。
> 注2：本标准中提出的质量管理原则可以作为制订质量方针的基础。

> 质量目标
> 与质量有关的目标。
> 注1：质量目标通常依据组织的质量方针制订。
> 注2：通常，在组织内的相关职能、层级和过程分别规定质量目标。

质量方针和质量目标的建立为组织提供了关注的焦点。两者确定了预期的结果，并帮助组织利用其资源得到这些结果。质量方针为建立和评审质量目标提供了框架。质量目标需要与质量方针和持续改进的承诺相一致，其实现需是可测量的。质量目标的实现对产品质量、运行有效性和财务业绩都有积极影响，因此对相关方的满意和信任也会产生积极影响。

质量方针是由组织的最高管理者正式发布的关于质量方面的全部意图和方向。具体见案例2-1、案例2-2。

质量目标是在质量方面所追求的目的。具体见案例2-3。

纵观我国各企业的最高管理者，注重的是质量目标的制订和完成，质量方针往往被淡化了。但是，世界上管理优秀的企业，都非常注重质量方针的制订、贯彻。质量方针是企业的一面旗帜，企业的所有员工理解并贯彻质量方针将会使所有员工劲往一处使、心往一处想，形成强大的团队，应对来自方方面面的竞争，抵挡企业经营中可能需要面对的各种风险。

案例 2-1

西门子电机（中国）有限公司质量方针

1. 让顾客满意
（1）顾客满意是公司发展的基础。
（2）向顾客提供一流的产品、服务和最高回报。

2. 创造员工价值
（1）员工是公司的重要财富和维持公司发展的生力军。
（2）每个员工的工作直接影响我们的产品和服务质量。
（3）我们将通过培训来提供员工的劳动技能和工作方法，发挥他们的创造性和主观能动性。

3. 持续改进
持续改进是我们永恒的主题，不断地改进流程，不断增强我们的竞争力。

4. 安全与环境保护

公司的安全和环境的保护是一个有关社会公德的问题，它直接影响到我们在公众心目中的形象。

案例 2-2

Jacques Whitford 的质量方针

作为1972年成立的地质技术工程公司，Jacques Whitford 以环境、工程、科学以及规划的方式方法应付竞争，在自然环境及环境建设中发挥作用，在北美为其客户提供服务、成为业内先驱。

公司承诺为客户提供特色服务。他们相信质量是业务经营理念的基础，并坚信质量管理是启动任何项目的前提和重要组成部分。

Jacques Whitford 公司的目标包括：

（1）满足客户的要求，努力超越客户的期望；

（2）进行综合业务管理，在工程、环保及地质科学咨询方面提供卓越的服务，与客户、供应商、雇员及股东互惠互利；

（3）承诺所有员工共同培育一种质量文化氛围。

Jacques Whitford 公司采用以下方法达成目标：

（1）采用系统方法贯彻质量管理体系，确保满足法律法规及其他要求，达到持续改进的目的；

（2）各层级雇员都将涉及组织质量管理体系的工作；

（3）针对公司的质量承诺，公司提供各种资源和培训的机会；

（4）为质量改进设立目标指标；

（5）定期对绩效进行管理评审，评价绩效信息并在所有雇员内进行交流。

确保在相关管理活动中贯彻此方针。上述两家企业的质量方针让他们的员工都了解到最高管理者的意图和方向，对于统一所有员工的思想和努力方向起到了旗帜的作用。

质量目标应和质量方针保持一致，并可测量。例如，天文学院办公室2014年的质量目标（摘录）中就有可圈可点之处（表2-1）。

案例 2-3

表 2-1 天文学院办公室 2014 年质量目标（摘录）

序号	质量目标	计算方法	拟完成时间
1	每学期至少召开一次师生座谈会，并采取应对措施	查验师生座谈会记录	学期末
2	服务满意率90%以上	满意率=满意人数/被调查人数×100%（随机调查）	每月
3	信报收发及时	无相关投诉	动态，期末统计

在摘录的三条质量目标中，第一条和第二条目标可测量，计算方法和拟完成时间清晰，这两项质量目标制订得较好。但是，第三项质量目标不可测量，计算方法也不可行。因为目前还没有什么是"及时"的界定，那么在衡量该目标是否完成的时候，也就失去了依据。第三项目标的计算方法也不能给出该项目表是否完成的结果，完成时间也模糊不清，所以第三项目标的制订是不合适的。

思考题

1. 质量方针的含义是什么？其核心作用是什么？
2. 质量目标为什么要求可测量？

第四节　最高管理者在质量管理体系中的作用

最高管理者在质量管理体系中的作用包括：最高管理者通过其领导作用和实际行动，可以创造一个员工充分参与的环境，质量管理体系能够在这种环境中有效运行，最高管理者可以运用质量管理原则，作为发挥以下作用的基础：

第一，制订并保持组织的质量方针和质量目标；

第二，通过在整个组织内宣传质量方针和促进质量目标的实现，增强员工意识、积极性和参与程度；

第三，确保整个组织关注顾客需求；

第四，确保实施适宜的过程，以满足顾客和其他相关方的要求并实现质量目标；

第五，确保建立、实施和保持一个有效和高效的质量管理体系以实现这些质量目标；

第六，确保获得必要的资源；

第七，定期评审质量管理体系；

第八，决定有关质量方针和质量目标的措施；

第九，决定改进质量管理体系的措施。

在这里首先谈到了最高管理者通过其"领导作用和实际行动"两项举措，来创造一个员工都充分参与的、质量管理体系可以在这里得到有效运行的环境。也就是说，要想使员工都参与到运行质量管理体系的活动中来，最高管理者必须在发挥其领导作用的同时，做到"以身作则，身体力行"地践诺质量管理体系，不能叫别人执行质量管理体系的要求，最高管理者自己却违反这些要求。这样，就不会建立"员工都充分参与的环境"，质量管理体系在这里也就不会得到有效的运行。其质量目标和顾客满意也就难以得到满足。所以说，"领导作用和实际行动"是"创造一个员工都充分参与的、质量管理体系可以在这里得到有效运行的环境"的关键作用之一。其次，强调了"最高管理者可以运用质量管理原则，作为发挥以下作用的基础"，在注重"领导作用和实际行动"的同时，将"质量管理原则"运用到从第一项到第九项中来，是最高管理者的关键作用之二。在确保上述两个关键作用之后，才具备了从第一项到第九项得到很好贯彻和实施的基础。再次，就是从第一项到第九项的落实和实施了。标准说得比较清晰，在这里就不赘述了。

> **思考题**

最高管理者在质量管理体系中的作用对我们有什么启发？

第五节 文件

GB/T 19000—2016 标准条款内容：

> 文件
> 信息及其载体。
> 示例：记录、规范、程序文件、图样、报告、标准。
> 注1：载体可以是纸张，磁性的、电子的、光学的计算机盘片，照片或标准样品，或它们的组合。
> 注2：一组文件，如若干个规范和记录，英文中通常被称为"documentation"。
> 注3：某些要求（如易读的要求）与所有类型的文件有关，然而对规范（如修订受控的要求）和记录（如可检索的要求）可以有不同的要求。

每个组织确定其所需文件的数量和详略程度及采用的媒介。这取决于下列因素：组织的类型和规模、过程的复杂性和相互作用、产品的复杂性、顾客要求、适用的法规要求、经证实的人员能力，以及满足质量管理体系要求所需证实的程度。

该标准在这里所说的文件，和我们传统意义上的文件是有区别的。在一般的概念里，传统意义上的文件一般指国家文件、省政府文件、市政府文件以及单位的红头文件等。这里说的文件是指信息及其承载的媒介，包括记录、规范、程序文件、图样、报告、标准，媒介可以是纸张，磁性的、电子的、光学的计算机盘片，照片或者标准样本，或者它们的组合。本节对文件的价值和文件的类型作了说明。需要指出的是，一个组织的文件的类型和数量不是固定不变的，文件的数量和详细程度取决于其过程、产品、人员能力等诸多因素。

> **思考题**
>
> 1. 质量管理体系的文件分为哪些？
> 2. 质量管理体系的文件有哪些作用？

第六节 质量管理体系的评价

评价质量管理体系时，应当对每一个被评价的过程提出如下四个基本问题：
a) 过程是否已被识别并适当规定？
b) 职责是否已被分配？
c) 程序是否得到实施和保持？
d) 在实现所要求的结果方面，过程是否有效？

综合上述问题的答案可以确定评价结果。质量管理体系评价可在不同的范围内，通过一系列活动来开展，如审核和评审质量管理体系以及自我评定。

质量管理体系审核：审核用于确定符合质量管理体系要求的程度。审核发现用于评定质量管理体系的有效性和识别改进的机会。

第一方审核由组织自己或以组织的名义进行，用于内部目的，可作为组织自我合格声明的基础。

第二方审核由组织的顾客或由其他人以顾客的名义进行。

第三方审核由外部独立的组织进行。这类组织通常是经认可的，提供符合要求（如GB/T 19001）的认证。GB/T 19011 提供审核指南。

质量管理体系评审：最高管理者的任务之一是对照质量方针和质量目标，定期和系统地评价质量管理体系的适宜性、充分性、有效性和效率。这种评审可包括考虑是否需要修改质量方针和质量目标，以响应相关方需求和期望的变化。评审包括确定是否需要采取措施。

审核报告与其他信息源一同用于质量管理体系的评审。

自我评定：组织的自我评定是参照质量管理体系或卓越模式，对组织的活动和结果所进行的全面和系统的评审。自我评定可对组织业绩和质量管理体系成熟程度提供全面的情况。它还有助于识别组织中需要改进的领域并确定优先开展的事项。

对质量管理体系进行评价是我们不少组织的短板。从目前我们国内各相关组织的评价来看，大部分组织还是停留在半年工作总结、年终工作总结等传统评价方式上。这种评价方式针对性不强、全面性不够，针对存在的问题，解决措施不具体。特别受到历史原因的影响，有些总结往往走了过场，对问题的解决没有丝毫的帮助。ISO 9000 标准在本节中非常明确地提出了采用四种手段来评价质量管理体系。

首先，标准对质量管理体系过程的评价，是传统评价中所欠缺的，是需要认真学习的典范。过程的评价分四个方面，具体包括：

第一，过程是否已被识别并适当规定；

第二，职责是否已被分配；

第三，程序是否得到实施和保持；

第四，在实现所要求的结果方面，过程是否有效。

上述四个方面已经很全面地列出了对过程评价的四个要素。这四个评价的要素把过程的每个环节以及整个过程的有效性评价了出来，对确保质量目标的实现提供了基础的信息和数据。评价时应考虑：

第一，过程的活动是什么，该过程的输入、输出是否都有规定和要求，顾客是否有要求，如顾客有要求，其要求在该活动中是否得到了体现、对资源是否有要求，资源的要求是否得到了规定；

第二，该过程的各个岗位职责是否得到了规定并履行；

第三，在该过程中规定的各个程序文件是否得到了有效的实施；

第四，该过程所有环节履行完毕是否得到了该过程所要求的结果，也就是说，该过程的结果是否和期望值一致。

其次，对质量管理体系审核分内部审核和外部审核。审核用于确定符合质量管理体系要求的程度。审核发现用于评定质量管理体系的有效性和识别改进的机会。（有关内部审核具体见 GB/T 19001—2016 标准 9.2 条款的介绍）

再次，质量管理体系评审，是由最高管理者主持的对质量管理体系的有效性、适宜性、充分性和效率进行的评审，又叫管理评审。（具体见 GB/T 19001—2016 标准 9.3 条款的介绍）

最后，自我评定是有组织内部人员或者聘请外部人员对组织进行的内部诊断，是参照质量管理体系或卓越模式，对组织的活动和结果所进行的全面和系统的评审，有助于识别组织中需要改进的领域并确定优先开展的事项。

思考题

质量管理体系的评价有哪些？各有什么不同？

第七节　持续改进

持续改进：持续改进质量管理体系的目的在于增加组织提升顾客和其他相关方满意的概率，改进包括下列活动：

a) 分析和评价现状，以识别改进区域；
b) 确定改进目标；
c) 寻找可能的解决办法，以实现这些目标；
d) 评价这些解决办法并作出选择；
e) 实施选定的解决办法；
f) 测量、验证、分析和评价实施的结果，以确定这些目标已经实现；
g) 正式采纳更改。

必要时，对结果进行评审，以确定进一步改进的机会。从这种意义上说，改进是一种持续的活动。顾客和其他相关方的反馈以及质量管理体系的审核和评审均能用于识别改进的机会。

关于该条款的解释，由于该条款本身已经阐述得非常清楚，在这里不再赘述。需要说明的是，从 ISO 9000：2005 标准中条款 2.5 质量方针和质量目标到 2.8 质量管理体系过程的评价，再到质量管理体系的审核，最后到质量管理体系的评审，构成了质量管理体系的三级监测，加上 2.9 的持续改进，最终描绘了完整的质量管理体系持续改进路线图。从这种意义上说，改进是一种持续的活动。顾客和其他相关方的反馈以及质量管理体系的审核和评审，均能用于识别改进的机会。

思考题

持续改进包括的活动是什么？

第八节　统计技术的作用

应用统计技术有助于了解变异，从而可帮助组织解决问题并提高有效性和效率。这些技术也有助于更好地利用可获得的数据进行决策。

在许多过程的运行和结果中，甚至是在明显的稳定条件下，均可观察到变异。这种变异可通过产品和过程的可测量特性观察到，并且在产品的整个寿命周期（从市场调研到顾客服务和最终处置）的不同阶段中看到。

统计技术有助于对这种变异进行测量、描述、分析、解释和建立模型，甚至在数据相对有限的情况下也可实现。这种数据的统计分析能对更好地理解变异的性质、程度和原因提供帮助，从而有助于解决，甚至防止由变异引起的问题，并促进持续改进。

GB/Z 19027 给出了质量管理体系中统计技术的指南。

通过"过程的评价、质量管理体系的审核、质量管理体系的评审"等环节获得了大量的数据，这些数据如果不加以整理、处理，直接应用的价值不大。利用统计技术对这些原始数据进行处理，才会发现某种变化的趋势或规律，防微杜渐，把问题消灭在萌芽状态。

统计技术能使组织更好地利用获得的数据做出决策，持续改进产品和过程的质量，实现顾客满意。

统计技术包含描述性统计、试验设计、假设检验、测量分析、过程能力分析、回归分析、可靠性分析、抽样、模拟、统计过程控制（SPC）图、统计容差法、时间序列分析法等。

思考题

统计技术的作用有哪些？

第九节　术语和定义

为了就质量管理方面所使用的术语达成共识，GB/T 19000 标准给出了质量管理体系所需的术语，本节讲述的是常用但又不容易被理解的术语，对于比较容易理解的术语，本节不再阐述。

（一）质量

GB/T 19000—2016 标准条款内容：

> 质量
> 客体的一组固有特性满足要求的程度。
> 注1：术语"质量"可使用形容词来修饰，如：差、好或优秀。
> 注2："固有的"（其反义是"赋予的"）意味着存在于客体（3.6.1）内。

特性就是一个物体区别于其他物体的特征，固有特性是指物体本来就有的特征，例如，一台电视机的颜色、款式、尺寸的大小都是固有特性,而这台电视机的价格就不是固有特性而是赋予特性。物体的固有特性离要求的差距就是质量。物体的固有特性距离要求越近,质量就越好;反之,质量就越差。一般用形容词如好、较好、差来形容质量。质量一般包括安全性、耐用性、舒适性、维护性等。

(二) 质量管理体系

GB/T 19000—2016 标准条款内容:

> 体系(系统)
> 相互关联或相互作用的一组要素。
> 管理体系
> 组织建立方针和目标以及实现这些目标的过程的相互关联或相互作用的一组要素。
> 注1:一个管理体系可以针对单一的领域或几个领域,如:质量管理(3.3.4)、财务管理或环境管理。
> 注2:管理体系要素规定了组织的结构、岗位和职责、策划、运行、方针、惯例、规则、理念、目标,以及实现这些目标的过程。
> 注3:管理体系的范围可能包括整个组织,组织中可被明确识别的职能或可被明确识别的部门,以及跨组织的单一职能或多职能的团队。
> 质量管理体系
> 管理体系中关于质量的部分。

通过上述术语可以看到,质量管理体系就是为了实现质量方针和质量目标所规定的为防止过程相互关联或相互作用的一组要素。

(三) 质量方针

GB/T 19001—2016 标准条款内容:

> 方针
> 由最高管理者正式发布的组织的宗旨和方向。

> 质量方针
> 关于质量的方针。
> 注1:通常,质量方针与组织的总方针相一致,可以与组织的愿景和使命相一致,并为制订质量目标提供框架。
> 注2:本标准中提出的质量管理原则可以作为制订质量方针的基础。

质量方针就是组织的最高管理者正式向外发布的,关于质量方面的全部意图和方向。质量方针不是口号,是组织的一面旗帜,组织的各部门和员工根据最高管理者发布的质量方针和本部门的职能及个人的职责制订各自的目标,可以起到凝聚人心、指引工作方向和努力方向的作用,可以使员工劲往一处使,心往一处想,使自己的组织成为一个有强大爆发力的团队,以支撑质量方针的实现。

在现实生活中，质量方针往往不被重视，最高管理者也不注重质量方针的制订和发布。应该在组织的各个层次和岗位依据质量方针制订质量目标，质量目标应该可以量化（定性或者定量），并和质量方针保持一致。

质量管理就是为了实现质量目标、满足质量要求，通过规定必要的运行过程，提供必要的资源并对其进行指挥和控制的活动。通过对内部审核、外部审核、管理评审、顾客反馈等渠道获得的数据进行分析、对发现的问题采取纠正措施或者预防措施，使产品质量持续得到满足，不断增强顾客满意。

（四）顾客和顾客满意

GB/T 19001—2016 标准条款内容：

> 顾客满意
> 顾客（3.2.4）对其期望已被满足程度的感受。
> 注1：在产品（3.7.6）或服务（3.7.7）交付之前，组织（3.2.1）有可能不知道顾客的期望，甚至顾客也在考虑之中。为了实现较高的顾客满意度，可能有必要满足那些顾客既没有明示，也不是通常隐含或必须履行的期望。
> 注2：投诉是一种满意程度低的最常见的表达方式，但没有投诉并不一定表明顾客很满意。
> 注3：即使规定的顾客要求符合顾客的愿望并得到满足，也不一定确保顾客很满意。
> 顾客满意行为规范
> 组织为提高顾客满意，就其行为对顾客做出的承诺及相关规定。
> 注1：相关规定可包括：目标、条件、限制、联系信息和投诉处理程序。

前文提到，顾客分内部顾客和外部顾客，内部顾客是组织的员工、股东、管理者等，是企业的生力军；外部顾客是接受组织产品的消费者、零售商、采购商等，是企业存在和发展的保障。顾客满意包括内部顾客满意和外部顾客满意。内外部顾客都满意是一个组织健康发展的保证。顾客满意是顾客的一种心理感受，既然如此，了解顾客的需求和期望并予以满足是实现顾客满意目标的必要条件。现实中，及时、准确掌握顾客的需求和期望的组织管理者并不多见；在此基础上，力争满足顾客的要求和期望者，就少之又少。所以，我国的百年老店和世界上先进国家相比，数量少得可怜。究其原因，满足顾客需求和期望的问题是主要原因。

顾客满意行为规范（具体见案例2-4和案例2-5）是顾客满意的保障，为了实现提高顾客满意的目的，组织应制订顾客满意行为规范，规定目标、条件、限制、联系信息和投诉处理程序等，使得提高顾客满意成为现实。

案例 2-4

保安工作服务程序

（1）目的

以 ISO 9001：2015 质量管理体系有关标准和法律法规为依据，以高标准严要求组建一支"思想过硬、作风优良、纪律严明、训练有素、服务一流"的专业化保安队伍，预防和减少各类治安灾害的发生,维持烟台澳柯玛住宅小区和广场日常事务的日常运转,为住宅小区和广场的工作人员及其业主提供安全满意的服务,保障公司财产和员工人身安全,特制订本制度。

(2) 适用范围

适用于管理处、安全部的工作人员。

(3) 岗位职责

① 对上级的指令绝对服从。

② 熟悉保安岗位的任务和要求,严格按照各岗位的要求工作,坚守岗位,未经许可不得离岗,积极完成当值任务。

③ 按规定时间开、关大门。

④ 做好24小时的交接岗手续,交岗时必须向接岗保安人员交代当值情况和有关物品,未交接清楚不得离岗。

⑤ 严格遵守纪律,注重仪表仪容和礼节礼貌。

⑥ 熟悉消防器材的位置和使用方法。

⑦ 熟悉住宅小区和广场的业主公约,主动为业主(客人)服务,遇到违规的事件,必须有礼节地予以制止并耐心地解释。

⑧ 爱护通信器材和公用物品,并注意妥善保管,合理使用。

⑨ 遇到突发事件(火警、抢劫、盗窃、破坏等)敢于挺身而出,保护国家财产和工作人员的安全。

⑩ 做好来人、来访登记手续,实行出入门制度,要求来客领取出门证。来访结束后出门需本公司当事人在出门证上签字后,方可放行。认真检查出入公司的人和物品,对外来人员携带公司物品离开公司时,需本公司当事人签字说明,方可放行。禁止可疑人员、推销员、小贩入内。

⑪ 统一着装、统一佩戴标志、警戒和通信工具,遵纪守法、服从命令、团结协作、秉公办事、文明用语、热情服务,自觉接受社会和公民的监督。

⑫ 规划出门前停车场具体位置,并明确标定,使汽车、摩托车、自行车各停其位,严格做到统一管理。

⑬ 负责办公楼内各部门信报的分发。

(4) 岗位纪律

① 着装清洁、精神饱满,坐姿要端正,站姿要挺拔,行走动作要规范。

② 不得擅自离开岗位,对电脑系统不得乱动。

③ 消防意识要强,善于发现问题,对于出现的可疑情况,要使用文明语言予以制止,不得用电话聊天、讲与工作无关的事,电话铃声响过三声前,必须接听电话,必须使用礼貌服务用语,如:"你好,门卫"。

④ 值班室禁止他人逗留,早班、中班吃饭均在安全部办公室,夜班最后一小时要将岗位打扫干净,否则早班可以拒绝接岗,每班的值班人员均需将物品摆放整齐,否则将给予罚款。

⑤ 领班认真记录、填写当天的值班情况。

(5) 服务意识

① 各岗位应主动为他人提供帮助，使用文明用语，对住宅小区和广场的业主点头微笑，打招呼，对询问人员笑脸相迎，不得不理不睬，热情为他人指引路径。

② 各岗位对有需求的人提供必要的协助，如搬运货物、为行动不便的人或双手提重物的人打开玻璃门，对摔跤、残障、失明等人适当搀扶，并给予言语上的安慰。

③ 下雨天值班人员要到大堂门口为下车的客人打伞，维持秩序，提醒客人路滑以防摔倒。

④ 每天早晨第一次见到住宅小区和广场的各部门领导要敬礼，其他时间见领导要立正，并点头微笑，主动问候。逢参观、检查人员经过岗位，要敬礼。

⑤ 不得与顾客发生争吵，注意说话办事的方式方法，对处理不了的事情，要及时报告领班或主管部门，在原则范围内，尽量给客户提供方便。

⑥ 岗位上严禁与他人聊天。

(6) 服务承诺

① 全年保安培训不少于60小时。

② 保安业务理论知识合格率达85%以上。

③ 全年治安、火灾事故发生率为零。

④ 全年保持车辆进出、停放无事故发生。

⑤ 认真履行好保安的职责。

案例2-5

护管员工作标准、行为规范

(1) 护管员工作时间

① 各岗位护管工作实行24小时全天候执勤。

② 三班制：早班——7:30至15:30、中班——15:30至23:30、晚班——23:30至7:30。

③ 早、中、晚三班每周依次轮换一次，每周一为倒班日。

④ 特殊情况另行安排。

(2) 护管员值勤语言、行为规范

① 值勤语言规定。

- 使用文明用语，态度和蔼可亲。
- 向业主（住户）或其他人员打招呼时，说"先生（小姐）……你好、再见"等。
- 别人主动向你打招呼或请求帮助时，说："先生（小姐）有什么需要我帮忙?"
- 需要别人配合你工作时，说："先生（小姐）……麻烦你……""谢谢""对不起"等。
- 遇到别人向你感谢时，说："不用谢，这是我应该做的。"
- 遇到有不配合工作或违反规定的人，纠正时先敬礼，然后再客气地做好纠正或宣传解释工作。

- 任何时候，不得以不礼貌或生硬的语气向别人说话，如"喂！哎！"等。

② 执勤行动规定。
- 坐姿：精神振作、姿态良好、上身正直、挺胸、双手握拳、平放于桌面上。
- 立姿：按军姿或跨立标准站立。
- 走姿：行走时，用正规的齐步（军姿要求）去做，二人成排，三人成行。
- 各岗位要求：小区大门岗护管员7:00至19:00实行站姿执勤，其他时间或进行登记时实行坐姿执勤；巡逻护管员应步伐矫健有力，进行执勤；根据实际情况，如站立时间较长的岗位可以以跨立（军训要求）进行执勤。

（3）护管员仪容仪表的规范

为使护管员上岗时保持良好的形象，特对护管员仪容仪表做如下规定：

① 统一着装，扎好腰带、领带，佩戴工作证，整洁干净、整理着装后上岗。

② 不得值勤不穿制服，或不按规定着装，不得披衣、敞怀、挽袖、卷裤腿、戴歪帽、穿拖鞋、穿运动鞋或赤脚（必须穿平底黑色皮鞋），不得将任何物体夹于腋下。

③ 不留长发，不留长鬓角、长指甲，鼻毛不得长出鼻孔，不得染发、烫发，不得佩戴饰物，不得化妆。

④ 坐时要抬头挺胸，不得弯腰驼背，不得东倒西歪，前倚后靠；站时按军姿标准站立；行进时按军训"齐步走"规定进行，二人成排，三人成行，步伐统一。

⑤ 不得勾肩搭背，不得伸懒腰，不得背手、叉腰或把手插入衣袋，不准边值勤边吸烟、吃零食、看书报，不准哼歌曲、吹口哨。

⑥ 注意检查和保持仪表，不得当众整理衣物。

⑦ 不得随地吐痰，乱丢杂物。

⑧ 注意个人卫生。

（4）护管员职业道德规范

① 热爱本职、忠于职守。

护管员担负着协助公安机关维护社会治安秩序，保障业主（住户）生命、财产安全的责任。因此护管员应树立起主人翁的责任感和自豪感，把本职工作与社会安定的大目标联系起来，以高度的敬业精神，满腔热忱投入工作，认真履行职责，兢兢业业，任劳任怨，出色地完成护管任务。

② 遵纪守法、勇于护法。

护管员必须模范地学法、守法、用法，确保业主（住户）安全，提供优质的护管服务，赢得社会认可和业主（住户）的信任。

③ 不计得失、勇于奉献。

护管员是公司和业主（住户）正当利益的忠实卫士，在任何时候、任何情况下都应当将公司和业主（住户）的正当利益摆在第一位，为了维护公司利益和业主（住户）的生命财产安全，不惜牺牲一切。

④ 文明值勤、礼貌待人。

热爱业主（住户），关心业主（住户）是护管职业道德的核心；文明值勤，礼貌待人是护管人员精神风貌的具体表现。

⑤ 廉洁奉公、不牟私利。

护管服务与业主（住户）有着广泛的关系，个别人为牟取私利，会通过各种途径对护管员进行收买拉拢，通融人情，为其违章、违法行为打开方便之门，护管员必须廉洁自律、坚持原则、照章办事，不以工作之便，收受业主（住户）的任何礼品或礼金，不做有损公司利益和形象的事。

（5）护管员纪律

① 模范遵守国家的法律、法规及公司的各项规章制度。

② 服从管理，听从指挥，廉洁奉公，敢于同违法犯罪分子作斗争。

③ 坚守岗位，忠于职守，严格执行岗位责任制。

④ 注意仪容整洁，讲究文明服务，礼貌待人。

⑤ 值班时禁止喝酒、吸烟、吃东西，不准嬉笑、打闹，不准会客、看书报、听广播，不准做与值班无关的事。

⑥ 不准包庇坏人，不准贪污受贿，不准徇私舞弊。

⑦ 不准擅自带人进公司留宿。

⑧ 爱护各种警械器具装备，不得丢失、损坏、转借或随意携带外出。

⑨ 不准利用娱乐之便变相赌博。

⑩ 严格执行请、销假制度，有事外出时必须请假。

（五）组织

GB/T 19000—2016 标准条款内容：

组织

为实现目标，由职责、权限和相互关系构成自身职能的一个人或一组人。

注1：组织的概念包括，但不限于代理商、公司、集团、商行、企事业单位、行政机构、合营公司、社团、慈善机构或研究机构，或上述组织的部分或组合，无论是否为法人组织，公有的或私有的。

组织可以是一个人也可以是一组人。一个组织根据其自身情况，可采用相应的组织结构。组织结构一般分为：

第一，直线式组织结构，其特点是组织中各种职务按垂直系统直线排列（图2-1）。各

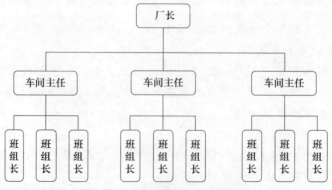

图2-1　直线式组织结构示意图

位领导者对其管理的各下属拥有直接的领导权。下属一般向自己的直接上级报告工作。其优点是：决策迅速、沟通便捷、命令统一。其缺点是：不适合大型组织、横向联系和协调较差。

第二，事业部式组织结构，其特点是组织按照区域或者所经营的产品来划分部门，各事业部单独核算，自负盈亏（图 2-2）。其优点是：有较强的适应性和稳定性，能适应不稳定环境所带来的变化。由于这种结构，每种产品都是一个独立的部分，有精力通过和顾客的沟通，满足顾客的满意。由于一个领导可以管理几个部门，所以有利于部门间的相互协调。其缺点是：由于机构重复，造成管理人员的浪费。由于各部门独立决算，所以，各部门间相互支持方面较差。

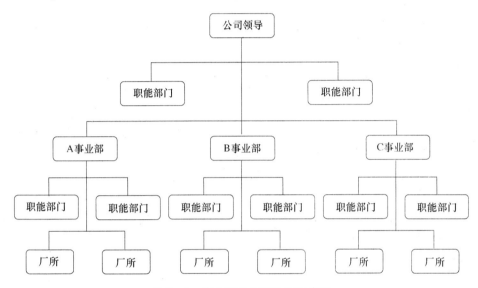

图 2-2　事业部式组织结构示意图

第三，职能式组织结构，其特点是根据管理者的特长，安排相应的管理工作，代替全能型的直线式管理者（图 2-3）。其优点是：职能机构有权在自己的业务范围内，向下级部门下达命令和指示，专业技术会因地制宜地适合部门的发展。其缺点是：跨部门协调能力较弱。

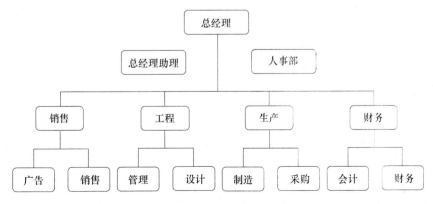

图 2-3　职能式组织结构示意图

第四，矩阵式组织结构，其特点是既可以满足专业知识的需求，又可以满足对每个产品作出快速反应的需求（图2-4）。其优点是：有较强的灵活性和适应性，人力物力财力可以在不同部门之间协调和配合。其缺点是：组织结构性较差，双重管理容易引起冲突。

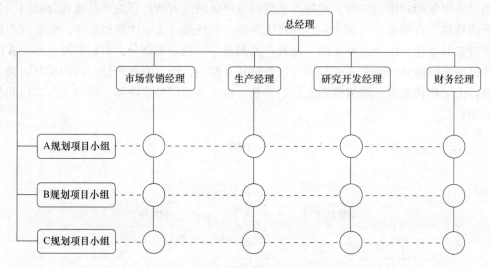

图2-4 矩阵式组织结构示意图

一个组织体现在人员的职责、权限和相互关系的安排，组织经营得如何取决于上述三个要素运用的程度。职责、权限以及相互关系高效运转，这个组织就会表现出旺盛的生命力。在现实生活中，绝大部分组织都规定了各岗位的职责和权限（个别组织连基本的岗位职责都没有），但是有些组织的岗位职责形同虚设，岗位人员基本不知道自己的岗位职责是什么，更谈不上高效履行其岗位职责。这样的组织要实现其质量目标谈何容易！

（六）质量计划

GB/T 19001—2016 标准条款内容：

质量计划

对特定的客体，规定由谁及何时应用所确定的程序和相关资源的规范。

注1：这些程序通常包括所涉及的那些质量管理过程以及产品和服务实现过程。

注2：通常，质量计划引用质量手册的部分内容或程序文件。

注3：质量计划通常是质量策划的结果之一。

质量管理体系是通用的，它适合于各种类型不同规模提供不同产品的组织。但是在建立并实施质量管理体系的组织当中有些项目或者产品、过程、合同有其独特的要求，对于这些特殊的情况，由于质量管理体系是通用的，没有提出具体的要求，所以组织就要根据这些特殊的情况，对质量管理体系做出特殊的补充。质量计划就是应对这些特殊类型的过程、产品、项目的文件。

可以用下面的比喻说明质量管理体系与质量计划的关系：一个组织的质量管理体系好比这个组织的运输车辆库，它可以提供通用物资的运输，而质量计划就是这个通用车辆库中特殊物资运输专用车辆。对于通用车辆无法满足的运输任务，由特殊物资专用车辆来执行运输任务，实现把特殊物资安全运输到指定地点的目的。

一个组织是否需要编制质量计划取决于组织本身的具体情况。目的是顾客满意，只要能实现顾客满意，那就可以不编，但是质量控制是对过程的每一个环节的控制，如果某个过程没有文件加以控制，该过程很难满足产品质量的保证要求。

由于国情的不同、文化的差异，很多组织其实已经在工作过程中编制了质量计划，只是名称各异而已。

（七）审核范围

GB/T 19000—2016 标准条款内容：

> 审核范围
> 审核的内容和界限。
> 注：审核范围通常包括对受审核组织的实际位置、组织单元、活动和过程（3.4.1），以及审核所覆盖时期的描述。

实际位置就是受审核方的地理位置，组织单元就是受审核方的部门、岗位或者职能。活动和过程是指受审核方的质量管理体系所覆盖的活动和过程。所覆盖的时期是指对受审核方进行审核时从开始审核到审核结束的时间段。

思考题

请结合实际情况，谈谈如何理解"组织"这个概念？

第三章

GB/T 19001—2016标准的内涵

第一节 引言

一、总则

GB/T 19001—2016 标准条款内容：

> 0.1 总则
> 采用质量管理体系是组织的一项战略决策，能够帮助其提高整体绩效，为推动可持续发展奠定良好基础。
> 组织根据本标准实施质量管理体系，具有如下潜在益处：
> a) 持续提供满足顾客要求以及适用的法律法规要求的产品和服务的能力；
> b) 促成增强顾客满意的机会；
> c) 应对与组织环境和目标相关的风险和机遇；
> d) 证实符合规定的质量管理体系要求的能力。
> 内部和外部各方均可使用本标准。
> 实施本标准并不意味着需要：
> ——统一不同质量管理体系的架构；
> ——形成与本标准条款结构相一致的文件；
> ——在组织内使用本标准的特定术语。
> 本标准规定的质量管理体系要求是对产品和服务要求的补充。
> 本标准采用过程方法，该方法结合了PDCA（策划、实施、检查、处置）循环与基于风险的思维。
> 过程方法使组织能够策划其过程及其相互作用。
> PDCA循环使组织能够确保其过程得到充分的资源和管理，确定改进机会并采取行动。
> 基于风险的思维使组织能够确定可能导致其过程和质量管理体系偏离策划结果的各种因素，采取预防控制，最大限度地降低不利影响，并最大限度地利用出现的机遇。

> 在日益复杂的动态环境中持续满足要求,并针对未来需求和期望采取适当行动,这无疑是组织面临的一项挑战。为了实现这一目标,组织可能会发现,除了纠正和持续改进外,还有必要采取各种形式的改进,如突破性变革、创新和重组。
> 在本标准中使用如下助动词:
> "应"表示要求;
> "宜"表示建议;
> "可以"表示允许;
> "能"表示可能或能够;
> "注"的内容是理解和说明有关要求的指南。

本标准引言的第一句话就开门见山地明确提出"采用质量管理体系应该是组织的一项战略性决策,可以帮助组织改进其整体绩效,并为可持续发展计划提供良好的基础。"向全世界准确无误地指出,改进组织的整体绩效并保障组织可持续发展的重要途径就是在组织内建立并有效实施质量管理体系。本标准是由国际标准化组织制订的,国际标准化组织成立于1947年2月,总部位于瑞士的日内瓦,是世界上最大的非政府标准化组织,专门负责国际标准的制订与推广。所以说该标准集合了全世界人类的管理经验和管理教训于一身,具有世界性的高度,因此在组织内建立并有效实施质量管理体系就是采用全人类的智慧来管理和运作自己的组织,不得不说是一项战略性的决策。

不尽如此,组织按照本标准要求实施质量管理体系,还可以做到:

① 稳定提供满足顾客要求和适用的法律法规要求的产品和服务的能力。因为是用质量管理体系而不是人来指挥和控制的组织,这就凸显了管理的优势。众所周知,质量管理体系是文件化的、相对稳定的,体现的是人类智慧的结晶;而人是善变、多变、情绪化的,体现的是个人智慧。

② 获取增强顾客满意的机会。质量管理体系要求组织建立获取顾客需求的渠道,定期或不定期地征求顾客的需求(包括投诉),对顾客的需求进行分析,采取措施满足顾客要求并力争超越顾客期望。这就为组织获得顾客的认可和支持打下了良好的基础。

③ 应对与组织环境和目标相关的风险。质量管理体系规定了包括理解组织及其环境、应对风险和机遇的措施、质量目标及其实现的策划等要求,为组织应对与组织环境和目标相关的风险提出了管理的路径和要求。

④ 证实符合规定的质量管理体系要求的能力。本标准包括了评价组织符合性所需的要求。组织可通过以下方式证实符合规定的质量管理体系要求的能力:进行自我评价和自我声明;寻求组织的相关方(例如:顾客),对其符合性进行确认;寻求组织的外部机构对其自我声明的确认;寻求外部组织对其环境管理体系进行认证或注册。

本标准适应于内部和外部,内部是指组织自己运行质量管理体系,自己进行运行效果的有效性评价,提升组织自己满足顾客要求和法律法规要求的能力。外部管理包含两类:第一类,由国家认可的中立的社会机构对组织进行质量评价,即第三方审核;第二类,由组织的外部顾客对本组织的管理水平、质量控制、员工资格、设备水平进行的评价,即第二方审核。

本标准不要求组织统一不同质量管理体系的架构；不要求组织形成与本标准条款结构相一致的文件；不要求在组织内使用本标准的特定术语。

本标准规定的质量管理体系要求是对产品和服务要求的补充。产品和服务的要求一般包括质量、外观、售后保障等，质量管理体系要求包括人力资源、过程、监视测量、不合格的控制、纠正措施等，质量管理体系的这些要求为产品和服务质量提供了保障。

本标准采用过程方法，包括 PDCA 循环和基于风险的思维。过程方法就是策划过程及相互作用，将相互关联的过程作为体系来理解和管理，将使得组织实现其预期结果的有效性和效率。现实生活中，不少的单位和组织过程职责重叠、不清，岗位员工的工作就会出现踢皮球的现象，导致工作效率低下、内耗增多。

PDCA 循环是美国的质量管理专家戴明首先提出的，所以又叫戴明环。P：plan 的首写字母，表示计划、策划；D：do 的首写字母，表示实施；C：check 的首写字母，表示检查；A：action 的首写字母，表示处置、改进。

PDCA 循环应贯穿于工作每一个过程。策划包括：基础设施的确定、提供、维护维修；人力资源的提供、保障；工作环境的提供和保障；资金和信息的提供和保障。实施就是按照策划的要求，实施策划的过程。检查是依据质量方针、运行准则、质量目标对过程进行监视测量，监视测量包括检查组织的基础设施是不是满足产品质量的要求，各岗位人员是不是满足岗位能力、意识的要求，资金使用是不是合理、信息的获取是不是及时充分等。对于检查发现的问题，应采取纠正或纠正措施，消除不合格的原因，防止不合格的再发生。上述四个环节依次运行叫闭环运行，闭环运行是质量保障的前提条件。若 PDCA 四个环节中某一个环节被遗漏，则叫开环运行，开环运行的过程无法保障产品或服务质量。

基于风险的思维，是预防风险发生的关键。这里说的风险是指不确定性的影响，影响是对预期的偏离，包含正面和负面。针对风险组织应确定影响实现其预期结果的能力因素，采用预防性控制措施，使得负面影响最小化。

ISO 9001：2015 标准是世界上 148 个国家的管理精英们集体智慧的结晶。GB/T 19001—2016 标准等效采用 ISO 9001：2015 标准。为使产品质量满足顾客和其他相关方的需求和期望，GB/T 19001—2016 标准充分考虑到了质量管理的方方面面，它集世界上先进国家的管理经验、世界上先进国家曾经的管理教训于一书，为采用该标准的组织提供了质量管理的方法。所以，该标准开门见山，第一句话就是："采用质量管理体系是组织的一项战略性决策。"之所以这么说，就是因为该标准是世界先进管理经验的共识，在组织中实施质量管理体系就相当于聘请了世界上先进的管理专家团队来管理组织，并获得国际社会的认可，其产品在管理方面获得了通往世界各国的通行证。

该标准可以用来供组织本身或者组织的顾客、认证机构评定组织满足顾客要求、适用于产品的法律法规要求和组织自身要求的能力，还可以用来认证或者合同。但标准中的"注"仅仅起到对标准加以说明，使标准更容易被理解的作用，不是标准的要求，不能作为评审的依据。

该标准的实施受"组织的环境、该环境的变化以及与该环境有关的风险；组织不断变化的需求；组织的具体目标；组织所提供的产品；组织所采用的过程；组织的规模和组织结构"这六个方面的影响，在制订和实施该标准时应充分考虑。当这些方面发生变化时，组织应评审已运行的质量管理体系，并采取应对措施。在这里需要指出的是："组织的环境、该环境的变化以及与该环境有关的风险"包括组织内部、外部地理环境，也包含国家法律法规和行业政策的调整，市场、顾客的需求的改变、产品技术规范的变化等软环境。

质量管理体系的要求和产品要求是不同的。质量管理体系的要求是通用的，适应于各种类型不同规模提供不同产品的组织，质量管理体系要求可以帮助组织实现产品要求；而产品要求是专用的，仅仅适应于产品本身。质量管理体系的要求是对产品要求的补充。

思考题

1. 为什么实行质量管理体系是组织的一项战略性决策？
2. 简述 PDCA 循环对实际工作的指导作用。
3. GB/T 19001—2016 标准可以被用于哪些方面？

二、质量管理原则

GB/T 19001—2016 标准条款内容：

> 0.2 质量管理原则
>
> 本标准是在 GB/T 19000 所描述的质量管理原则基础上制订的。每项原则的介绍均包含其释义、该原则对组织的重要性的理论依据、应用该原则的主要收益示例以及应用该原则时组织绩效的典型改进措施示例。
>
> 质量管理原则包括：
> ——以顾客为关注焦点；
> ——领导作用；
> ——全员参与；
> ——过程方法；
> ——改进；
> ——循证决策；
> ——关系管理。

顾客分为内顾客和外顾客。组织应理解顾客当前和未来的需求，满足顾客需求，并力争超越顾客期望。以顾客为关注焦点的前提，是首先确定内外顾客的需求。

确定内外顾客需求的途径有：
① 顾客调查，包括纸质问卷调查、电话调查、网络调查、与顾客面谈；
② 市场占有率分析；
③ 顾客对已经交付的产品和服务的反馈，包括顾客抱怨；
④ 顾客交流会；
⑤ 来自方方面面的赞扬；
⑥ 索赔；
⑦ 经销商报告或代理商报告。

案例 3-1

以学校为例,学校的内顾客是该校的教职工、所有者、董事会;学校的外顾客是:学生、用人单位、学生家长等。为了获得内顾客的需求,学校一般通过召开教职工座谈会、问卷调查、接受教职工的投诉或反馈、教职工代表大会等渠道获得内顾客的需求;为了获得外顾客的需求,学校一般采用到用人单位走访、电话调查、问卷调查等形式获得用人单位的需求,学校通过召开学生座谈会、问卷调查、校长信箱、投诉电话等方式获得学生的需求,通过召开家长会、给家长的一封信、同学生家长电话交流等方式获得学生家长的需求。另外学校还通过对学生流失率分析、专业对口率分析、就业率分析、用人单位满意率分析来获得顾客的需求。

学校做满意度调查的目的是明确自己教育教学的优势与不足,采取措施消除存在的问题,满足顾客需求并力争超越顾客期望。

在现实生活中,有些部门每年也进行学生评教、满意度调查,但在学生评教或满意度调查时,有的老师用各种方式给学生传递不该传递的信息,让学生在参加评教或满意度调查时给所有教师打满分。这违背了学校进行学生评教、满意度调查的目的,其直接后果就是不清楚自己存在哪些问题,致使问题长期存在;其间接的后果对外顾客而言就是损害了学生的利益、损害了学校可持续发展的后劲、损害了用人单位获得优秀人才的机遇,直至损害了社会的健康良性循环的机遇;对内顾客而言就是让教师失去了接受培训、提高业务水平和能力的机遇。

案例 3-2

海尔集团能从一个名不见经传的集体企业,成为闻名全国乃至世界的知名品牌,核心奥秘就是以顾客为关注焦点。海尔被大众所认知是从售后保障开始的,原先老百姓的电视机、电冰箱、洗衣机等家电坏了,都要老百姓自己用自行车运到维修部去维修,而且维修部的人员服务态度较差。海尔集团在以顾客为关注焦点方面,首先想到的是解决老百姓家电维修的后顾之忧,海尔首先提出:海尔的所有上门维修服务人员进入客户的家要穿鞋套,上门维修不喝客户一口水,不吸客户一根烟,维修结束后清理干净维修垃圾并自己带出投放到垃圾箱;维修完毕后,海尔集团安排独立的售后服务人员电话回访,解决客户的所有后顾之忧,真正做到了以顾客需求为关注焦点。随后海尔的售后服务带来了全国售后服务的革命,其他品牌陆续效仿。

案例 3-3

1985年12月张瑞敏面对库房里的400多台冰箱中有76台存在各种各样的缺陷的现实,把职工们叫到车间,问大家怎么办?多数人提出,因外观质量问题不影响使用效果,便宜处理给职工。当时一台冰箱的价格800多元,相当于一名工人两年的收入。张瑞敏说:"我要是允许把这76台冰箱卖了,就等于允许你们明天再生产760台这样的冰箱。"他宣布,这些冰箱要全部砸掉,谁干的谁来砸,并抡起大锤亲手砸了第一锤!很多职工砸冰箱时流下了眼泪。张瑞敏的这一锤,为海尔集团砸出了在1988年的全国冰箱评比中，海尔冰箱以最高分获得中国电冰箱史上的第一枚金牌的好成绩。在海尔的发展中，以顾客为关注焦点始终是海尔品牌的追求。

对学校来讲，我们需要获悉：职工的心声，学生的需求，用人单位的需求（能力、素质、技能、知识），政府或政府主管部门的要求。对上述需求进行分析，确定满足顾客需求的措施并组织实施，对措施的有效性进行评价。

案例 3-4

潍坊某集团公司是一家取得物业管理国家一级资质的公司，在当时潍坊市同行业中获得国家一级资质的企业仅此一家。该公司认为凭借着国家一级资质，在投标竞争中就会占有较大优势，公司内有些干部以老大自居，政府的文件也不认真对待。有一次，潍坊市商务局发布了关于物业管理的文件，该公司经理将文件带回来就放入抽屉了，既没有在公司内传达，也没有向董事长汇报。12月份潍坊白浪河湿地维护招标，标底维护费6 000万元。董事长认为这个标应该是十拿九稳的事，但未中标。查其原因是本公司不符合潍坊商务局发布的有关物业管理文件的需求，也就是没有满足顾客的需求。这个教训不可谓不深刻！

对学校来说，教育部、教育厅针对学校下发的文件就是顾客的需求。如果让文件作废了，就是漠视顾客的需求，学校的教育教学工作就难以满足教育部、教育厅的要求。学校的教育教学质量也就难以得到相关部门的认可。

案例 3-5

日本高考实行一校一考，有一位中国留学生报名参加了位于日本青森县的国立弘前大学的入学考试，考试时间是2012年3月11日上午8:30。该大学规定凡因客观原因导致不能参加高校入学考试，如有证据证明，会给考生提供补考的机会。这位中国留学生参加该校入学考试的第一天，当地下了2米深的雪，该考生入住的宾馆与考点相距80千米。在当时恶劣的天气条件下，公交车、电车等交通工具全部停运，该考生按照弘前大学的要求保留了住宿、退房等证据，冒着试试看的心态，来到了公交车站点，向站点工作人员说明了考试的情况，最终该公交公司为该考生提供了救援车，将该考生送到了考场驻地，但到达考场时已经是下午1:30。弘前大学根据该考生提供的住宿、退房、公交车票等证据，于下午2:00单独为该考生安排了补考，实现了该留学生的留学梦。这充分体现了以顾客为关注焦点的原则。日本的大学教育之所以会成为世界优秀的高等教育，与以顾客为关注焦点的办学理念是密不可分的。

过程方法是指将活动作为相互关联、功能连贯的过程系统来理解和管理时，可更加有效和高效地得到一致的、可预知的结果。对于单个过程和单个过程之间，以及一个组合的过程内部之间，为了避免整个过程中产生不必要的重叠、遗漏，需要对其进行管理，使整个过程有效运行，实现组织所期望的结果。过程模式具体如图3-1所示。

在具体运用过程方法对过程进行管理时，要考虑以下五点：

第一，将输入转化为输出的一项或一组活动，可以视为一个过程。

图3-1 以过程为基础的质量管理体系模式

第二，确定众多相互关联的活动，并将这些活动进行识别。

第三，确定各过程所需资源，并对其进行合理的分配。

第四，采用合适的方法，对单个过程和单个过程之间以及过程的组合和相互作用进行连续地控制。

第五，对每个过程可考虑使用PDCA模式，进行管理。

改进是提升绩效的活动，是一个组织可持续发展的灵魂。改进的前提在于发现不合格，发现不合格的途径是对照质量方针、质量目标、运行准则或参数进行的监视测量。改进的过程一般包括对发现的不合格进行分析、确定发生不合格的原因、实施任何所需的措施、评审所采取的任何纠正措施的有效性。

循证决策就是基于事实的决策方法，有效的决策是建立在数据和信息分析基础之上的。决策是一个面对诸多不确定因素而做出抉择的复杂过程。决策存在着风险，其风险的大小取决于决策者对信息和数据的把控上。拍脑门式的决策又叫盲目的决策，注定充满了极大的风险。

与拍脑门式的决策相反的就是在对事实、证据和数据的分析基础之上的决策，又叫科学决策，科学的决策将导致决策更加客观、可信。事实、证据和数据的来源包括与其目标和战略方向相关并影响其实现质量管理体系预期结果的各种外部和内部因素，如国际、国内、地区和当地的各种法律法规、技术、竞争、市场、文化、社会和经济因素，以及组织的价值观、文化、知识和绩效等相关因素。在确定决策所需的事实、证据和数据时，要考虑以下六个方面：

① 确定、测量和监视证实组织绩效的关键指标；
② 使相关人员能够获得所需的全部数据；
③ 确保数据和信息足够准确、可靠和安全；
④ 使用适宜的方法对数据和信息进行分析和评价；
⑤ 确保人员有能力分析和评价所需的数据；
⑥ 依据证据，权衡经验和直觉进行决策并采取措施。

关系管理涉及组织的方方面面，主要是指管理与组织有关的相关方（如：供方）的关系。实施关系管理一般开展以下六个方面的工作：

① 确定与组织有关的相关方，包括：供方、合作方、直接消费者、代理商、中间商、投资方、雇员或整个社会及其与组织的关系；
② 将上述关系按照对组织的影响程度或如果不对上述关系进行管理就会对组织产生风险的原则，将上述关系进行排序；
③ 在进行关系管理时要思量相关方与组织的短期利益与长远利益的关系，以决定组织的行动；
④ 为了保障组织的产品或服务质量，组织需要收集并与相关方分享信息、专业知识和资源，使之提供的产品或服务与组织的产品或服务相匹配；

⑤ 在必要的时候，组织向相关方通报组织的绩效，促使相关方主动改进其产品或服务；
⑥ 与相关方共同开展产品或服务的开发和改进活动。

思考题

请分析世界上的百年老店与质量管理原则的关系。

三、过程方法

GB/T 19001—2016 标准条款内容：

> 0.3　过程方法
> 0.3.1　总则
> 本标准倡导在建立、实施质量管理体系以及提高其有效性时采用过程方法，通过满足顾客要求增强顾客满意。采用过程方法所需满足的具体要求（见 4.4）。
> 在实现其预期结果的过程中，系统地理解和管理相互关联的过程有助于提高组织的有效性和效率。此种方法使组织能够对体系中相互关联和相互依赖的过程进行有效控制，以增强组织整体绩效。
> 过程方法包括按照组织的质量方针和战略方向，对各过程及其相互作用，系统地进行规定和管理，从而实现预期结果。可通过采用 PDCA 循环（见 0.3.2）以及基于风险的思维（见 0.3.3）对过程和体系进行整体管理，从而有效利用机遇并防止发生非预期结果。
> 在质量管理体系中应用过程方法能够：
> a）理解并持续满足要求；
> b）从增值的角度考虑过程；
> c）获得有效的过程绩效；
> d）在评价数据和信息的基础上改进过程。

单一过程各要素的相互作用如图 3-2 所示。每一过程均有特定的监视和测量检查点，以用于控制，这些检查点根据不同的风险有所不同。

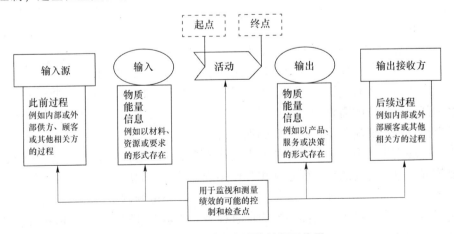

图 3-2　单一过程各要素的相互作用

过程方法就是对组织的质量管理体系的各个过程进行管理的要求。在实际工作中，各个组织的质量管理体系的过程具体由各个部门来完成，例如：一个生产企业一般设有生产车间、总经理办公室、人力资源部、销售部、采购部、质量控制部、财务部、售后服务部等。上述部门分别承担着生产管理、为总经理服务、企业的人力资源管理、产品或服务销售或推广、采购、质量管理、财务管理、售后服务等过程。为了管理上述每个过程，一般都对每个部门分配了部门职能，过程方法就是要求每个部门的职能既不能重叠、又不能出现职能上的"间隙"。

在现实工作中，部门职能重叠的现象还是比较多的。

案例 3-6

> 一所高校的教务处的职能有 15 项，其中，第 5 条职能是"负责全院教师的教学业务培训管理工作及全院教师教学质量管理、考核工作"。而该校的教师管理中心的职能也有 15 条，其中第 10 条的职能是"牵头组织教师教学基本能力的评价与鉴定"。

案例 3-7

> 一家物业公司的人力资源部第 2 条职能是"主要负责公司员工的招聘，管理队伍的招聘、培训、培养、储备、解聘、转正等，并立档管理"。而该公司质检部的第 5 条职能是"协助运营部对员工进行行为规范、技术性能等工作的培训，并做好新入职员工的岗前培训工作"。
>
> 该案例说明人力资源部和质检部都有培训的职能，人力资源部负责管理队伍的招聘、培训，质检部负责新入职员工的岗前培训工作。这就使人不清楚了，人们不禁要问新入职的员工到底包不包括新入职的管理人员，如果包括，如何区分职能，难道还需要一个附件单独解释吗？显然，这就是过程描述不清晰，违反了过程方法中的"对各过程及其相互作用，系统地进行规定和管理"的要求。

上述两个案例均构成了部门职能的重叠，使得工作难以高效开展。

要实现过程方法的上述目的，就要对各过程及其相互作用进行系统地规定和管理，并通过采用 PDCA 循环和基于风险的思维对过程和体系进行整体管理，达到有效利用机遇并防止发生非预期结果的目的。

在策划一个过程时，一般要考虑以下五个方面：

第一，根据组织的宗旨和服务或者产品要求，为满足顾客和其他相关方的需求和期望，组织需要确定所需的所有过程，并确定这些过程在这个组织中的应用。例如，一家超市，为满足顾客和其他相关方的需要和期望，需要设置市场调研过程、市场分析过程、商品采购过程、商品仓储过程、商品防损过程、后勤保障过程等。

第二，在现实生活中，一个过程的输出往往成为下一个过程的输入。为了使过程有效运行，需要依据各过程之间的相互联系和相互作用确定其先后顺序，但不是唯一的。还是以超市为例，各过程之间的先后顺序一般是：资源管理过程→市场调研过程→市场分析过程→商品采购过程→商品仓储过程→商品上架销售过程→商品防损过程→后勤保障过程，然后就是再次循环（见图 3-3）。

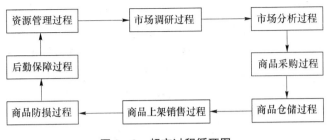

图 3-3 超市过程循环图

第三,为确保上述各过程有效、高效运行,需要对上述各过程采取以下措施。
(1) 确定各过程中所有岗位的岗位职责和岗位任职要求,并贯彻实施;
(2) 为各岗位制订其质量目标;
(3) 为各岗位实现其目标提供必要的资源;
(4) 制订测量每个岗位对履行其职责和实现其目标的有效性和效率的考核办法,并实施考核;
(5) 制订对每个过程实现其目标所必需的操作文件、技术要求、图样、程序文件并付诸实施;
(6) 针对考核过程中出现的问题进行分析,及时采取预防措施或者纠正措施,防止或消除不合格的发生。

第四,在整个过程的运行中,组织要提供用于过程运作所必需的人力资源、信息资源(含技术资料)、资金及必要的硬件设备。

第五,对整个过程进行监视和测量,了解过程运行的趋势,并对监视测量的结果进行及时的分析。对分析的结果采取必要的预防和纠正措施。例如,经过测量分析,发现某岗位人员因个人能力的原因,不能很好地履行岗位职责,针对此问题,要及时地采取培训、调整人员岗位或招聘引进人才等措施予以满足岗位要求,不能抱着老好人主义的态度,睁一只眼闭一只眼任其发展。再如,经过测量分析,发现硬件设备不能满足产品的技术指标要求,应及时地采取维修、维护、更换设备等措施予以满足产品技术要求,最终实现所策划的结果。

思考题

过程方法在实际工作中如何体现?

> 0.3.2 策划—实施—检查—处置循环
>
> PDCA 循环能够应用于所有过程以及完整的质量管理体系。PDCA 循环可以简要描述如下:
>
> ——策划(Plan):根据顾客的要求和组织的方针,建立体系的目标及其过程,确定实现结果所需的资源,并识别和应对风险和机遇。
>
> ——实施(Do):实施所做的策划。
>
> ——检查(Check):根据方针、目标、要求和经策划的活动,对过程以及形成的产品和服务进行监视和测量(适用时),并报告结果。
>
> ——处置(Act):必要时,采取措施提高绩效。

该循环的策划、实施、检查和处置四个阶段是保障管理质量的基础和必需。

第一个阶段是策划（P），这是实施质量管理的首要阶段。管理者通过策划，确定实施质量管理的质量方针、质量目标，以及实现该质量方针和质量目标的行动计划和具体措施。为保障策划的充分性和适宜性，在策划阶段管理者一般要从以下四个方面考虑：

首先，分析组织的现状，找出组织存在的质量问题。

其次，分析存在的质量问题原因和相关因素。

再次，找出存在的质量问题的主要因素和次要因素。

最后，制订纠正措施，提出具体计划，分析预计效果。

在该阶段要明确以下问题：

① 要做什么；

② 需要什么资源；

③ 由谁负责；

④ 何时完成；

⑤ 如何评价结果。

第二个阶段是实施（D），该阶段只有一个要求，即执行计划或实施拟定的措施。

第三个阶段是检查（C），这个阶段也就是依据质量方针、运行准则、质量目标、行动计划，检查执行的效果。这个阶段包括自查、互查、专项检查等方式。

第四个阶段是处置（A），这个阶段包括以下两个方面的要求：

① 对检查出来的各种问题作出反应，采取措施控制和纠正不合格，处置问题产生的后果；

② 评审和分析不合格→确定不合格的原因→实施所需的措施→评审所采取的纠正措施的有效性→必要时，变更相关的文件、措施。

处理阶段是 PDCA 循环的关键。该阶段不仅是解决存在的问题，而且重点在于修订标准，包括技术标准和管理制度等，使质量管理进入一个新的更高的层次。

PDCA 循环作为质量管理的行之有效的基本方法，不仅适用于整个项目，也适用于整个组织和组织内的每个过程、科室、班组乃至每个员工。

PDCA 循环就像爬楼梯一样，一个循环结束，生产或服务的质量就会提高一步，然后再制订下一个循环，再运行、再提升，不断前行，不断提升，如图 3-4、图 3-5 所示。

图 3-4 PDCA 循环图

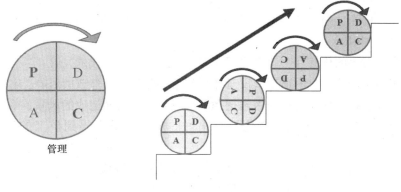

图 3-5 PDCA 循环图

思考题

在实际工作中如何体现 PDCA 循环？

> 0.3.3 基于风险的思维
>
> 基于风险的思维是实现质量管理体系有效性的前提。本标准以前的版本已经隐含基于风险思维的概念，例如：采取预防措施消除潜在的不合格，对发生的不合格进行分析，并采取与不合格的影响相适应的措施，防止其再发生。
>
> 为了满足本标准的要求，组织需策划和实施应对风险和利用机遇的措施。应对风险和利用机遇可为提高质量管理体系有效性、实现改进结果以及防止不利影响奠定基础。
>
> 机遇的出现可能意味着某种有利于实现预期结果的局面，例如：有利于组织吸引顾客、开发新产品和服务、减少浪费或提高生产率的一系列情形。利用机遇所采取的措施也可能包括考虑相关风险。风险是不确定性的影响，不确定性可能有正面或负面的影响。风险的正面影响可能提供机遇，但并非所有的正面影响均可提供机遇。

这里说的风险是指不确定性的影响。如我们说改革面临着风险，也就是说改革充满着不确定性，这种不确定性是指可能达到预期的目的，也可能不能达到预期的目的，这就是风险。再例如，在教育教学过程中采用一种新的教学方式——翻转课堂，这种教学方式是让学生提前在课下学习新知识，然后在课堂上让学生作为主角发言，由原来的教师是课堂的主讲，变为学生是课堂的主讲。但是这种教学方式不论教师还是学生都面临着是否适应的问题，如果师生基本能适应这种教学方式，将会获得成功，否则面临着的就是失败。这就是一种不确定性，也就是风险。

基于风险的思维是指组织在策划一项活动、工作、改革时，既要考虑到有利于组织发展的机遇，又要考虑到活动、工作、改革失败的情况。不论是有利于组织发展的机遇，还是组织面临的活动、工作、改革失败的情况，组织都要分别策划好应对的措施，使得有利于组织发展的机遇得以顺利实现，使得可能造成活动、工作、改革失败的情况能够避免，或将负面影响降到最低。

基于风险的思维要从以下七个方面考虑。

① 当国际、国内、地区和当地的各种法律法规、技术等发生了变化时，因组织不了解或不适应而造成的风险；

② 因对竞争对手的优势和劣势掌握不及时或把握不准而造成的风险；

③ 因组织对市场的变化不适用或没有捕捉到市场的变化而造成的风险；

④ 因对文化、社会和经济环境因素把握不准或判断不清而造成的风险；

⑤ 因对组织本身的价值观、文化没有很好的定位或没有得到员工的认可而造成的风险；

⑥ 因组织员工的知识或能力不能满足岗位要求而造成的风险；

⑦ 因组织的业绩不高，又没有及时整改而对组织构成的风险。

思考题

请您阐述在您所面临的活动、工作中，如何贯彻基于风险的思维？

> 0.4 与其他管理体系标准的关系
>
> 本标准采用 ISO 制订的管理体系标准框架，以提高与其他管理体系标准的兼容性。
>
> 本标准使组织能够使用过程方法，并结合 PDCA 循环和基于风险的思维，将其质量管理体系要求与其他管理体系标准要求进行协调或整合。
>
> 本标准与 GB/T 19000 和 GB/T 19004 存在如下关系：
>
> GB/T 19000《质量管理体系 基础和术语》为正确理解和实施本标准提供必要基础；
>
> GB/T 19004《追求组织的持续成功 质量管理方法》为组织超出本标准要求提供指南。
>
> 本标准不包括针对环境管理、职业健康和安全管理或财务管理等其他管理体系的特定要求。
>
> 在本标准的基础上，已经制订了若干行业特定要求的质量管理体系标准。其中的某些标准规定了质量管理体系的附加要求，而另一些标准则仅限于提供在特定行业应用本标准的指南。
>
> 本标准的章节内容与之前版本（GB/T 19001—2008）章节内容之间的对应关系见 ISO/TC 176/SC2（国际标准化组织/质量管理和质量保证/质量体系分委员会）的公开网站：www.iso.org/tc176/sc02/public。

国际标准化组织（International Standard Organization，ISO）在 2013 年公布了一个指导文件——《ISO Directives 2013》。该指导文件中有一个规范性的附件，叫做《附件 SL》。这个《附件 SL》就是一个管理体系标准的标准模板，即是一个"标准的标准"。作为管理体系标准模板的《附件 SL》包含两方面的内容：标准化的管理体系标准通用术语（21 个），标准化的管理体系标准的通用结构——高标准结构。目的就是为了缓解各种管理体系标准的不统一状况，方便使用者实施多个 ISO 管理体系标准。

按照 ISO 的要求，将来所有 ISO 发布的管理体系标准，如熟知的 ISO 9001、ISO 14001、ISO 27001 等，在今后修改时都要按照《附件 SL》的要求重写。ISO 9001：2015 采纳了《附件 SL》这一高水平框架和通用语言。

《附件 SL》里面列举了 21 个术语，作为管理体系标准的通用术语，包括：组织、相关方、要求、管理体系、最高管理层、有效性、方针、目标、风险、能力、文件信息、过程、绩效、外包、监视、测量、审核、符合、不合格、纠正措施、持续改进。

《附件SL》提出的管理体系标准的结构，是一个高层次的结构。具体而言，根据《附件SL》，一个管理体系标准，除了引言以外，包括以下十章，即：

第一章为范围；

第二章为规范性引用文件；

第三章为术语和定义；

第四章为组织的环境；

第五章为领导；

第六章为计划；

第七章为支持；

第八章为运行；

第九章为绩效评价；

第十章为改进。

本标准就是按照《附件SL》要求进行编写的，这些要求包括一个高层结构、相同的核心正文，以及具有核心定义的通用术语。

本标准是通用标准，适合于各种类型、不同规模及提供不同产品或服务的组织，但本标准不包括针对环境管理、职业健康和安全管理或财务管理等其他管理体系的特定要求，上述标准的特定要求由具体的标准制订。

在本标准的基础上，已经制订了若干行业特定要求的质量管理体系标准。如质量管理体系地方政府应用GB/T 19001—2000指南、质量管理体系GB/T 19001在教育组织中的应用指南，其中的某些标准规定了质量管理体系的附加要求，如由中华人民共和国建设部主编并批准实施的GB/T 50430—2007《中华人民共和国国家标准工程建设施工企业质量管理规范》，而另一些标准则仅限于提供在特定行业应用本标准的指南，如由中华人民共和国国家质量监督检验检疫总局中国国家标准化管理委员会于2008年10月29日发布实施的标准号为GB/Z 19034—2008的《质量管理体系地方政府应用GB/T 19001—2000指南》。

第二节 范围

GB/T 19001—2016标准条款内容：

> 1 范围
>
> 本标准为下列组织规定了质量管理体系要求：
>
> a) 需要证实其具有持续地提供满足顾客要求和适用法律法规要求的产品和服务能力；
>
> b) 通过体系的有效应用，包括体系改进的过程，以及保证符合顾客和适用的法律法规要求，旨在增强顾客满意。
>
> 本标准规定的所有要求是通用的，旨在适用于各种类型、不同规模及提供不同产品和服务的组织。

> 注1：在本标准中，术语"产品"或"服务"仅适用于预期提供给顾客或顾客所要求的产品和服务。
>
> 注2：法律法规要求可称作法定要求。

该标准中说的范围是指 GB/T 19001 标准的使用范围，与质量管理体系的范围不是一回事。

该标准从标准的第一章到第十章提供了一个系统的质量管理模式或管理路径，这种模式或路径会使组织或者其管理活动具有提供满足顾客要求和适应产品的法律法规要求的能力，可以在"需要证实其具有稳定地提供满足顾客要求和适用的法律法规要求的产品的能力；通过体系的有效应用，包括体系持续改进过程的有效应用，以及保证符合顾客要求和适用的法律法规要求，旨在增强顾客满意"方面对组织提供帮助。

组织对该标准的有效应用（注意的是，在这里讲的是对"本标准的有效应用"，不是那些滥竽充数者，打着已经通过质量管理体系认证的旗号，却不遵守质量管理体系要求的情况），包括各个过程的持续改进以及符合顾客要求和适用产品的法律法规要求，满足顾客不断发展变化的要求，增进顾客满意。

GB/T 19001 标准的要求，对组织而言是最基本的要求，也就是说在质量管理中，组织的质量管理体系要求可以超过该标准的要求，但不能低于该标准的要求。如果组织在管理过程中，连最基本的要求都不能满足，那么这个组织的管理是不会持续的，甚至必然成为"短命鬼"。

思考题

GB/T 19001—2016 标准为哪些组织规定了质量管理体系的要求？

第三节　规范性引用文件

GB/T 19001—2016 标准条款内容：

> 2　规范性引用文件
>
> 下列文件对于本文件的应用是必不可少的。凡是注日期的引用文件，仅注日期的版本适用于本文件。凡是不注日期的引用文件，其最新版本（包括所有的修改单）适用于本文件。
>
> GB/T 19000—2015 质量管理体系 基础和术语（ISO 9000：2015，IDT）

该标准的该条款说明了 GB/T 19001 的引用文件及其实用性。条款本身已经说得很明确了，在此不再阐述。

第四节　术语和定义

> 3　术语和定义
>
> GB/T 19000—2015 界定的术语和定义适用于本文件。

该条款指出了该标准采用的术语和定义等同于 GB/T 19000 中所确立的术语和定义。

第五节　组织环境

一、理解组织及其环境

GB/T 19001—2016 标准条款内容：

> 4.1　理解组织及其环境
> 　　组织应确定与其宗旨和战略方向相关并影响其实现质量管理体系预期结果的能力的各种外部和内部因素。
> 　　组织应对这些内部和外部因素的相关信息进行监视和评审。
> 　　注1：这些因素可能包括需要考虑的正面和负面要素或条件。
> 　　注2：考虑来自于国际、国内、地区和当地的各种法律法规、技术、竞争、市场、文化、社会和经济环境因素，有助于理解外部环境。
> 　　注3：考虑与组织的价值观、文化、知识和绩效等有关的因素，有助于理解内部环境。

《孙子·谋攻篇》有一段名言："知己知彼，百战不殆；不知彼而知己，一胜一负；不知彼，不知己，每战必殆"。本标准的4.1条款就是孙子上述所言的具体体现。

本条款的关键词是"确定""外部和内部因素"。确定的外部和内部因素应与以下三个方面：

① 与组织宗旨相关；
② 其组织的战略方向相关；
③ 影响组织实现质量管理体系预期结果的能力。

本条款要求组织要考虑满足上述三个条件的外部和内部因素，外部因素包括：来自国际、国家、本省及当地的法律法规、先进的技术和淘汰的技术、竞争对手的优秀做法和教训、市场的需求、区域文化的影响、社会和经济环境的正面及负面影响；内部因素包括：组织的价值观、组织文化、员工的知识和各种绩效等有关的因素。

第一，对于学校而言，内部因素包含：
① 师资水平；
② 学生对知识的掌握能力及学生的学习习惯、行为习惯；
③ 学校文化；
④ 就业状况；
⑤ 办学业绩；
⑥ 实验实训条件。

外部因素包括：
① 与教育教学有关的国家、省、市有关的法律法规、规定；
② 教育部、教育厅、教育局的要求；
③ 竞争对手或同类院校的优势、劣势；

④ 新的教育、教学理论；
⑤ 用人单位对毕业生数量、专业、技能等方面的需求；
⑥ 社会经济状况；
⑦ 上级拨付的办学经费。

第二，对经营公司而言，公司在建立质量管理体系时，应确定外部因素包括：
① 法律法规、行业规范、标准；
② 先进技术；
③ 竞争或潜在竞争对手；
④ 经济性及市场环境等。

内部因素包括：
① 企业的经营理念、企业文化；
② 与本公司的宗旨、战略方向有关、影响质量管理体系实现预期结果的能力的事务。

总之，公司领导层应确定宗旨和战略方向，通过各部门收集信息、识别、分析和评价，公司管理会议讨论研究，明确与公司目标和战略方向相关的各种外部和内部因素。

公司应依据 ISO 9001：2015 标准的要求，结合本公司的产品和服务特点及战略规划，制订公司的组织结构。

公司应对这些内部和外部因素的相关信息进行监视和评审。

组织确定了对其宗旨和战略方向相关并影响其实现质量管理体系预期结果的能力的各种外部和内部因素后，应保持对这些因素的监视及评审：监视的目的是为了动态获得上述变化的因素；评审的目的是为了确定哪些因素必须考虑、哪些因素可以暂不考虑或延后考虑。上述因素应从正反两个方面予以考虑。如对组织的教育教学有影响的"用人单位对毕业生数量、专业、技能等方面的需求"这一外部因素，有利的因素是为毕业生提供了就业岗位，扩大了就业；不利的因素是如果毕业生的专业知识、专业技能低于社会预期的应掌握的专业知识和专业技能时，用人单位或社会会对该学校的办学水平产生负面影响。

组织对上述内外部因素评审之后，需要采取什么措施则不是本条款要求的内容，具体要求在本标准的 6.1 条款中阐述。

思考题

请阐述本标准的 4.1 条款"理解组织及其环境"与《孙子·谋攻篇》中说："知己知彼，百战不殆"的辩证关系。

二、理解相关方的需求和期望

GB/T 19001—2016 标准条款内容：

> 4.2 理解相关方的需求和期望
>
> 由于相关方对组织持续提供符合顾客要求和适用法律法规要求的产品和服务的能力具有影响或潜在影响，因此，组织应确定：
> a) 与质量管理体系有关的相关方；
> b) 与质量管理体系有关的相关方的要求。
>
> 组织应对这些相关方及其要求的相关信息进行监视和评审。

相关方是指可影响决策或活动、被决策或活动所影响，或自认为被决策或活动影响的个人或组织。相关方包括：顾客、所有者、组织内的人员、供方、银行、监管者、工会、合作伙伴以及竞争对手或反压力集团的社会群体。

由于相关方对组织的发展有着决定性的影响，因此，组织应确定与本组织有关的相关方，并确定这些相关方的需求和期望。由于相关方可能有变化，所以，组织应监视和评审相关方的变化及其需求的变化，以确保组织实时把着其脉搏，为满足其要求奠定基础。

以学校为例，学校的相关方包括：学生、用人单位、学生家长、政府相关主管部门、学校自己的员工、竞争对手等。获得相关方的需求的渠道一般包括：问卷调查、走访、电话咨询、来访、网络等。

本条款除了要求组织要确定其相关方以外，还要确定相关方的需求。以学校为例：用人单位的需求包括：专业对口、能胜任岗位要求、热爱集体、爱岗敬业的毕业生等；学生的需求一般包括：有爱学生的老师，住宿、饮食舒适可口、价格合理，能学到知识和技能，有好的就业单位等；学生家长的需求包括：对学生严格管理，学生在校期间能学到一技之长，毕业后有好的岗位等；组织员工的需求包括：有较合理的薪酬待遇，舒心的工作环境，良好的组织文化，顺畅的升迁渠道，组织有较好的社会信誉，体贴的人文关怀，可实现个人职业生涯规划的平台等。

对一个组织来说，其相关方可能是变化的，如一个生产企业生产的产品随着时间的推移，要实现产品的更新换代，与此相关的合作伙伴、竞争对手等相关方也会发生变化，所以，本条款除了要求确定组织的相关方外，还要求组织对这些相关方进行监视。本条款不仅要求监视相关方的变化，还要对相关方进行评审，评审的目的是确定相关方的受关注程度。由于相关方及其需求是不断变化的，所以该条款还要求组织对相关方及其需求要进行监视和评审。所谓的监视就是经常留意相关方及其需求是否发生了变化，如果发生了变化就要及时地获取相关方及其需求的信息，并调整组织自己的运行策略。如：格力集团，原来生产空调机，后来格力公司开始制造手机，产品发生了变化，与之相应的相关方及其需求也自然要发生变化，这就要考虑重新获取相关方及其需求的信息。再例如：一所高校原来招收的学生包括五年制大专生、技工学校学生、三年制大专生，后来该校被教育部批准为招收本科生的院校，那么按照教育部的规定，五年制大专生和技工学校的学生就停招了，这时相关方及其需求就发生了变化，那么该学校就要重新考虑相关方及其需求的信息。

相关方的要求是多种多样的、变化的，有些是合理的，有些是不合理的。所以本条款要求对相关方要求的有关信息进行监视和评审，确保组织动态掌握相关方的要求，并确定组织要采用的相关方的要求。

监视相关方要求的方式有：
① 相关方主动告知；
② 组织主动征求相关方的要求；
③ 组织和相关方签订的协议或补充协议；
④ 相关方的投诉、抱怨、表扬；
⑤ 相关方的报告；
⑥ 电话、书面等调查；
⑦ 业务分析，包括流失业务分析或新增业务分析；

⑧ 相关方索赔等。

对相关方要求有关的信息进行评审时，要考虑相关方的要求：
① 是否符合法律法规要求；
② 组织是否有能力满足其要求。

对公司而言，公司应确定对本公司持续提供满足顾客要求、满足相关方的要求与期望、满足法律法规要求的产品和服务的影响能力或潜在影响的相关方。

分析、确定相关方的哪些要求是本公司必须满足的要求，将这些要求成为本公司的合规义务，并对这些要求进行监视和测量，以协议或其他方式来满足相关方的要求。

经过评估与评审，公司所属相关方及其要求和期望，见表3-1、表3-2。

表3-1　外部相关方及要求与期望

相关方	要求和期望
顾客	提供满足要求的产品和服务
供方	满足本公司产品和服务质量标准的要求
行业管理部门	符合相关的法律法规和标准要求
认证公司	取得质量管理体系认证，符合法律法规
第三方监测机构	配合监测，满足监测标准要求

表3-2　内部相关方及要求与期望

相关方	要求与期望
最高管理者（总经理）	合法经营，客户满意，降低产品成本
员工	厂区清洁卫生，车间作业无粉尘、噪声、温湿度适宜

思考题

请回答学校的相关方有哪些？这些相关方有哪些需求？

三、确定质量管理体系的范围

GB/T 19001—2016 标准条款内容：

> 4.3　确定质量管理体系的范围
> 组织应明确质量管理体系的边界和适用性，以确定其范围。
> 在确定范围时，组织应考虑：
> a) 各种内部和外部因素（见4.1）；
> b) 相关方的要求（见4.2）；
> c) 组织的产品和服务。
> 对于本标准中适用于组织确定的质量管理体系范围的全部要求，组织应予以实施。组织的质量管理体系范围应作为形成文件的信息加以保持。该范围应描述所覆盖的产品和服务类型，若组织认为其质量管理体系的应用范围不适用本标准的某些要求，应说明理由。

> 除非组织所确定的不适用于其质量管理体系的标准要求不影响组织确保其产品和服务合格以及增强顾客满意的能力或责任，否则不能声称符合本标准要求。

在质量管理方面与"范围"有关的概念有三个，分别是：审核范围、GB/T 9001 标准的范围和质量管理体系的范围。

审核范围是指审核的内容和界限，通常包括：组织的实际位置、组织的单元、活动和过程的描述等。如：天文化工有限公司位于黄河省天文市长江路 6 号，生产的产品是苯丙烯，该公司设有一车间和二车间、销售部、采购部、党政办公室、人力资源部、后勤保障部、质量管理部。该公司所有部门和过程全部运行了质量管理体系，并 2015 年 3 月实施了质量管理体系的首次认证，2016 年 3 月进行首次监督审核，本次监督审核的范围包括：黄河省天文市长江路 6 号天文化工有限公司的一车间、二车间、销售部、采购部、质量管理部。

GB/T 19001 标准的范围是指该标准的应用范围，如 GB/T 19001—2015《质量管理体系要求》的范围是本标准为下列组织规定了质量管理体系要求。

① 需要证实其具有持续地提供满足顾客要求和适用法律法规要求的产品和服务能力；

② 通过体系的有效应用，包括体系改进的过程，以及保证符合顾客和适用的法律法规要求，旨在增强顾客满意。

本标准规定的所有要求是通用的，旨在适用于各种类型、不同规模及提供不同产品和服务的组织。

本条款除了要求确定质量管理体系的范围以外，还要考虑质量管理体系对于本组织的适用性。这里说的适用性是指质量管理体系的哪些条款适合本组织，哪些条款不适合本组织，对于不适合本组织的条款可以删除。但是，删除相应的条款后，组织必须满足以下条件：

① 确保其产品和服务合格；

② 不影响组织增强顾客满意的能力或责任。

否则不能删除条款。

凡是在组织的质量管理体系的范围内 GB/T 19001—2016 的要求，组织应全部实施；如果组织认为其质量管理体系的应用范围不适用本标准的某些要求，组织应说明理由。

在确定质量管理体系的范围时，组织应考虑以下几个方面：

① 影响质量管理体系实现预期的结果的能力的外部和内部因素；

② 相关方的要求；

③ 组织自己提供的产品和服务。

以公司为例，描述本条款在公司内的应用时，可以描述如下：

本公司的质量管理体系覆盖了 GB/T 19001—2016/ISO 9001:2015《质量管理体系要求》标准的全部要求。

本公司的质量管理体系适用于各部门，也适用于质量管理体系覆盖的所有活动、产品和服务。

本公司的质量管理体系覆盖范围：山东省黄河市长江经济开发区天文路 0001 号，黄河服装有限公司区域内警用服装、军用服装的生产及服务。

包含该范围内所有与质量管理体系有关的环境和相关方，以及本公司所提供的产品和服务相关活动内容。

对于本公司确定的各部门职能、物理边界、活动、产品和服务等,以地理位置图、本公司各区域平面图、部门职责等方式在本公司相关文件或区域场所内予以明确。

思考题

请简述对"质量管理体系的范围"的理解。

四、质量管理体系及其过程

GB/T 19001—2016 标准条款内容:

> 4.4 质量管理体系及其过程
>
> 4.4.1 组织应按照本标准的要求,建立、实施、保持和持续改进质量管理体系,包括所需过程及其相互作用。
>
> 组织应确定质量管理体系所需的过程及其在整个组织内的应用,且应:
> a) 确定这些过程所需的输入和期望的输出;
> b) 确定这些过程的顺序和相互作用;
> c) 确定和应用所需的准则和方法(包括监视、测量和相关绩效指标),以确保这些过程的运行和有效控制;
> d) 确定并确保获得这些过程所需的资源;
> e) 规定与这些过程相关的责任和权限;
> f) 应对按照6.1的要求所确定的风险和机遇;
> g) 评价这些过程,实施所需的变更,以确保实现这些过程的预期结果;
> h) 改进过程和质量管理体系。

这是关于质量管理体系的一个总的要求的条款,该条款要求运行质量管理体系的组织,要达到预期的效果,就要按照 ISO 9001:2015 标准的要求建立质量管理体系,并在此基础上按照标准要求全面实施质量管理体系;不仅如此,在全面实施质量管理体系的基础上还要一直保持下去,对于在运行质量管理体系的过程中发现的问题,要采取适当地纠正或纠正措施使得质量管理体系不断改进。

该条款中所述的"过程"通常理解为"部门"。如:天文学院教务处,一般是指教学管理和教学服务过程;再如:天文化工厂销售部,是指天文化工厂的产品销售过程等。

该条款中的"相互作用"一般理解为"部门之间的职能",如:采购部、仓储部、生产部、销售部、售后服务部等,采购部负责采购原材料或半成品,仓储部负责对采购来的原材料或者半成品予以保管,生产部所需要的原材料或者半成品由仓库予以提供,销售部对于生产部生产的产品予以销售,对于销售以后的产品存在的质量或者数量的问题由售后服务部负责解决,并把存在的问题反馈给生产部或采购部等。这就是标准中所说的"所需过程及其相互作用"。

(a) 确定这些过程所需的输入和期望的输出,其中"过程所需的输入"包括:信息资源,如文件,包括工艺文件、行业标准、国家标准或国际标准、规章制度等;人力资源包括:管理人员、技术人员、生产或服务人员等;基础设施包括:厂房、生产设备、运输设备、通信设备设施等;工作环境包括:粉尘、光线、噪声、辐射等;财力,包括:生产或服务所需的资金、周转资金等。"期望的输出"包括:生产的产品或者提供的服务等。

(b) 确定这些过程的顺序和相互作用是指各个过程的先后顺序以及各个过程的职能。如前面所述：一个生产企业的采购部、仓储部、生产部、销售部、售后服务部等，采购部负责采购原材料或半成品，仓储部负责对采购来的原材料或者半成品予以保管，生产部所需要的原材料或者半成品由仓库予以提供，销售部对于生产部生产的产品予以销售，对于销售以后的产品存在的质量或者数量的问题由售后服务部负责解决，并把存在的问题反馈给生产部或采购部等。

(c) 确定和应用所需的准则和方法（包括监视、测量和相关绩效指标），以确保这些过程的运行和有效控制。

对于已经制订的规章制度、标准、规范等文件，在各个岗位中要得到贯彻实施，目的是各个过程的工作人员通过受到制度、标准、规范的约束，使得各个过程按照策划的要求运行和受控，避免出现"无政府状态"，包括：对工作过程是否符合策划的要求，工作人员是否按照策划的要求开展工作，设备是否正常运转、是否满足产品的设计要求、工作环境是否符合要求、采购的原材料是否符合采购要求，各种工艺文件、制度、标准是否需要更新，监视测量设备是否鉴定并合格等进行的监督检查。各过程是否制订了绩效目标，这些目标是否得到了关注并完成监督检查。

(d) 确定并确保获得这些过程所需的资源。对组织内各个过程的正常运转要明确所需要的资源并予以提供。在这里所说的资源是指人力资源、基础设施、工作（生产）环境、技术、财力资源等。

(e) 规定与这些过程相关的责任和权限。每一个过程都是有人参与的，为了提高过程的效率和质量，要求规定该过程中每一个人的职责和权限，使得每人各尽其职、各履其责。

(f) 应对按照 6.1 的要求所确定的风险和机遇。这一条是强制要求，本条款要求组织针对 4.1 和 4.2 确定的风险，要采取切实有效的措施应对所确定的风险和机遇，避免风险的发生，并最大限度地利用机遇获得发展的机会。

(g) 评价这些过程，实施所需的变更，以确保实现这些过程的预期结果。

对于上述（a）～（f）各要求是否得到了有效实施，要进行检查和评价，对于不合格要求的情况，要采取措施，直到实现策划的结果。

(h) 改进过程和质量管理体系。

在工作（生产）过程中发现的问题，要进行分析研究，修改原来的策划方案，使得不断改进。

为了阐述明白该条款中（a）～（h）的含义，以教学管理为例予以解释。

① 教学的输入包括：教师、教室、实验实训场所、现代教学手段、管理服务人员、教育教学技术、教材、人才培养方案、课程标准、学生就业渠道、毕业生的跟踪。

期望的输出包括：合格、优秀的教育质量；理论授课、实训课、实习等要求的满足；社会、政府的认可；特色鲜明；就业质量和就业率高。

② 确定这些过程的顺序及其相互作用。

对学校而言大的过程包括：招生（招生宣传、录取、报到）、组织教育教学、实习、毕业。各大过程还细分出小的过程，如教育教学过程细分为：教师的选聘、专业计划的审定、人才培养方案的选定、实施过程（实验实训、理论课时、课程标准等）、实习、毕业。另外，学校后勤及行政管理部门是为教育教学服务，这种服务是通过各部门职责来体现对教育教学服务的相互作用的。

③ 确定和应用所需要的准则和方法，包括：监视、测量和绩效目标，确保过程的运行和有效控制。

准则包括各类制度、指南、规范。例如：人才培养方案、课程标准、课堂授课规范、中青年教师帮扶管理制度、合格课堂标准、教案编写规范，期初、期中、期末检查规定，教师评教规定、学生评教规定、教学管理目标等。

方法多种多样，例如：教育教学方法、实验实训方法。

监视包括各类检查。以教学为例，如：上课检查、教学日志、教师签到等都属于检查。测量包括：学生对老师的评价、同行评价、领导、专家评价，对学生实施的考试。

绩效目标是指围绕着与产品和服务有关的涉及核心利益的活动要达到的指标。绩效目标要可测量，可测量包括：定量测量和定性测量。

如：教育部本科办学水平评估7个一级指标，20个二级指标，39个观测点作为办学的目标，并予以满足。

将上述确定好后进行监视、测量，确保各个过程能有效运行并生产出合格的产品。

④ 确定这些过程所需的资源并确保其可用性。

资源含人力资源（优秀、合格教师）、过程运行的环境（社会的、心理的、物理的环境）、基础设施、监视测量资源等。如为了达到教育部的本科办学水平评估要求，应根据评估指标要求，确定并提供所需要的资源。例如：专任教师中50%以上具有硕士学位、博士学位；在编的主讲教师中90%以上具有讲师及以上专业技术职务或具有硕士、博士学位，并通过岗前培训等。

⑤ 确定所需的职责和权限。

职责：应该做。职能是针对部门而言，如学生处职能、教务处职能等，而职责和权限是针对岗位人员而言。

权限：能做什么，不能做什么。

例如：仓库保管员保管本公司危险化学物品，公司规定所有危险化学物品必须主任亲自签字，仓库管理员才可以放行。因主任出差，副经理急用硫酸，在使用申请表上签字后带出，结果导致其恶意伤人。仓库保管员未经主任签字将危险化学品放行，其行为已属越权。

⑥ 应对按照6.1的要求确定的风险和机会。本条款的应用主要表现在以下几个方面：

第一，国家或教育主管部门提出的法律法规要求对学校造成的风险，如：教育部发布的《教高厅〔2011〕2号 教育部办公厅关于开展普通高等学校本科教学工作合格评估的通知》，该文件提出高校教学工作合格评估的指标之一就是师资队伍结构，要求专任教师中具有硕士学位、博士学位的比例不低于50%；全校生师比，工科18:1、医学16:1等，这对有些高校而言是很难达到的，如果在评估中达不到上述比例，就会被亮黄牌，停止招生计划的扩大，并限制招生，这就构成了教学风险。

第二，教育主管部门提出的教育教学新技术对学校构成了风险，同时也提供了机遇。如：现代学徒制、项目教学、工学结合、理实一体化教学等教育教学的新技术，如果学校的老师不能掌握上述技术，就会被其他已经掌握了上述技术的学校落在后面，构成了办学风险；但是，如果学校能够抓住机遇给老师提供大量的培训，使得老师很快掌握并应用上述新技术并应用于教学，教育教学质量得以提高，这就是利用了机遇。

⑦ 评价这些过程并实施所需的变更，以确保这些过程实现预期的结果。

对（a）～（f）各个过程要进行评价，在运行中发现不适宜的规则进行修改，以便于实现预期的结果。例如：2012 年制订的《教师课堂教学管理规定》是针对教师课堂教学和实验实训而设计的，现在学校引进了理实一体化教学、项目教学、翻转课堂等教学方式以后，原来的《教师课堂教学管理规定》就已经不再适合新的教学管理要求，就需要在原来的基础上修订该办法，使之达到预定的教学效果。再例如：对于老师的授课是不是能够满足教学设计要求，学生能不能学到该学的东西，要进行评价。对于不能满足教学要求的老师要实施培训或轮岗等措施，使课堂上的老师具备课堂教学能力，满足教学要求。

⑧ 改进过程和质量管理体系。对于在工作过程中发现的不足，要分析原因，寻找解决不足的途径和措施，使得发现的问题得到解决，使得工作质量、过程质量及质量管理体系得以不断改进。

本条款如何在公司内应用，请见以下描述：

第一，公司依据 ISO 9001：2015 标准的要求，建立、实施、保持和持续改进质量管理体系、过程及其相互作用，并形成文件化信息，本公司全体员工将有效地贯彻执行并持续改进其有效性。

第二，公司按照 ISO 9001：2015 标准的要求，运用 PDCA 循环对公司的质量管理活动进行控制，确保质量管理体系的有效实施，并实现本公司的质量方针和质量目标。

本公司通过以下活动对过程实施控制：

① 对质量管理体系所需要的过程进行确定，其主要过程包括：确定顾客需求、质量管理体系、管理职责、资源管理、市场调研、产品要求评审、设计和技术服务过程控制、供方的评价和控制、技术服务控制、产品防护、销售服务、售后服务、顾客满意等，并制订程序文件对这些过程进行系统管理，确定这些过程的顺序和相互作用；确定这些过程所需的输入和期望的输出。

② 制订《风险和机遇控制程序》，按照 6.1 的要求应对风险和机遇；确定产生非预期的输出或过程失效对产品和顾客满意带来的风险，以及应对措施。

③ 保持文件化信息，确定过程实施所需的准则、方法、测量及相关的绩效指标，以确保这些过程的有效运行和控制。

④ 确定和提供每个过程实施所需的资源；确定和应用所需的准则和方法（包括监视、测量和相关绩效指标），以确保这些过程的有效运行和控制。

⑤ 分配、规定每个过程相关执行人员的职责和权限。

⑥ 依照规定实施各个流程，以实现策划的结果。

⑦ 对过程进行监测和分析，定期评价这些过程，必要时实施所需的变更过程，以确保实现这些过程持续产生公司期望的结果。

⑧ 采取改进措施，确保持续改进过程以及实现结果。

思考题

如果你是部门经理，请根据本条款的要求，阐述你的工作思路。

五、文件和记录的宏观要求

GB/T 19001—2016 标准条款内容：

> 4.4.2 在必要的范围和程度上，组织应：
> a) 保持成文信息以支持过程运行；
> b) 保留成文信息以确信其过程按策划进行。

2016版新的标准弱化了有关文件控制和记录控制的要求。仅仅要求保持成文信息以支持过程运行和保留成文信息以确信其过程按策划进行。在新版标准中，由两个关键词可以辨明是文件控制要求还是记录控制要求，即"保持成文信息"是指文件控制要求，"保留成文信息"是指记录控制要求。本条款仅仅对文件控制及记录控制提出了宏观要求，也就是要求组织要保持文件，使得过程得以稳健运行，另外还要保持记录，以便于证明过程的运行符合策划的要求。具体如何实施文件控制和记录控制本条款没有提出要求，而是在本标准的7.5条款做详细要求。

思考题

请简述文件和记录对工作质量的作用。

第六节 领导作用

一、领导作用和承诺

（一）总则

GB/T 19001—2016 标准条款内容：

> 5.1 领导作用和承诺
> 5.1.1 总则
> 最高管理者应通过以下方面，证实其对质量管理体系的领导作用和承诺：
> a) 对质量管理体系的有效性负责；
> b) 确保制订质量管理体系的质量方针和质量目标，并与组织环境相适应，与战略方向相一致；
> c) 确保质量管理体系要求融入组织的业务过程；
> d) 促进使用过程方法和基于风险的思维；
> e) 确保质量管理体系所需的资源是可获得的；
> f) 沟通有效的质量管理和符合质量管理体系要求的重要性；
> g) 确保质量管理体系实现预期结果；
> h) 促使人员积极参与、指导和支持他们为质量管理体系的有效性作出贡献；
> i) 推动改进；
> j) 支持其他相关管理者在其职责范围内发挥领导作用。
> 注：本标准使用的"业务"一词可广义地理解为涉及组织存在目的的核心活动，无论是公营、私营、营利或非营利组织。
>
> 最高管理者是指在最高层指挥和控制组织的一个人或一组人。

在实践中，接触过不少的企业高层，在和他们交流的过程中感受到他们的工作很辛苦很忙碌，他们在管理自己的企业时，有自己独特的见解，但是能够针对自己的企业，注重抓好该条款所要求的十个方面的人基本没有。这就是为什么在我国"百年老店"十分罕见的原因之一。相反，短命企业却层出不穷，追根求源，是各企业的最高管理者没有按管理的规则出牌。衡量一个管理者是不是优秀不是看他本人干了多少事，而是看他率领的团队有多大的爆发力！

下面我们解释本条款的具体要求：

① 对质量管理体系的有效性负责。该条款规定了最高管理者对质量管理体系运行效果要承担首要责任。这是 2016 版新标准加上的，2008 版质量管理体系没有这项要求。为什么要加上这个要求，因为最高管理者对组织的运行起着决定性的作用，但在实际运行质量管理体系的组织中，最高管理者往往不熟悉质量管理体系的要求，也不学习，而是指定一名副手代其运行质量管理体系，导致管理者的指挥和要求不能满足质量管理体系的要求，导致组织的质量管理体系的有效性无法保障。例如：一个企业的厂长一味地强调成品率、市场销售、利润，而不关心企业员工的稳定和能力，也不关心企业的基础设施建设。也就是常说的既要马儿跑得快，还要马儿不吃草的情况。这样的厂长就是典型的急功近利主义者，由这样的厂长领导的企业注定要成为短命鬼，因为从一开始这个厂长就违反了质量管理原则——以顾客为关注焦点，也不符合质量管理体系的要求。符合质量管理体系是一个"百年老店"的基本要求，否则，是不会成为"百年老店"的。所以，本条款对管理者（而不是副职或其他人）提出了"对质量管理体系的有效性负责"的要求。

② 确保制订质量管理体系的质量方针和质量目标，并与组织环境相适应，与战略方向相一致。该条款有以下两层含义：

第一，制订质量方针，也就是说最高管理者的管理综合和方向。一个最高管理者怎样管理组织，施政理念是什么，管理宗旨是什么，要将组织带往何处，是最高管理者首先需要考虑的。质量方针制订的好与差直接反映了最高管理者管理能力的强与弱。从目前我们国家的厂长经理们提出的质量方针来看，基本看不出其管理的全部宗旨和方向，看到的是急功近利的思路。如有的企业的质量方针是：质量是企业永恒的主题；铸质量长城，兴中华经济；效益靠质量、质量靠技术、技术靠人才、人才靠教育等。与其说是质量方针还不如说是质量口号。可以说，这些最高管理者不懂得什么是质量管理。

世界上管理优秀的组织，其质量方针都是清晰的、全面的。如德国的西门子集团公司，其质量方针是：质量是我们公司所有活动的基础。质量保证是我们公司管理系统的一个基本要素，质量与质量保证是公司宗旨的体现。我们的目标是向我们的用户提供杰出的质量与最高价值的产品与服务。我们要使我们的用户满意，并保持对我们的产品与服务的信任。这包括：咨询与技术支持以及制造、交付与服务。我们用户的判断是我们质量的最终评价。不断改进、争创最好是公司管理者永无止境的工作任务。每一个员工必须对他的或她的工作质量负责。每一个员工的努力是直接对我们的产品与服务的质量的积极贡献。每一个员工应最优先考虑用户的利益。在各部门与工序中保证并达到上面所承诺的质量目标，以及通过培训来激励职工的质量意识是所有领导层的重要任务。再如，全国中职教育示范校的典型代表——寿光职业教育中心学校的质量方针是：我们的顾客是学生、家长和用人单位；我们的产品是教育教学服务；培植让家长放心、社会满意、德技双馨的教师队伍是我们服务质量保证的基础；因材施教，培植特长是我们教育教学的工作体现；把学生培养成品德良好，学有专长，技能过硬，创业有能力，发展有潜力，深造有路径，就业质量有保障，是我们的郑重承诺；让顾客满意是我们永远追求的目标；科学管理，打造特色，创办国际知名的民族品牌职业学校是我们的既定方向。

第二，组织或组织内各部门要制订质量目标，且质量目标与组织环境相适应，与战略方向相一致。本条款有以下三点要求：

首先，质量目标要可测量，可测量的要求包括定性和定量。否则，就失去了制订质量目标的意义。如一个学校保卫处的目标是："当学生在校园内报警时，安保人员要以最快的速度到达报警现场"，这个目标看起来好像没有什么问题，但却违反了可测量的要求。目标中提到"以最快的速度到达报警现场"就是不可测量的，因为"最快"没有办法衡量，是一分钟？二分钟？还是五分钟？既然是目标就是用来考核的，一个不可测量的目标是无法考核的。

其次，目标要与组织的环境相适用。组织的环境包括三个方面：其一是社会环境，包括平和、不对抗、不歧视；其二是心理环境，包括减轻压力、情感保护、预防疲劳；其三是物理环境，包括温度、热量、湿度、照明、空气流通、卫生、噪声等。也就是说制订的目标不能违反上述三个方面的环境的要求。

最后，与组织的战略方向保持一致，也就是说质量目标要围绕着组织的战略方向来制订。

任何一个战斗部队，都有自己的旗帜，它是全体官兵行动的导向、前进的目标。同样，在一个组织当中，也需要旗帜，但这个旗帜不是实物的旗帜，而是最高管理者正式发布的关于质量方面的全部意图和方向，也就是组织的质量方针，这就是组织关于质量方面的一面旗帜。最高管理者利用这面旗帜可以统领"全军"，让组织的全体职工心往一处想，劲往一处使。所以，最高管理者不仅仅要制订质量方针，还要让组织的所有员工理解质量方针并为之努力。

每个组织有了自己的努力方向之后，还远远不够。方向确定之后，还要有具体的质量目标，让职工有方向、有目标。随着质量目标一个一个地完成，组织向着努力的方向就一步步地前进，最终实现组织的理想。这就是最高管理者制订质量目标的作用。

随着工作的开展，目标一步步的实现，伴随而来的就是问题随时地出现，针对此，每年定期开展管理评审，针对顾客的反馈、审核的结果、产品的符合性、纠正预防措施的有效性进行分析，提出今后工作的建议，持续改进质量管理体系，实现顾客满意。这就是管理评审的意义所在。

③ 确保将质量管理体系要求融入组织的业务过程。业务是指对组织的存在而言具有核心价值的活动。为什么要将质量管理体系要求融入组织？目前在我国有很多企业或单位存在着实际工作和质量管理体系要求"两张皮"的情况。实际做的是一套，质量管理体系的要求是另一套，两者根本不是一回事。也就是说，实际的工作脱离了质量管理体系的要求。针对上述现实，国际标准化组织在修订新版质量管理体系时就加入了这一要求。也就是要求运行质量管理体系的组织要按照质量管理体系的要求开展工作，而不是自行其是。

④ 促进过程方法和基于风险的思维的应用。过程方法是将活动作为相互关联、功能连

贯的过程系统来理解和管理时，可更加有效和高效地得到一致的、可预知的结果。在现实实践中用得最多的是 PDCA 循环。

案例 3-8

> 某市公交公司 BRT，2014 年连续几次发生交通事故，查看其原因分析和纠正措施，大体原因为司机麻痹大意，没有观察路面情况；采取的措施均为安全例会、批评教育、经济处罚，司机对车辆一日三检，安全员对车辆三日一检。但采取上述措施后并未保证事故的不发生，2015 年又发生 3 起死亡事故，6 起受伤事件。
>
> 上述案例告诉我们，针对事故的发生，该公司在策划纠正措施时充分性和有效性不足。如：应采取高频次、多样化检查、加强驾驶员的选拔和教育等措施。如每周对公交司机进行四次检查，督促司机进站速度不能高于 30 千米/小时，不准司机同乘客攀谈等，使司机养成良好的习惯；另外，检查人员采取多样化检查，如扮成乘客进行检查等。
>
> 可见，PDCA 四个过程是相互关联、相互作用的，如果有一个过程没有发挥其作用，整个过程质量就得不到保障。
>
> 一个组织首先要考虑的或者说作为头等大事要考虑的是让整个组织或者说让组织的全体员工一致认识到：满足法律法规要求的重要性；满足顾客需求和期望的重要性。这也是世界上"百年老店"的制胜法宝。一个不懂得守法的组织注定是短命的，同样，一个不知道满足顾客要求和期望的组织同样是短命的。最近几年社会上曝光的"三鹿奶粉事件""瘦肉精事件""地沟油事件"，都是不遵守法律、忽视顾客的需求和期望的典型案例。这些"大厦"，不论多么知名，多么庞大，只要违反了上述两原则，"轰然倒塌"是必然的结局。所以，组织的最高管理者"向组织传达满足顾客和法律法规要求的重要性"是其首要任务，违背法律法规就是风险。
>
> 基于风险的思维是新版标准新提出来的要求。本条款要求最高管理者在整个组织内促进全体员工应有"基于风险的思维"。

⑤ 确保获得质量管理体系所需的资源。最高管理者的首要任务之一就是"确保资源的获得"。不论物质资源、人力资源、信息资源都是最高管理者要考虑并解决的重要问题，否则只能是纸上谈兵。资源包括人力资源、基础设施和环境。

⑥ 传达有效的质量管理以及满足质量管理体系要求的重要性。本条款说明了组织是人制还是法制。质量最高管理者及所有员工均应遵守质量管理体系的要求。习近平总书记提出"以宪治国"，虽然到"以宪治国"落地还有一段距离，但这表明了国家开始用制度来治国。

⑦ 确保质量管理体系实现其预期的结果。质量管理体系的要求可以概括为人人有职责、事事有程序、作业有标准、工作有目标、过程有监督、创新有路径（2008 版标准是 7.3 条款，2015 版标准是 8.3 条款）、不良有纠正、体系有改进。按照该条款进行管理，将会使团队像一台发动机一样，最高管理者按下发动按钮，发动机的各零部件会按照各自运行的规律，高效统一地进行运作。

⑧ 鼓励、指导和支持员工为质量管理体系的有效性作出贡献。鼓励（即情感保护）的

方式包括荣誉上的、物质上的和人为关怀。指导恰恰能体现组织或部门的最高管理者的智慧，并支持员工更好地为组织质量管理体系有效性作贡献。

本条款要求最高管理者采取包括鼓励、指导和支持等多种措施激励所有员工以组织为家，发挥各自的潜能，为组织的发展作出自己的贡献。

⑨ 增强改进。本条款的一个关键词是"增强"，目的是改进。在2008版质量管理体系中，有关改进的用词是"持续改进"，但2015版质量管理体系在有关改进方面的用词改为了"增强改进"。这一变化是基于在以往的实践中各组织往往重检查、轻改进；重策划、轻检查。

例如，一所高校的卫生检查记录如下：

2017年5月27日值班检查记录

检查时间：2017年5月27日上午7：50—9：00

检查人员：王××、刘××

检查地点：科研大楼

检查情况汇总：

第一，科研楼一楼大厅有垃圾残留；

第二，中间西侧楼梯三楼台阶上有垃圾残留；

第三，中间西侧楼梯四楼到五楼的台阶没有打扫。

我们发现，上述检查发现了问题，但对检查中发现的问题如何整改、何时整改、存在问题的原因是什么、何时对整改效果验证则没有了下文，"注重改进"也就成了一句空话。该条款要求注重改进是关键，对发现的问题，应分析原因、制订纠正措施，等到措施实施完毕后，对措施的有效性要进行验证，对达不到预期效果的，要重新制订措施，确保效果的有效性得到保障，不能让问题一直存在下去。

按照该条款的要求，正确的做法，见表3-3。

表3-3 不合格控制

不合格事实描述	不合格原因分析	纠正措施内容	措施有效性验证
不能提供天文公司的人力资源发展规划	① 相关人员对标准、手册和程序文件中的相关规定理解不到位；② 因为本公司人员不是很稳定，故忽略了制订人力资源发展规划	① 对相关人员进行相关培训；② 由人力资源部制订人力资源发展规划	① 已于2016年6月17日对相关人员进行了相关培训；② 已于2016年2月19日本公司制订了人力资源发展规划
审核员：王丽丽	（签名）：王虎	（签名）：王虎	管理者代表：刘兰
2016年6月4日	2016年6月15日	2016年6月15日	2016年6月20日

⑩ 支持其他相关管理者在所负责的区域证实其领导力。

本条款中的①~⑩条款都是对最高管理者的要求。众所周知，一个组织赖以生存的关键之一是整个团队的凝聚力。没有团队的凝聚力，一个最高管理者再有能力也难以实现组织的战略目标。所以，该条款要求最高管理者依据①~⑩条款的要求，支持组织内其他管理者在各自负责的部门内履行①~⑩条款的要求。

思考题

在质量管理过程中,质量管理体系对最高管理者有哪些要求?

(二)以顾客为关注焦点

GB/T 19001—2016 标准条款内容:

> 5.1.2 以顾客为关注焦点
> 最高管理者应通过确保以下方面,证实其以顾客为关注焦点的领导作用和承诺:
> a) 确定、理解并持续地满足顾客要求以及适用的法律法规要求;
> b) 确定和应对风险和机遇,这些风险和机遇可能影响产品和服务合格以及增强顾客满意能力;
> c) 始终致力于增强顾客满意。

以顾客为关注焦点主要体现在最高管理者应理解顾客当前和未来的需求,并采取措施,满足顾客需求并力争超越顾客的期望。

顾客是组织的服务对象,是组织存亡的决定因素。顾客的需求和期望是组织的愿景和方向。理解顾客的需求和期望就成为组织正确决策的前提条件。顾客包括组织内部顾客和外部顾客。内部顾客是指组织内的个人或者团体,包括股东、员工、所有者等。另外,组织内部部门和部门之间也会形成顾客的关系,例如:生产部门是采购部门的顾客,销售部门是生产部门的顾客。外部顾客包括接受组织产品(服务)的属于组织之外的个人或者组织,包含忠实顾客、流动顾客、潜力顾客。忠实顾客是指顾客与组织、产品有稳固的联系,顾客认准并长期使用组织品牌、产品。流动顾客是指顾客对组织的品牌或产品还没有上升到完全认同的高度,他们购买产品时不是非该组织的产品不买,是处于流动状态的顾客。潜力顾客是指不是组织的现实顾客,是组织争取的对象。

理解并确定顾客的需求,一般通过与顾客的沟通(信件、电话、面谈)、市场(顾客)调查、行业报告、业绩分析、流失业务分析、顾客反馈等渠道获得。在确定顾客需求之后,最高管理者通过制订(调整)质量方针、制订质量目标、建立(完善)旨在实现质量目标的管理活动,进行资源管理(优化)、实现过程的控制、监视、测量、分析和改进来实现满足顾客的需求和期望。

思考题

如果您是一个组织的最高管理者,请根据本条款的要求阐述在实际工作中如何体现以顾客为关注焦点?

二、方针

(一)制订质量方针

GB/T 19001—2016 标准条款内容:

> 5.2 方针
> 5.2.1 制订质量方针
> 最高管理者应制订、实施和保持质量方针,质量方针应:

> a) 适应组织的宗旨和环境并支持其战略方向；
> b) 为建立质量目标提供框架；
> c) 包括满足适用要求的承诺；
> d) 包括持续改进质量管理体系的承诺。

质量方针是关于质量的方针，由组织的最高管理者正式向外发布的关于质量方面的全部意图和方向。质量方针可以通俗地理解为：一位最高管理者要把组织带往何处、打造具有怎样特色的组织、如何施政、如何管理的思路或者打算。从这个意义上来讲，质量方针是一个组织的一面旗帜或一个管理方向，利用这面旗帜向组织的所有员工阐明最高管理者的意图和方向，让全体员工上下劲往一处使、心往一处想，建设一个强有力的团队。

在现实生活当中，不少组织的员工不知道最高管理者的意图和方向是什么，就连最高管理者自己也未必知道自己的意图和方向是什么。他们知道的是加强管理，而如何加强管理他们却不能给出满意的答案，只能给出支离破碎的答案，甚至是顾此失彼的答案。

本条款要求如下：

第一，最高管理者必须制订本组织的质量方针，该质量方针应该启动统领的作用，与该组织的宗旨保持一致；

第二，为制订本组织的质量目标提供依据；

第三，所制订的质量方针应包含满足顾客（内、外）要求、规章要求、法律法规要求等承诺；

第四，要有持续改进各方面业绩的承诺；

第五，该质量方针的各项要求，要在整个组织内得到贯彻和实施。

质量方针不是不变的，随着客观主观条件的变化，质量方针也应随着改变，经组织相关部门的评审和最高管理者的批准，质量方针可以得到修订。

思考题

1. 制订质量方针是谁的责任？
2. 在制订质量方针时，应考虑哪些要求？

（二）沟通质量方针

GB/T 19001—2016 标准条款内容：

> 5.2.2 沟通质量方针
> 质量方针应：
> a) 可获得并保持成文信息；
> b) 在组织内得到沟通、理解和应用；
> c) 适宜时，可为有关相关方所获取。

本条款要求如下：

第一，组织制订的质量方针不是保密的，而是可以被员工、外部顾客、相关方所获取。在组织内部，质量方针应该以纸质文件、电子文件、图片或视频等形式予以保存、张贴或放映。

第二，质量方针应该在组织内的所有员工中学习，让员工知道、理解质量方针的内涵或含义,并在各员工的实际工作中得到贯彻。

第三,在外部相关方对本组织的质量方针有需求时,可以提供给外部相关方。

三、组织内的角色、职责和权限

GB/T 19001—2016 标准条款内容:

> 5.3 组织内的角色、职责和权限
> 最高管理者应确保组织内相关角色的职责、权限得到分配、沟通和理解。
> 最高管理者应分配职责和权限,以:
> a) 确保质量管理体系符合本标准的要求;
> b) 确保各过程获得其预期的输出;
> c) 报告质量管理体系的绩效及其改进的机会(见10.1),特别是向最高管理者报告;
> d) 确保在整个组织推动以顾客为关注焦点;
> e) 确保在策划和实施质量管理体系变更时保持其完整性。

一台发动机由许许多多个零部件构成,这些零部件只有在各自的位置按照各自的运行规律运行,整台发动机才会正常高效运转;如果一个零部件损坏,该零部件就不能按照其既定规则运行,整台发动机就会出现故障。一个组织就像一台发动机,由许多岗位及岗位人员构成,组织岗位上的人员就好比发动机的零部件,组织岗位职责就好比零部件在规定的位置上的运行规则。所有岗位的工作人员按照自己的运行规律工作,整个组织才会正常高效运转。如果哪一个岗位的工作人员不能按照其规律运行,组织就处于带病状态,整个组织也就不能高效运转,其战略目标也就难以实现。

由此看来,一个组织高效运转所必不可少的条件之一就是要满足以下三个要件:

第一,各岗位要有岗位职责。

第二,岗位人员要熟悉自己的岗位职责,并按照岗位职责执行。

第三,通过沟通,岗位人员要知道相关岗位的职责,这样组织才会得到有效的运行。这是最高管理者的责任。

所以,该标准提出了以下要求:

第一,根据部门的职能要求,制订组织内的所有岗位人员的职责和权限。

第二,各级管理者通过与每个岗位人员沟通等方式,让岗位人员了解或理解其岗位职责。

第三,最高管理者在制订职责和权限时,应确保以下要求得到满足:

(1) 要有专门的人员负责本组织质量管理体系的运行,并确保本组织质量管理体系的运行符合本标准的要求。

(2) 通过职责和权限的规定,确保组织内各个部门完成预定的目标。

条款 b) 以学校为例,有四层意思:

① 所有部门的工作人员都能够按质按量完成各自岗位的工作任务;

② 教学部门在课程开发、人才培养方案的制订、课时分配(包括理论课时和实验实训课时)时都能够达到学生对知识、技能掌握的目的;

③ 理论课堂教学、实训课堂教学,教师能够提供合格的教学服务,学生能够掌握上述课堂所要求的知识和技能;

④ 输送到社会的毕业生,能够基本满足用人单位的需求。

（3）各级别都要规定专门人员负责向最高管理者及各级管理者汇报质量管理体系的绩效，包括业绩及不足，针对不足拟定改进措施、完成改进措施的时间和责任人。

条款 c）的意思是指各级管理者按照各自的权限使各项过程符合特定要求向最高管理者报告质量管理体系的绩效和改进的机会，每年至少报告一次。2008 版标准中的管理者代表的职责在 2015 新版标准中已删除，这表明所有与质量管理体系有关的工作均属最高领导者的工作，在审核时最高管理者要出席，最高管理者代表不能代替。

（4）应安排人员或者部门，开通相关渠道，例如：座谈会、电话、微信、QQ、网络、信箱、访问、投诉等渠道，了解内部顾客和外部顾客的需求和期望，在组织内部采取一系列措施，满足顾客需求，并力争超越顾客的期望。

本条款是一个组织取胜的法宝，目前世界上业绩优异的公司，在以顾客为关注焦点方面普遍做得很好。例如：中国的海尔集团公司就是以顾客为关注焦点的典型代表。具体见案例 3-9。

案例 3-9

海尔售后服务的管理制度以及售后信息员的管理制度

在产品同质化日益严重的今天，售后服务作为销售的一部分已经成为众厂家和商家争夺消费者的重要领地，良好的售后服务是下一次销售前最好的促销，是提升消费者满意度和忠诚度的重要方式，是树立企业口碑和传播企业形象的重要途径，在这方面海尔无疑是做得最出色的，也是做得最早。海尔在售后服务方面积累了大量的实战经验，再加以科学合理的改进，其服务模式已经成熟稳定，深得消费者认可，也是众多企业争相模仿的对象之一。

一、工程师接受服务任务

1. 接到上门服务任务

在接受顾客上门服务任务时，首先要明确并保证用户信息准确。用户信息包括用户姓名、地址、联系电话（或传呼、手机等）、产品型号、购买日期、故障现象、用户要求等。如信息不详细，如地址不明确、电话错、无产品型号、无购买日期、故障现象不详等，首先同派工的信息员或调度核实，如核实不到则直接联系用户核实。

2. 对用户信息进行分析

（1）根据用户反映的故障现象分析可能故障原因、维修措施及所需备件。如果是用户误报或使用不当，可以电话咨询而不需要上门，但应电话咨询，指导用户正确使用，2 小时跟踪回访用户使用情况；如果无此备件，则马上申请备件。

（2）根据用户地址、要求上门时间及自己手中已接活的情况分析能否按时上门服务。如果是时间太短，不能保证按时到达，或同其他用户上门时间冲突，要向用户道歉，说明原因，争得用户同意与用户改约时间；若用户不同意，转其他人或反馈中心信息员。

（3）此故障能否维修。如果是此故障从来未维修过或同类故障以前未处理好，立即查阅资料并请教其他工程师，或同中心、总部联系。

（4）此故障能否在用户家维修，是否需拉修，是否需要提供周转机，有可能无法在用户家维修，需要拉修的，应直接带周转机上门。

3. 联系用户

在问题确定并找到解决方法后，应电话联系用户，确认上门时间、地址、产品型号、购买日期、故障现象等。

（1）如果离用户住地路途遥远，无法保证约定时间上门，要向客户道歉说明原因并改约时间。

（2）如果客户地址、型号或故障现象不符，应重新确认，按确认后的地址、型号或故障现象上门服务。如果客户的产品超保，要准备收据（发票），按公司规定的收费标准收取费用。

（3）如果问题属于用户误报或使用不当的信息，服务工程师电话咨询指导用户使用，若用户不接受咨询，服务工程师应上门进行服务；为了预防咨询错误或误咨询，凡咨询后的用户，2小时必须回访用户，确保用户没有问题。

（4）如果用户电话无人接，服务工程师应改时间打，如再晚就不能按约定时间到达则直接按地址上门，及时向中心反馈中间结果；如果用户恼怒，拒绝服务工程师上门，应耐心听取用户发泄（注意中间要应答，让用户知道你在听），并本着承担责任、解决问题的原则与用户沟通，争得用户同意上门，接受服务；如果用户一直联系不上，服务工程师要按地址上门，或用户不在家，则给用户留下留言条，留下电话，希望用户以后再联系。

二、准备出发

1. 准备好各种服务工具

服务工程师应准备好维修工具、备件（或周转机）、五个刀具、保修记录单、收据、收费标准、留言条、上岗证等，其中垫布属于必备物品，以免弄脏用户的东西。为了防止物品带错或漏带，服务工程师在出发前都要将自己的工具包对照标准自查一遍。

2. 服务工程师出发

服务工程师出发时间要提前1小时根据约定时间及路程所需时间确定，以确保到达时间比约定时间提前5~10分钟。服务工程师要根据约定时间及路程所需时间倒推出发时间，以预防出发晚导致不能按时到。

3. 服务工程师在路上

如果路上不出现塞车或意外，服务工程师在其他用户家不要耽误，以确保到达时间比约定时间提前5~10分钟；若服务工程师在路上遇到塞车或其他意外，要提前电话联系向用户道歉，在用户同意的前提下预约上门时间或提前通知中心改派其他人员；如果服务工程师在上一个用户家耽误时间，应将信息反馈信息员或相关人员，以便通知到用户。

三、正式服务前的工作

1. 服务工程师进门前准备工作

服务工程师应首先检查自己的仪容、仪表，以保证海尔工作服正规整洁；精神饱满，面带微笑。海尔严格要求服务工程师平时要注意自己的修养，另外每天上班前要对自己的仪容、仪表进行检查，在敲用户家门前，要首先对自己的仪容、仪表进行自检，直到符合服务规范方可敲门。

2. 敲门

虽然敲门只是一个微不足道的普通动作，但海尔照样严格要求服务工程师，一丝不苟。海尔规定的标准动作为连续轻敲 2 次，每次连续轻敲几下，有门铃要先按门铃。海尔要求服务工程师平时多加练习，养成习惯；另敲门前稍微稳定一下自己的情绪，防止连续敲且不停，敲力过大。如果用户有其他事情无法脱身或者用户家无人，服务工程师应每隔 30 秒钟重复 1 次；5 分钟后再不开门则电话联系；电话联系不上，同用户邻居确认，确认用户不在家或给用户门上或者显要位置贴留言条，等用户回来后主动电话联系用户；同时通知中心（话务中心）。为了预防用户在楼下等待，服务工程师应到楼下周围察看，看有无用户在此等候。

3. 进门

服务工程师按约定时间或提前 5 分钟到达用户家，第一要自我介绍，确认用户，并出示上岗证。

（1）如果服务工程师遇到迟到，未按约定时间到达，用户不高兴甚至不让进门等情况，海尔给服务工程师提供了各种解决方法；如用户有联系电话，必须在与用户约定的时间内提前 1~2 分钟和用户取得联系，并道歉取得用户的谅解。若服务工程师迟到时间小于 15 分钟，应首先向用户道歉，可以以交通受阻为理由向用户解释，争取得到用户谅解（不能以服务用户太多为理由）；若用户要赶时间可主动提出改约，再按约定时间提前上门。若服务工程师迟到时间超过 15 分钟（或更长），首先向用户真诚道歉。

（2）如果用户不在家，服务工程师要表示道歉，离开并落实原因，及时找到用户；如果用户本人不在，保姆等不让进门，服务工程师应亮出自己的上岗证，向对方说明事由，请对方马上联系用户确认，特殊情况下改约。

（3）若用户对上门服务工程师资格表示怀疑甚至不让进门，服务工程师应首先出示上岗证，给用户证明是受过正规培训的，把海尔的投诉、监督电话告诉用户，通过规范的咨询语言、熟练的维修技术来赢得用户的信任，如若用户就是不让进门，则同用户改约时间，由售后经理亲自上门。

（4）服务工程师有可能遇到报修产品不在此处而在别地的情况，在这种情况下，服务工程师应在争得用户同意的前提下，由用户带领到产品所在地或自行前往，也可以改约重新上门。

（5）如果用户家里临时停电或临时有事出门，在争得用户同意的前提下改约时间，如果用户正在吃饭，服务工程师应等用户吃完饭再上门，也可听取用户的意见。

4. 穿鞋套，放置工具箱

服务工程师穿鞋套时，先穿一只鞋套，踏进用户家门口，再穿另一只鞋套，踏进用户家门口。如果用户不让穿，服务工程师要向用户解释为工作纪律，原则上必须穿，特殊情况下可按用户的意见办理。如果服务工程师穿鞋套站在门外，进门前要擦干净鞋套，为了预防鞋套太脏、破烂、太旧等，工具包内要带备用鞋套一副。放置取出垫布铺在地上，然后将工具箱放在垫布上，安装时，及时用布盖在附近可能因安装而弄脏的物品。海尔要求服务工程师出发前一定要自检，以防止工具箱、垫布太脏，工具箱内工具不整齐，零部件放置杂乱、脏等，给用户造成坏印象，影响公司形象。

四、开始服务

1. 耐心听取用户意见

服务工程师要耐心听取用户意见,消除用户烦恼,服务工程师服务语言要规范。海尔要求服务工程师的语言文明、礼貌、得体,语调温和,悦耳、热情,吐字清晰,语速适中。如果用户恼怒,情绪激动,服务工程师要耐心、专心听取用户发泄,并不时应答,让用户知道你在认真听;若用户拒绝修理,要求弄清用户不让修的原因,从用户的角度进行咨询,打消用户顾虑,让用户接受检修服务,如果用户有强烈要求服务工程师休息、喝水、抽烟等违反海尔服务规范的行为,服务工程师要详细讲解海尔服务宗旨及服务纪律,取得用户理解。

2. 故障诊断

服务工程师应准确判断故障原因及所需要更换的零部件,若超保修的产品,则向用户讲明产品超保修需收费,争得用户同意并出示收费标准。

(1) 如果服务工程师对故障的原因判断不准,就可以通过检测仪全面检测为理由拉回检查,若所需要换配件未带、配件不好或错误,服务工程师应向用户表示歉意,仅凭电话所叙述的故障现象进行判断,所需配件不对,如果用户有时间,可马上回去取配件,如果用户暂无时间,则与用户重新约定合理时间上门服务;如果机器正常但用户认定有问题,服务工程师应用规范的咨询口径向用户进行合理咨询。

(2) 服务工程师要严格按公司下发的相关技术资料,迅速排查出产品故障。能在用户家维修的就现场维修,不能在用户家维修的,委婉向用户说明需拉回维修,并提供维修周期。

(3) 在实际维修中,如果用户小修不让换零件,服务工程师要向用户咨询解释,如果在用户家无法修复,需拉回维修而用户不让拉回维修,或怀疑将好的零件给换掉时,服务工程师应以维修后需要全面检测为由,讲明拉回维修的好处,说服用户拉回维修。如果用户就是不同意拉回维修,则在用户同意的前提下在用户家维修,可让用户记下配件编号,同时为用户提供维修周期,将用户产品拉回,提供收条,并跟用户约定送回时间,按规定时间送回。

(4) 如果在维修中遇到新的问题,服务工程师要暂时回避用户,及时将新问题反馈到中心或总部技术科,争取当场解决。若无法保证当场解决则以检测为由说服用户维修。如果用户不同意维修,要求退机或换机,符合退机或换机条件的,服务工程师应按用户要求给予退机或换机;不符合退机或换机的,给用户认真解释国家三包规定,通过真诚的服务来感动用户,特殊情况上报中心请示。如果用户要求给予赔偿,服务工程师不要轻易答复用户,报中心请示后办理。

(5) 如果服务工程师在用户家服务时接到其他上门信息,需立马处理,要向用户解释需打个电话(不准使用用户家电话)向中心讲明正在用户家服务事由,中心根据用户的轻重缓急程度改派其他服务工程师或同用户改约时间。

(6) 服务工程师如果遇到用户以他提出的条件没有得到满足为由,扣押服务工程师或扣押服务工程师工具,或用户态度蛮横,对服务工程师打骂等,不要同用户发生正面冲突,电话通知中心,由中心出面处理。

(7) 试机通检。

(8) 指导用户使用和产品清擦及现场清理。

五、收费

1. 升级费用

在上门维修前服务工程师首先要给用户出示收费标准和服务政策。如果使用备件，给用户出示备件费用，按用户要求给用户升级收费并给用户开具发票或收据，用户要求将旧件折费的，服务工程师要给用户讲明服务政策及公司规定，按标准收费。

2. 软件收费

上门安装一个月内的软件，给用户免费调试并培训到位。三个月后，给用户调试，收费并给用户开具收据。

3. 超保收费

出示收费标准，严格按收费标准进行收费，并开具收据，如用户要求开发票，则必须给用户开发票。如果收费标准与用户保修证标准不符，要以二者中低收费标准为准，若现场未带发票，应与用户约定再送发票或寄发票。

4. 其他

如果用户不交，或要求减免费用，服务工程师要详细向用户解释国家三包规定及保协期范围，以真诚打动用户，让用户明白收费的合理性。如果用户一再坚持则将信息处理结果报回中心，根据中心批示处理，特殊情况向中心领导汇报，请求、服务完毕。

六、服务完毕

1. 征询用户意见

服务工程师在维修完毕后要详细填写保修记录单内容，让用户对产品的维修质量和服务态度进行评价，并签名（如故障原因及维修措施需对用户进行适当隐瞒，责任这两栏可以不填，等回到维修部后再进行填写）。如果用户不填意见和签名，不要强迫用户签名，用户不满意则跟踪服务直至用户满意为止。

2. 赠送小礼品及服务名片

最后服务工程师要向用户赠送小礼品及名片，若用户再有什么要求可按服务名片上的电话进行联系，如果用户要求服务工程师留下电话，服务工程师要向用户解释，名片上的电话为公司服务电话，若有什么要求我们都会及时上门服务。

3. 向用户道歉

同用户道别时，服务工程师要走到门口时先脱下一只鞋套跨出门外，再脱另一只鞋套，站到门外，最后再次向用户道别。如果在用户家中脱了鞋套，服务工程师要用抹布将地擦拭干净，并向用户道歉。

七、回访与信息反馈

1. 回访

对没有彻底修复把握的用户信息，维修工3小时后回访（正常情况下由电话中心统一回访，或中心回访用户），若回访用户不满意，则重新上门服务直至用户满意为止。

2. 信息反馈

服务工程师要将《服务任务监督卡》当天反馈至网点信息员处，网点信息员当天将用户结果反馈中心。

（5）安排人员负责在策划和实施质量管理体系变更时，应符合 ISO 9001：2015 标准的要求，保持其完整性，例如：组织内新增或者删除某个或某些部门时，这些部门的职能及其内部各岗位人员的职责应及时增减，相应的目标应及时调整。

根据本条款的要求，一个组织的最高管理者一般要任命一个管理者代表，来行使相关的职权。具体见案例 3-10。

案例 3-10

任命书

兹任命王金华为我公司质量管理者代表，并授权该同志自即日起，对公司依据 ISO 9001：2015 标准，建立质量规范管理体系的实施、保持、改进以及外部认证的相关工作负全面责任。

管理者代表除其规定职责外，还要承担下列职责：

a）确保公司质量规范、环境、职业健康安全管理体系的过程得到建立和保持；
b）向总经理报告管理体系的业绩，包括改进的需求；
c）在全公司范围内促进满足顾客与相关方要求意识的形成；
d）就质量规范、环境、职业健康安全管理体系有关事宜对外联络；
e）负责管理体系持续改进的监控。

望全体员工相互配合，支持管理者代表的工作，以确保质量管理体系的有效运行。

总经理：吴红军
2017 年 1 月 8 日

思考题

1. 结合事件调查，请简述本条款在实际工作中运用的情况。
2. 作为一个管理者的您，在实际工作中如何运用本条款？

第七节 策　　划

一、应对风险和机遇的措施

GB/T 19001—2016 标准条款内容：

6.1 应对风险和机遇的措施
6.1.1 在策划质量管理体系时，组织应考虑到 4.1 及所提及的因素和 4.2 所提及的要求，并确定需要应对的风险和机遇，以：
  a）确保质量管理体系可以实现预期的结果；
  b）增强有利影响；
  c）预防和减少不利影响；
  d）实现改进。

组织在进行改革和创新时充满了不确定性，组织为确保质量管理体系能够实现预期结果，要对风险和机会进行全面分析并采取有效措施。

依据组织质量管理体系的要求，组织应考虑：

第一，条款4.1中提到对公司所处环境与背景的理解（见4.1）；

第二，条款4.2提到对公司相关方要求与期望；

第三，质量管理体系的范围，并确定与条款4.1、4.2提到的其他问题和要求相关的风险和机会，并阐述：

① 提供保证已达成质量管理体系预期的结果；

② 防止或减少非预期影响，包括影响组织潜在的外部环境状态；

③ 实现持续改进。

GB/T 19001—2016 标准条款内容：

  6.1.2　组织应策划：
  a）应对这些风险和机遇的措施；
  b）如何：
  1）在质量管理体系过程中整合并实施这些措施（见4.4）；
  2）评价这些措施的有效性。
  应对措施应与风险和机遇对产品和服务符合性的潜在影响相适应。
  注1：通过信息充分的决策，应对风险可选择规避风险，为寻求机遇承担风险，消除风险源，改变风险的可能性和后果，分担风险，或保留风险。
  注2：机遇可能导致采用新实践，推出新产品，开辟新市场，赢得新客户，建立合作伙伴关系，利用新技术和其他可行之处，以应对组织或其顾客的需求。

第一，在质量管理体系范围内，组织应确定应对风险和机遇的措施，包括：

① 需要应对的风险和机遇，并据此策划消除风险和应对机遇的具体措施。

② 上述措施应融合到工作的各个过程当中，加以实施，并对实施的效果进行评价，看看这些措施是否消除了风险和抓住了机遇。

③ 在制订应对风险和机遇的措施时，应考虑这些措施的实施是否会影响到或可能影响到产品或服务的质量。

第二，组织应考虑下述方面，对风险和机遇的事件进行评估，确定公司的主要风险和机遇的事件：

① 违反法律、法规或其他要求的；

② 相关方的合理投诉或高度关注的；

③ 可能产生重大影响的判定为主要风险和机遇。

第三,当发生以下情况时,须对主要风险和机遇重新识别并评价:
① 活动、产品和服务的变化;
② 新、改、扩建及新材料、新工艺、新设备的投入;
③ 法律、法规及其他要求的变化;
④ 相关方提出的合理要求。

第四,当策划这些措施时,应考虑公司可选技术方案、财务、运行和经营要求。当考虑其技术选项时,应当考虑在经济可行、成本效益高和适用的前提下,采用最佳可行技术。具体见表3-4和表3-5。

表3-4 风险管理计划

风险等级/应对方法	风险/机遇描述	应对措施和实施内容			实施效果结论	验证部门人员/日期
		措施、方法	实施阶段	职责分工要求		
2/风险接受	人员违规操作,新来的员工不熟悉相应的操作规程,可能影响产品的质量	① 新来的员工必须经过培训考核合格方能上岗;② 车间要坚持生产过程的监督和考核	岗前岗中	行政部、生产车间		
25/规避风险	计划制订不合理,导致无法按时完成计划任务,从而延误产品交付和产品库存积压	① 业务部实时向生产技术部提供库存及销售情况,确保生产计划的准确性。② 生产技术部负责合理计算公司的实际产能。③ 生产技术部负责依据产品特点和本公司的实际产能合理安排生产计划	每天	行政部、生产车间		
10/一般风险	批量不良未检出,不良品未及时标识和控制,不良品流出到客户	制订检验规程,规定抽样准则;设置待检区域;建立检验合格与不合格标识	日常	生产部品质管理		
5/一般风险	仪器精度不够,导致检测数据不准	建立清单、计划,按时送检,使用前校准	一年一次使用前	生产部品质管理		
4/风险接受	未能确保满足客户要求就投标或签署合同	在确定与客户签署合同前落实客户评审事宜	签署合同前	业务部		
3/风险接受	市场竞争激烈,市场环境变更	多进行市场调查;多与客户沟通	市场开发过程中	业务部		
8/风险降低	员工招聘活动中资格审查不严,录用过程控制不严格、录用跟进不到位,影响招聘质量、增加招聘成本	加强监督检查,与面试官充分沟通,减少误判率。合理安排面试时间	日常	行政部		

续表

风险等级/应对方法	风险/机遇描述	应对措施和实施内容		实施效果结论	验证部门人员/日期
		措施、方法	实施阶段	职责分工要求		
4/风险接受	培训计划不合理、培训时间安排不合理、教材没有针对性、培训设备不完善造成培训效果低、员工积极性不高、培训效率低	充分了解受训部门/人员的需求和工作实际情况,避免培训没有针对性、培训时间安排应提前与受训部门沟通达成一致。加强对培训设备的检查力度,确保设施完善	日常	行政部		
4/风险接受	供应商开发新物料和新的供应商,全新没合作过的,在试用合适前都存在风险	①平时累积增加备选供应商的寻找;②批量试用中,要求对方合理分担预期的执行风险;③对于战略性合作供应商并适当和引导协助对方按我方可控风险方向操作;④更换新的供应商	供应商初次评选	业务部		
2/风险接受	供应商供货质量差、服务不到位、价格高,影响订单交货	样品认证、现场考察、合格供方年度评审(重新评价)	每年一次	业务部		
1/风险接受	物料短缺影响生产的计划进度	对交期较长的物料实行备货,开拓备选供应商,加强对重要物料的管理	计划生产前	业务部		
5/风险降低	不合格标识不清,导致不合格品的非预期使用;未及时有效地采取对策,导致不合格品的持续产生	放在规定的区域或张贴标识,对放置在不合格区域的不合格品进行定点、定物、定量标识	不合格品储存时	生产部品质管理仓库管理		
10/风险降低	因法律、法规或行业标准内容的变化,开发过程中未对其充分评估,导致开发的产品不符合新法规、新行业标准的要求。往往会造成设计工作的返工、停顿	设计开发小组按照要求加强法律法规、行业标准的收集与评价	设计开发输入	生产部技术管理		
15/风险降低	对市场需求不确定性导致开发的产品不符合顾客要求	在需求调研阶段,要多和顾客沟通,了解他们的需求,并做好调研报告,尽量降低需求的不确定性风险	设计开发输入	生产部技术管理		

续表

风险等级/应对方法	风险/机遇描述	应对措施和实施内容			实施效果结论	验证部门人员/日期
		措施、方法	实施阶段	职责分工要求		
6/一般风险	未按国家或地方法规实施产品质量检测	按法规和产品标准要求进行检测,出具法定检测报告	每年一次	内销产品由生产部品质管理负责 外销产品由业务部负责		

编制:王军　　　审核:周华　　　批准:吕红　　　日期:2017年6月3日

表 3-5　风险和机遇评估分析表

活动或过程	风险/机遇描述	严重度等级	发生频率等级	风险系数	风险等级	风险应对方法
生产过程	人员违规操作,新来的员工不熟悉相应的操作规程,可能影响产品的质量	2	1	2	低风险	风险接受
生产计划	计划制订不合理,导致无法按时完成计划任务,从而延误产品交付和产品库存积压	5	5	25	高风险	规避风险
产品的监视和测量过程	批量不良未检出,不良品未及时标识和控制,不良品流出到客户	5	2	10	一般风险	风险降低
计量器具管理过程	仪器精度不够,导致检测数据不准	5	1	5	一般风险	风险降低
招标/合同评审过程	未能确保满足客户要求就投标或签署合同	4	1	4	低风险	风险接受
业务拓展	市场竞争激烈,市场环境变更	3	1	3	低风险	风险接受
招聘过程	员工招聘活动中资格审查不严、录用过程控制不严格、录用跟进不到位影响招聘质量、增加招聘成本	3	4	8	一般风险	风险降低
员工培训	培训计划不合理、培训时间安排不合理、教材没有针对性、培训设备不完善,造成培训效果低、员工积极性不高、培训效率低	2	2	4	一般风险	风险接受

续表

活动或过程	风险/机遇描述	严重度等级	发生频率等级	风险系数	风险等级	风险应对方法
采购过程	供应商开发新物料和新的供应商,全新没合作过的,在试用合适前都存在风险	4	1	4	低风险	风险接受
供方选择与评价、供应商管理	供应商供货质量差、服务不到位、价格高	2	1	2	低风险	风险接受
采购过程	物料短缺影响服务的计划进度	1	1	1	低风险	风险接受
仓储管理	标识不清,导致不合格品的非预期使用;未及时有效地采取对策,导致不合格品的持续产生	5	1	5	一般风险	风险降低
设计开发过程	因法律、法规或行业标准内容的变化,开发过程中未对其充分评估。导致开发的产品不符合新法规、新行业标准的要求。往往会造成设计工作的返工、停顿	5	2	10	一般风险	风险降低
设计开发过程	对市场需求不确定性导致开发的产品不符合顾客要求	5	3	15	一般风险	风险降低
合规义务	未按国家或地方法规实施产品质量检测	2	3	6	一般风险	风险降低

编制:赵元军　　审核:周一华　　批准:吴明红　　日期:2017年6月28日

案例 3-11

天文物业风险和机遇应对控制程序

1. 目的

为建立风险和机遇的应对措施,明确包括风险应对措施、风险规避、风险降低和风险接受在内的操作要求,建立全面的风险和机遇管理措施和内部控制的建设,增强抗风险能力,并为在质量和环境管理体系中纳入和应用这些措施及评价这些措施的有效性提供操作指导。

2. 范围

本程序适用于在公司管理体系活动中应对风险和机遇的方法及要求的控制提供操作依据。

3. 职责

3.1　管理者代表:负责风险管理所需资源的提供,包括人员资格、必要的培训、信息获取等，负责风险可接受准则方针的确定，并按制订的评审周期保持对风险和机遇管理的评审。

3.2 办公室：负责建立风险和机遇应对控制程序，并进行维护；负责按本文件所要求的周期组织实施风险和机遇的评审，落实跟进风险和机遇评估中所采取措施的完成情况并跟进落实措施的有效性；负责本部门的风险评估及应对风险的策划及应对风险措施的执行和监督。

3.3 各部门：负责本部门的风险和机遇评估，制订相应的措施以规避或者降低风险并落实执行。

4. 工作程序

4.1 风险和机遇管理策划

为全面识别和应对各部门在生产和管理活动中存在的风险和机遇，各部门应建立识别和应对的方法，确认本部门存在的风险。

在风险和机遇的识别和应对过程中，责任部门应对可能存在风险进行逐一的筛选识别，风险识别过程中应识别包括但不限于以下方面的风险：

a) 对适用的法律法规、客户要求的变更造成的风险；
b) 作业过程中的安全风险；
c) 设备、工具对质量造成的风险；
d) 交付后的风险；
e) 过程失效的风险。

4.2 建立风险/机遇管理团队

4.2.1 建立风险和机遇评估小组

风险识别活动的开展应是一次团体的活动，各部门在进行风险识别和评估过程中应通过集思广益和有效的分析判断进行，在此之前应建立一个"风险和机遇评估小组"，管理者代表应通过授权，赋予该"风险和机遇评估小组"以下的职责：

a) 组织实施风险和机遇分析和评估；
b) 制订风险和机遇应对措施并落实执行；
c) 编制风险管理计划；
d) 组织实施风险应对措施的实施效果验证。

在"风险和机遇评估小组"中，管理者代表应指派一名人员作为该小组的组长，负责规划和安排风险和机遇的识别及应对的控制，并赋予评估小组组长以下职责：

a) 策划并实施风险和机遇的管理；
b) 识别质量和环境管理体系运行过程中的风险和机遇；
c) 对识别出的风险和机遇制订应对措施，编制风险管理计划，并组织应对措施的实施。

4.2.2 风险管理团队人员的任职要求

为确保参与风险和机遇识别和评估的人员，其人员资质符合要求，能够胜任并且参与本部门的风险和机遇的识别和制订相应的应对措施，风险和机遇评估小组人员应具备以下的能力：

a) 熟悉其所在部门的所有流程;
b) 有一定的组织协调能力;
c) 熟悉本标准的要求,并依据本标准内容策划风险分析和评估。

4.3 风险管理计划

评估小组组长应组织策划风险管理计划并编制风险管理计划,指导操作风险识别和风险评估,以及对风险的可接受性准则规定,编制风险管理计划时,应包含但不限于以下内容:

a) 计划的范围,判定和描述适用于计划的器械和寿命周期阶段;
b) 职责和权限的分配;
c) 风险管理活动的评审要求;
d) 风险的可接受性准则,包括危害概率不能估计时的可接受风险准则;
e) 验证活动;
f) 有关生产和生产后信息收集和评审的活动。

4.4 风险评估

对已识别的风险的严重度和发生频度进行评价,其评价的要求应依据本程序所规定的评价准则进行评价确认,风险的严重度和发生频度的确认用以确定风险系数,之后根据风险系数确定对风险应采取的措施。

4.4.1 风险的严重程度评价准则

风险严重度用于评价潜在风险可能造成的损害程度,根据对潜在风险的评估量化,若潜在风险发生后,其会导致的各方面的影响以及危害程度,以下包括但不限于风险产生后会导致的危害:

a) 法律法规、产品及客户要求;
b) 风险发生时导致的人身伤害;
c) 财产损失的多少;
d) 是否会导致停工/停产;
e) 对企业形象的损害程度。

注:在对风险进行严重程度判定时,推荐扩大分析风险所带来的危害层面,以便于更有效地对潜在的风险采取措施,以达到减少或部分消除风险及至完全消除的目的。

为便于识别风险所带来的危害程度,对风险的严重程度进行区分,风险严重度分为以下五类:

a) 非常严重;
b) 严重;
c) 较严重;
d) 一般;
e) 轻微。

表3-6所列为依据定义的风险影响和影响程度的多少进行量化,在对风险的严重程度进行评价时,作为评价风险严重度的准则。

严重度判定过程中,当多个因素的判定其严重程度不一致时,应遵循从严原则进行判定，即当多个因素中仅其中一个或部分因素其严重度级别更高时，依据严重级别高的因素作为风险严重度进行判定。根据表内容确定风险的严重度后，将严重等级数字填入风险和机遇评估分析中。

表 3-6 风险评价

严重程度	描述					严重等级
	法律法规、产品及其他要求	人身伤害	财产损失/万元	停工/停产	企业形象	
非常严重	违反法律法规、国际/国家标准、客户标准	死亡、截肢、骨折、听力丧失、慢性病等	财产损失≥10	不可恢复	重大国际、国内影响	5
严重	省内标准、行业标准	受伤需要停工疗养，且停工时间≥3个月	5≤财产损失<10	需较长时间调整后才可恢复	省内、行业影响	4
较严重	地区标准	受伤需要停工疗养，且停工时间<3个月	0.5≤财产损失<5	间歇性恢复	地区性影响	3
一般	企业标准	轻微受伤，包扎即可	财产损失<0.5	可短时恢复	企业及周边范围	2
轻微	不违反	无伤亡	无损失	没有停工	不影响	1

4.4.2 风险的发生频度评价准则

风险的发生频率是指潜在风险出现的频率，为便于识别和定义，将风险频度定义为5级，如下所示：

a) 极少发生；

b) 很少发生；

c) 偶尔发生；

d) 有时发生；

e) 经常发生。

通过对上述的不确定因素进行评价风险发生的频度，风险的发生频率的评价以其可能发生的频率进行量化确认作为风险的发生频率的评价准则，见表 3-7。

表 3-7 风险等级划分

发生频度	定义	等级
极少发生	发生概率≤0.001%	1
很少发生	0.001%<发生概率≤0.1%	2

续表

发生频度	定义	等级
偶尔发生	0.1% < 发生概率 ≤ 1%	3
有时发生	1% < 发生概率 ≤ 10%	4
经常发生	发生概率 > 10%	5

发生频度判定过程中，当一个或多个因素在判定过程中其发生频度不一致时，应遵循从严原则进行判定，即当多个因素中仅其中一个或部分因素其发生较为频繁时，依据发生频率较高的因素作为风险发生频度进行判定。根据上表内容确定风险的严重度后，将严重等级数字填入风险和机遇评估分析中。

4.4.3 风险的可接受准则

风险可接受准则是通过计算得出的风险系数来判定风险是否可接受，通过对风险的严重度和风险的发生频度评价后，通过计算风险系数确定是否对风险采取措施。风险系数的计算公式如下：

$$风险系数 = 风险严重度等级 \times 风险频度等级$$

风险系数的大小决定对风险应采取的措施，见表 3-8。

表 3-8 风险系数值

严重度 \ 发生频度	极少发生	很少发生	偶尔发生	有时发生	经常发生
非常严重	5	10	15	20	25
严重	4	8	12	16	20
较严重	3	6	9	12	15
一般	2	4	6	8	10
轻微	1	2	3	4	5

使用风险系数作为参考值，风险系数的范围及当风险系数达到一定值时应对风险采取的措施，见表 3-9。

表 3-9 风险系数范围描述

| 风险系数 | 风险等级及应采取的措施 ||
	风险等级	风险措施
15 ~ 25	高风险	应立即采取措施规避或降低风险
5 ~ 15	一般风险	需采取措施降低风险
1 ~ 5	低风险	风险较低，当采取措施消除风险引起的成本比风险本身引起的损失较大时，接受风险

风险的应对方式应根据实际情况进行筛选，当潜在的风险可有效地采取规避措施进行规避风险时，应制订风险规避方案，确认风险规避措施并予以执行，直至部分消除或

完全消除风险。当尚无可行方案进行规避风险时，应采取有效的风险降低措施，降低潜在风险所带来的影响，识别风险系数后，对风险等级的判定及所应采取的风险应对措施对照，见表3-10。

表3-10 风险等级与风险大小

严重度＼发生频度	极少发生	很少发生	偶尔发生	有时发生	经常发生
非常严重	一般风险	一般风险	高风险	高风险	高风险
严重	低风险	一般风险	一般风险	高风险	高风险
较严重	低风险	一般风险	一般风险	一般风险	高风险
一般	低风险	低风险	一般风险	一般风险	一般风险
轻微	低风险	低风险	低风险	低风险	一般风险

在进行风险分析和风险应对过程中，应保持风险措施的方案和实施结果的跟进和记录，记录的保持依据记录控制程序文件执行，风险分析和风险应对措施的详细内容应记录在风险和机遇评估分析中，便于后续的查阅和跟进。

4.4.4 风险应对

各实施部门应对所识别的风险进行评估，根据评估的结果对风险采取措施，从而达到降低或消除风险的目的，风险应对的方法包括：

a) 风险接受；
b) 风险降低；
c) 风险规避。

对风险所采取的措施应考虑尽可能地消除风险，在无法消除，暂无有效的方法或者采取消除风险的方法时成本高出风险存在所造成损失，此时再选择采取降低风险或者风险接受的应对方法。

4.4.5 风险接受

风险接受是指企业本身承担风险造成的损失。风险接受一般适用于那些造成损失较小、重复性较高的风险，当出现以下情况时可采取接受风险的方法：

a) 采取风险规避措施所带来的成本远超出潜在风险所造成的损失时；
b) 造成的损失较小且重复性较高的风险；
c) 既无有效风险降低的措施，又无有效规避风险的方法时；
d) 按本文件要求的风险评估准则中计算得出风险系数低于5的低风险。

4.4.6 风险降低

风险降低即采取措施降低潜在风险所带来的损坏或损失，风险评估实施单位应制订详细的风险降低措施来降低风险，当出现以下情况时，可采取风险降低方法：

a) 采取风险规避措施所带来的成本远超出潜在风险所造成的损失时；
b) 无法消除风险或暂无有效的规避措施规避风险时；
c) 按本文件要求的风险评估准则中计算得出风险系数为5~15的一般性风险。

4.4.7 风险规避

风险规避是指通过有计划的变更来消除风险或风险发生的条件,保护目标免受风险的影响。风险规避并不意味着完全消除风险,我们所要规避的是风险可能给我们造成的损失。风险规避的方法:一是要降低损失发生的概率,这主要是采取事先控制措施;二是要降低损失程度,这主要包括事先控制、事后补救两个方面。

4.4.8 风险管理的监督与改进

风险识别和评估活动是用于识别风险并综合考虑对风险应采取的有效措施,当风险系数过高时应采取应对措施进行规避或者降低风险,以减少风险所带来的危害或损失。风险评估实施部门应制订详细有效的措施并予以执行,在制订措施时,应考虑以下方面的内容:

a) 制订的措施应是在现有条件下可执行和可落实的;
b) 制订的措施应落实到个人,每个人完成的内容应得到明确;
c) 应指派一名负责人为措施的执行进度和效果进行跟进,确保采取的措施被有效地落实。

4.5 风险和机遇的评审

办公室应按制订的周期组织实施对风险和机遇的评审,以验证其有效性。风险和机遇的评审应包含以下三个方面的内容:

a) 风险和机遇的识别是否有效且完善;
b) 风险应对措施的完成情况和进度;
c) 对产品和服务的符合性及顾客满意度的潜在影响。

4.5.1 风险和机遇评审的策划

风险和机遇评审应每一年度至少实施一次评审,以验证其有效性。当出现以下情况时,应适当增加风险和机遇评审的次数:

a) 与质量和环境管理体系有关的法律、法规、标准及其他要求有变化时;
b) 组织机构、产品范围、资源配置发生重大调整时;
c) 发生重大品质事故或相关方投诉连续发生时;
d) 第三方认证审核前或其他认为有管理评审需要时;
e) 其他情况需要时。

4.5.2 风险和机遇评审的实施

4.5.2.1 实施前的准备

在风险和机遇评审会议之前,各部门应整理本部门对风险和机遇分析的资料,包括风险识别、风险评估、风险应对以及应对措施结果等记录进行汇总分析。

4.5.2.2 风险和机遇应对的实施

办公室按策划的要求组织各部门实施对风险和机遇的评审,办公室应保留评审的记录以及评审所确定的决议,包括后续的改善机会。

风险和机遇的评审应包含但不限于以下方面的内容:

a) 风险评估报告;
b) 持续改进的机会;
c) 剩余风险分析及改进措施。

> **思考题**
>
> 请依据本条款的要求，简述在识别风险和机遇时，应从哪些方面考虑？

二、质量目标及其实现的策划

GB/T 19001—2016 标准条款内容：

> 6.2.1 组织应对相关职能、层次和质量管理体系所需的过程设定质量目标。
> 质量目标应：
> a) 与质量方针保持一致；
> b) 可测量；
> c) 考虑适用的要求；
> d) 与产品和服务合格以及增强顾客满意相关；
> e) 予以监视；
> f) 予以沟通；
> g) 适时更新。
> 组织应保持有关质量目标的成文信息。

本条款中说到的"职能"是指组织的部门，例如：办公室、组织部、生产部、销售部等；本条款中说到的"层次"是指组织内的高层、中层、基层及员工等几个层次；本条款中说到的"质量管理体系所需的过程"是指组织内的生产或服务过程，例如：一所高校有教学过程、学生教育管理过程、后勤保障过程等。

本条款要求针对上述各个方面都要制订质量目标。在制订质量目标时，一般由组织内具体的部门负责，例如：一般情况下，公司办公室协助管理层负责组织对质量目标及其实施的策划，该策划是针对实现质量方针，在公司的相关职能、层次、过程上确定质量目标，确保质量目标实施所需的资源和过程得到识别、实施、策划。

在策划质量目标时应注意以下几点：

第一，确保在组织内部相关职能和层次上建立质量目标。

第二，质量目标应充分体现质量方针的精神，并考虑适用要求、不可接受风险、技术能力、运营、财务、相关方观点等。必要时，在各相应部门的层次上展开分解。

第三，相关部门的目标/指标作为对组织总体质量目标的支持，部门目标应大于等于总目标。

第四，目标应具体，可行时应具有可测量性。

第五，各项质量目标应保持成文信息，并发布执行。

第六，对质量目标与指标的完成情况将在定期的管理评审及日常监测中进行审查，并在正式的内部沟通过程中进行总结交流，确保对目标完成情况的监控。

> 6.2.2 策划如何实现质量目标时，组织应确定：
> a) 要做什么；
> b) 需要什么资源；
> c) 由谁负责；

d) 何时完成；

e) 如何评价结果。

策划实现质量目标时，一般要考虑"4W1H"，由组织的办公室协助管理层确定，并协助管理层考虑如何将实现质量目标的措施融入组织的业务过程，"4W1H"包括：

第一，（What）要做什么，采取的措施；

第二，（Why）为什么做；

第三，（Who）由谁负责；

第四，（When）何时完成；

第五，（How）如何评价结果，包括用于监视实现其可测量的质量目标的进程所需的参数。

案例 3-12

天文学院食堂质量目标，见表 3-11。

表 3-11 天文学院食堂质量目标

质量目标	计算方法	落实措施	拟完成时间	责任人
1. 在第一季度前，完成部门2016年及三年发展规划的制订	核心指标年度完成率=（年度实际完成核心指标数量）/（年度应完成核心指标数量）×100%	根据国家与学院相关方针政策，通过召开部门研讨会、实际调研等方式制订出符合实际的操作性高的发展规划与年度计划	2016.3	刘苗苗
2. 教职员工制订个人职业生涯发展规划率达100%	实际制订职业生涯规划人数/应制订职业生涯规划人数×100%	根据年度计划实施开展各项工作，完成各项指标。配合督导中心定期做好督查工作	2016.1	刘苗苗
3. 部门核心指标年度完成率达100%	实际完成指标数/应完成指标数×100%	结合实际情况，开展开源节流工作，积极申报创新点与创新项目，实现新的增长点	2016.12	赵苗苗
4. 完成学院规定的经济指标	销售净利率=（净利润）/（销售收入）×100%	每年学期末根据学院的方针政策、部门实际经营情况与联营单位的签订合同期限，调整经营项目与各项收费标准	2016.12	周苗苗
5. 每年有新的经济增长点	净利增长率=[（本年度净利润）-（上年度净利润）]/（上年度净利润）×100%	通过日常管理、监督、检查、综合考评等实现有效性、可操作性较强的关键点控制来实现整体良性循环。措施列举：	2016.12	吴苗苗

续表

质量目标	计算方法	落实措施	拟完成时间	责任人
5. 每年有新的经济增长点	净利增长率 = [(本年度净利润) - (上年度净利润)]/(上年度净利润) × 100%	(1) 原料采购实行统一定点采购，与其签订《采购合同》，仓库管理实行微机化仓库管理系统录入、"一键式"结算管理； (2) 采购员与验收员根据相关制度与要求对货物首先进行采购与验收； (3) 仓库保管员在原料入库时对原料的质量指标进行再次检查，定期对仓库原料不合格品进行检查，并进行记录与处理； (4) 各加工小组在使用前与使用过程中最后进行检查； (5) 对于储存要求较高的原料，一般实行现场制作使用或当天（餐）使用当天采购的方法避免因储存时间较长造成的变质现象	2016.12	吴苗苗

我们时常听这样一个故事：一个心理学家的实验。

某天，一个心理学家做了这样一个实验：他组织三组人，让其分别向着10千米以外的三个村子进发。

第一组的人既不知道村庄的名字，也不知道路程有多远，只告诉他们跟着向导走就行了。刚走出2千米，就开始有人叫苦；走到一半的时候，有人几乎愤怒了，他们抱怨为什么要走这么远，何时才能走到头，有人甚至坐在路边不愿走了；越往后，他们的情绪就越低落。

第二组的人知道村庄的名字和路程有多远，但路边没有里程碑，只能凭经验来估计行程的时间和距离。走到一半的时候，大多数人想知道已经走了多远，比较有经验的人说："大概走了一半的路程。"于是，大家又簇拥着继续往前走。当走到全程的3/4的时候，大家情绪开始低落，觉得疲惫不堪，而路程似乎还很长。当有人说："快到了！""快到了！"大家又振作起来，加快了行进的步伐。

第三组的人不仅知道村子的名字、路程，而且公路旁每1千米都有一块里程碑，人们边走边看里程碑，每缩短1千米大家便有一小阵的快乐。行进中他们用歌声和笑声来消除疲劳，情绪一直很高涨，所以很快就到达了目的地。

心理学家得出了这样的结论：当人们的行动有了明确目标的时候，并能把行动与目标不断地加以对照，进而清楚地知道自己的行进速度与目标之间的距离，人们行动的动机就会得到维持和加强，就会自觉地克服一切困难，努力到达目标。

在笔者接触的不少企业里，一般都是安排各个岗位的工作，至于每个岗位人员在工作的时候，要不要设立目标，则考虑得不太科学。有些目标也不可测量，这就为今后衡量目标是否完成时造成了麻烦，这也是管理的一个缺陷。天文学院保卫科质量目标见表3-12。

表 3–12　天文学院保卫科质量目标

质量目标	落实措施	拟完成时间
1. 学校保卫人员及时出警 2. 治安管理方面，尽量查处各类案件，使各类犯罪案件尽量减少 3. 全院基本没有乱停乱放现象	1. 按照学校治安管理规范出警，并做好接出警记录 2. 做好治安案件登记，以及处理结果记录。加大对校园的巡逻密度，预防各类案件的发生 3. 制订《天文学院车辆管理制度》	1. 随时 2. 随时 3. 随时

在上述目标中，三个目标都不可测量。

例如："学校保卫人员及时出警"，怎么才叫及时出警？考核人员在考核这项目标时，如何测量？从报警到保卫人员到达现场，5 分钟算"及时"？还是 10 分钟算"及时"？还是 15 分钟算"及时"？

再如："治安管理方面，尽量查处各类案件，使各类犯罪案件尽量减少"，怎么才算"尽量查处"？对于这个目标，如何测量？还有，"全院基本没有乱停乱放现象"，怎么才算"基本没有乱停乱放现象"？

上述目标的制订和不制订没有区别。因为考核人员没有办法测量保卫科是否完成哪些目标，也就失去了制订质量目标的目的。

就像"一个心理学家的实验"的故事一样。一个没有目标的人，干无方向、赶无目标，这样很难调动人们的积极性。该条款很好地解决了这个问题。它要求管理者不仅要在各职能部门设立目标，还要求在不同层次的岗位上设立自己的目标。目标应该是可测量的（定性的或者定量的），并与质量方针保持一致。天文学院 2016 年质量目标见表 3–13。

案例 3–13

表 3–13　天文学院 2016 年质量目标

序号	质量目标	计算方法	落实措施	拟完成时间
1.	① 英语专业应届毕业生，英语四级持证增长率不低于 5%； ② 韩语专业应届毕业生，韩语三级持证增长率不低于 10%； ③ 日语专业应届毕业生，日语二级持证增长率不低于 10%； ④ 自习课期间学生有效学习率不低于 80%； ⑤ 学生到课率不低于 95%； ⑥ 学生对教学工作满意率不低于 90%	① 过级（持证）增长率 = [（今年过级人数 – 去年过级人数）/去年过级人数] ×100%； ② 自习学习率 = （学习人数/在校生数）×100%； ③ 到课率 = （实际到课人数/应到课人数）×100%； ④ 学生对教学工作满意率 = （满意人数/学生在校生数）×100%	① 组织学生参加英语四级、韩国语能力考试、日本语能力考试，各组织 2 次培训考前培训，加强上述语种的日常教学管理； ② 发挥学生干部、教师的作用，引导学生树立正确的学习观，制订计划，通过开展学习竞赛等各类活动端正学习态度，激发学习兴趣； ③ 各专业开展说课大赛、教研活动、集体备课，提高老师的教学能力和水平	2016 年 12 月

续表

序号	质量目标	计算方法	落实措施	拟完成时间
2.	① 今年招生数增长率在8%以上； ② 学生今年就业率达到96%以上	① [（今年新生数−去年招生数）/去年招生数］×100%； ② （今年学生就业人数/毕业人数）×100%	① 调研生源分布，形成报告，制订招生计划，实行招生责任制； ② 组织2016年毕业生双选会及各专业就业招聘会，广泛联系招聘企业入校招聘学生	① 2016年9月 ② 2016年12月

思考题

制订质量目标应关注哪几个方面？

三、变更的策划

GB/T 19001—2016 标准条款内容：

> 6.3　变更的策划
> 当组织确定需要对质量管理体系进行变更时，变更应按所策划的方式实施（见4.4）。
> 组织应考虑到：
> a) 变更目的及其潜在后果；
> b) 质量管理体系的完整性；
> c) 资源的可获得性；
> d) 责任和权限的分配或再分配。

对管理体系变更的策划应经最高管理者批准，并由管理者代表有计划地进行。同时，在对质量管理体系的更改进行策划和实施时，保持质量、环境管理体系的完整性。

思考题

对于变更应如何管理？

第八节　支持

一、资源

（一）总则

GB/T 19001—2016 标准条款内容：

> 7.1 资源
> 7.1.1 总则
> 组织应确定并提供所需的资源,以建立、实施、保持和持续改进质量管理体系。
> 组织应考虑:
> a) 现有内部资源的能力和局限;
> b) 需要从外部供方获得的资源。

资源是管理体系有效运行和改进,以及提升绩效所必需的。该条款提出组织需要确定并提供的资源。这些资源必须满足五个方面的需求:

第一,建立质量管理体系;

第二,保持质量管理体系;

第三,持续改进质量管理体系的有效性;

第四,组织内部现有资源是什么、这些资源是否足以满足组织发展的需求;

第五,需要从外部供方获得哪些资源,获得什么资源等。

一般情况下,依据组织质量管理控制要求,办公室协助管理层确定并提供建立、实施、保持和持续改进质量管理体系所需的资源。明确组织质量管理体系包括组织机构、资源、作用、职责、责任和权限,确保质量管理体系有效运行。

应当确保负有质量管理职责的人员得到必需的资源支持。资源可能包括人力资源、自然资源、基础设施、技术和财务资源,例如:人力资源包括专业技能和知识;基础设施资源包括组织的建筑、设备和排水系统等,内部资源不足时可由外部供方补充。

对公司来说,公司最高管理层负责以适当方式确定并提供建立、实施、保持和持续改进质量(规范)、环境、职业健康安全管理体系所必需的资源,明确公司管理体系组织机构、资源、作用、职责、责任和权限,并对其进行有效的管理。

公司应考虑:

第一,现有内部资源的能力和局限;

第二,需要从外部供方获得的资源。

公司应建立并实施《人力资源管理制度》,对从事影响产品质量可能产生重大影响的人员的教育、培训、技能和经验进行识别和控制,确保所有岗位人员胜任其工作。

公司建立的人力资源管理制度应覆盖以下内容:

第一,人力资源规划的编制;

第二,员工招聘及录用;

第三,员工培训;

第四,薪酬体系;

第五,绩效考核;

第六,员工职业生涯管理等。

公司应根据质量管理长远目标制订人力资源发展规划,人力资源发展规划按层次可分为战略层面的人力资源总体规划和战术层面的各项业务计划;按期限长短可分为长期规划(五年以上)、中期规划(一至五年)和短期工作计划(一年以内)。

对施工企业来说,公司应按照岗位任职条件配置相应的人员。项目经理、施工质量检查人员、特种作业人员等应按照国家法律、法规的要求持证上岗。

一般情况下,公司办公室负责编制《岗位任职要求》,确定从事影响产品要求符合性工作的人员所必需的能力、任职条件,包括:

第一,专业技能;

第二,所接受的培训及所取得的岗位资格;

第三,能力;

第四,工作经历。

公司办公室负责编制建立《员工绩效考核制度》,规定考核的内容、标准、方式、频度,并将考核结果作为人力资源管理评价和改进的依据。

思考题

1. 要确保组织的有效运行,应考虑哪些资源的需求?
2. 对于资源的要求有哪些?

（二）人员

GB/T 19001—2016 标准条款内容:

> 7.1.2 人员
> 组织应确定并提供所需的人员,以有效实施质量管理体系,并运行和控制其过程。

组织应确定及提供质量管理体系有效实施和过程的运行控制所需要的人员。这里的关键词是"确定"和"提供":首先是确定需要什么样的人员,例如:高层管理者、中层管理者、基层管理者;高级职称、中级职称人员;各类技能人员等,上述各类人员需要多少名等。其次是采取招聘等措施确保上述人员到位。以学校为例,"有效实施""运行和控制",如何理解呢?有效实施是指学校制订的规范、制度、作业指导书得到不折不扣的实施,不走样、不变形。运行和控制是指各过程预期的结果能够得以实现,最终使得学校制订的目标得以实现,对于教育教学过程中发现的问题,能够及时纠正,并采取措施防止问题的再发生。为此,需要满足以下要求:

第一,要有能胜任学校教育教学工作要求的师资队伍;

第二,要有与本院校发展相适应的后勤保障、行政管理队伍;

第三,要有能给教育教学工作提供保障的教辅人员队伍。

思考题

请简述该条款关于人员方面的要求。

（三）基础设施

GB/T 19001—2016 标准条款内容:

> 7.1.3 基础设施
> 组织应确定、提供和维护所需的基础设施,以运行过程,并获得合格的产品和服务。

> 注：基础设施可包括：
> a）建筑物和相关设施；
> b）设备，包括硬件和软件；
> c）运输资源；
> d）信息和通信系统。

本条款有四个关键词"确定""提供""维护"和"基础设施"。具体要求有以下三点：

第一，为了实现组织的战略目标，确定需要的基础设施，包括建筑物和相关设施、设备；硬件和软件；运输资源；信息和通信系统。

第二，采取采购、由合作伙伴提供、顾客提供等措施获得上述必要的基础设施。

第三，安排相关的部门或者人员对上述基础设施进行维护。

在这里要特别强调，国家特别关注特种设备的管理，对特种设备规定了专门的要求，以确保安全。

特种设备是指涉及生命安全、危险性较大的锅炉、压力容器（含气瓶，下同）、压力管道、电梯、起重机械、客运索道、大型游乐设施。其中锅炉、压力容器（含气瓶）、压力管道为承压类特种设备；电梯、起重机械、客运索道、大型游乐设施为机电类特种设备和场（厂）内专用机动车辆等。

案例 3-14

> **天文建筑公司基础设施控制程序**
>
> **1. 目的**
> 通过实施本程序，对公司用于公路工程和房屋建筑工程施工、交付、保修和管理活动使用的基础设施的配置、租赁、维修、调配、使用、管理、采购等活动进行有效控制，以满足公司承建工程的施工、管理需要及工程质量控制的需要。
>
> **2. 适用范围**
> 本程序适用于公司承建的所有公路工程和房屋建筑工程施工、交付、保修和管理活动使用的基础设施的管理工作。
>
> **3. 引用文件**
> 本程序引用公司《质量、环境、职业健康安全管理手册》。
>
> **4. 术语和定义**
> 本程序采用上述文件中有关术语的定义及下述术语的定义：
> a）基础设施：公司承建工程施工、交付、保修和管理活动使用的房屋建筑（包括办公、仓库、机械维修用房、工人宿舍、食堂、娱乐活动、洗浴、卫生用房等）、运输设备（货物运输、人员交通运输车）、办公设备和通信设备、施工机械设备的总称。
> b）大型施工机械设备：指施工用于垂直运输的塔吊、外用电梯以及装载机、压路机、挖掘机、1 立方米以上的搅拌机和物料提升机等。
> c）中型施工机械设备：指施工使用的 1 立方米以下搅拌机、卷扬机、水泵、空压机、砼小翻斗车、预应力钢筋张拉机等。

d) 小型施工机械：指电焊机、木料圆盘锯、压刨、钢筋切断机、弯钩机、调直机、电钻、打孔机、砂轮机、无齿锯、砼振动器、水磨石磨光机及其他工具式小型机械等。

e) 机械设备大修：指对施工机械设备的主机部分、动力部分等主要部件进行拆洗、更换、组装等维修活动；规定只对大型施工机械设备组织大修，中小型机械设备不进行大修。

f) 机械设备项修：指对施工机械设备某些局部的部件、零件项目进行拆洗、更换、安装等维修活动；规定对大、中、小型施工机械设备都要进行项修。

g) 机械设备例保：指对施工机械按规定进行注油清洗、擦拭、打磨等例行保养活动；规定对大、中、小型施工机械设备都要进行例保。

5. 职责

5.1 工程部门

5.1.1 公司工程部是本程序的主控部门，负责本程序的编制、实施和修改；负责编制全公司公路工程和房屋建筑工程施工、交付、保修及管理活动使用的房屋建筑清单；负责组织公司需要使用的施工机械设备、货运车辆的供给、租赁、调配、大修，确保满足需要和机械设备完好；负责检查督促各项目部基础设施的使用、维修等管理工作。

5.2 协助部门

5.2.1 公司综合办公室协助工程部，负责公司办公用设备和通信设备的配备；负责人员交通用车的管理，满足需要；负责协调物业公司就公司机关办公楼的使用管理，并向工程部在每年的3月上中旬报年度办公设备、通信设备、办公楼房屋清单，人员交通用车清单。

5.2.2 综合办公室协助工程部，就有关施工机械设备安装、拆除安全进行检查验收，保证使用安全。

5.2.3 工程部协助工程部，在工程施工组织设计文件中提供工程施工、保修需要使用的机械设备配置清单，以便于工程部组织供应配备。

5.3 各项目部

负责本工程施工需要使用的房屋建筑、办公设备和通信设备、运输车辆、施工机械设备的配备、安装拆除、使用维修、保管，以保证完好，满足工程施工、交付的需要和工程质量、环境、职业健康安全工作的需要。

6. 工作程序

6.1 公司施工和管理用的配备及维护

6.1.1 公司办公楼条件良好，能够满足公司领导和部门管理需要，由综合办公室每年协调有关物业公司做好维护保养，保证使用。

6.1.2 各项目部在工程施工、交付期间的工人宿舍、食堂、娱乐、淋浴、卫生、库房、加工、办公等用房，由项目部在施工准备期间，采取搭建临时用房或租赁临时用房等措施，保证建筑面积和使用功能满足工程施工和管理需要，并安排做好维护维修，保证使用。在施工准备工作完成时，项目部向公司工程部报送临时建筑用房清单。

6.2 运输设备的配备和维修管理

6.2.1 公司机关人员和项目部管理人员的交通用车,由公司领导根据需要做配备,由公司综合办公室做好调配维修维护管理。

6.2.2 各项目部在工程施工、交付期间需要的物资运输车辆,由项目部材料人员向有关单位租赁解决或协商有关分包方解决。保证满足使用。

6.3 办公设备、通信设备的配备和管理

6.3.1 公司各部门需要使用的办公设备、固定通信设备,根据领导安排由综合办公室配备。移动通信设备的配备由需要使用的人个人解决。

6.3.2 各项目部需要使用的办公设备、固定通信设备,在工程施工准备之初,由项目经理向公司综合办公室提出书面申请,由综合办公室负责配备,项目经理领用时做好签字。项目经理安排人员在工程施工期间做好维护、保养、爱护使用,不得损坏丢失。工程完工后,由项目经理向公司综合办公室如数交回。各项目部个人需要使用的移动通信设备的配备,需要使用的人自行解决,公司综合办公室在每年3月上旬内,向工程部报送全公司各部门,各项目部配备使用的办公设备、通信设备清单。

6.4 施工机械设备的配备、维修和管理

6.4.1 施工机械设备的配备,有以下四点措施。

6.4.1.1 公司施工机械设备的配备根据承建工程的需要,满足要求,加强维修,保证完好,提高使用效率的原则进行配备。工程部在每年3月上中旬内编制全公司当年度施工机械设备的总台账及施工机械设备的当年度大修、项修和例保计划。由工程部负责人组织完成维修计划。公司租赁的施工机械设备不列入年度总台账,也不列入年度维修计划。公司年度施工机械设备总台账(见表3-14)内容,见附件7。

6.4.1.2 公司项目部年度施工机械设备总台账。公司施工机械设备年度维修计划内容,见附件7.1。

6.4.1.3 公司项目部年度施工机械设备维修计划内容,见附件7.2。

6.4.1.4 各项目部施工机械设备的配备,按照施工组织设计文件规定,由项目部机械设备管理负责人同公司工程部共同解决。做到在工程施工的各阶段各种施工机械设备的品种、规格、型号、工作参数、数量、进场日期满足施工需要。需要外租的,由项目部主管负责人联系租赁单位,签订租赁合同,落实操作人员和进场日期,按租赁合同执行。

各项目部使用的施工机械设备,在施工准备阶段,由主管负责人安排编制施工机械设备总台账一式二份,编制项目部和例保计划一式二份,均报一份给公司工程部汇总。总台账内容和维修计划内容执行,见附件7.1和附件7.2。

6.4.2 施工机械设备进场验收,有以下两点措施。

6.4.2.1 公司采购的新机械设备、项目部工程完工退库的自有机械设备、租赁机械设备等进场时,均由公司工程部负责人安排人员进行验收。验收的主要内容:包装完好情况、机械设备完好状况、随机配件防护装置、构件齐全状况、随机的工具、用品齐全情况、随机文件资料的齐全完善情况等。验收时由验收人员做好记录。验收时发现的问题由验收人督促有关方面及时加以解决。公司机械设备的采购控制见下述"6.5条"规定。验收记录内容执行,见附件7.3。

6.4.2.2 各项目部施工机械设备进场时,由主管负责人安排机械管理人员做好验收工作。验收内容同上述"6.4.2.1条"规定。验收人做好验收记录。验收时发现问题,由验收人员督促有关方面及时解决。验收记录内容执行附件7.3规定。

6.4.3 施工机械设备的现场安装,有以下两点措施。

6.4.3.1 各项目部对于大型的塔吊物料提升机等垂直运输设备的安装,由公司工程部负责人或项目经理联系有安装资质的单位,签订安装合同,负责安装。安装前项目部主管负责人要求并审查安装单位编写的安装方案、安装技术交底文件。经同意,方允许安装单位安装。安装单位负责人要做好安装记录;安装完成以后,由项目部主管负责人主持,安装单位人员、项目部机械员、安全员、公司工程部有关人员、公司工程部安全员等人员参加,进行内部验收。验收内容执行,见附件7.4。

验收时发现的问题由项目主管负责人督促安装单位及时整改完成。验收合格后,双方验收人员签字确认。验收签字人员必须有双方具备资格证书的安全人员。

在公司方和安装方验收合格的基础上,由项目部负责人或公司工程部负责人申请工程所在地政府安全监督站并派人验收。验收时,发现问题由项目部主管负责人督促双方及时整改完成。验收合格后,由安全监督站发放准用合格证,项目部才可将该机械设备投入使用。未经当地安全监督验收通过的垂直运输机械设备,项目部不得投入使用。安监站验收合格资料、合格准用证等,由项目部主管负责人及时全套取回一份;复制一份由项目部备用,原件由项目部主管人员报公司工程部保存。

6.4.3.2 各项目部对于搅拌机、钢筋切断机、木料圆盘锯等非垂直运输机械设备的安装,安装后验收,由项目部主管负责人安排人员完成。安装时,做好安装记录,安装后验收时,做好验收记录。验收合格后,由主管负责批准投入使用。未经验收合格及主管负责人批准,任何人不得使用。

6.4.4 施工机械设备的维修保养,有以下三点措施。

6.4.4.1 公司自有施工机械设备的大修等级,由公司工程部负责人按公司年度维修计划规定,安排维修。维修时,由维修负责人做好维修记录。维修完成后,由工程部负责人主持,工程部有关人员、维修负责人参加验收。验收内容必须是维修部分的完好性、协调性、按规定的试运转情况、维修文件等。验收发现问题,由工程部人员督促及时整改完成。由工程部负责人及参加验收人员、维修负责人和维修人员签字确认,方可将该机械设备运到存放场地或施工场地安装、使用。维修记录和维修验收记录内容执行,见附件7.5。

6.4.4.2 公司自有施工机械设备的项修和例保等级,由使用的项目部主管负责人按项目部维修计划规定,安排维修。维修时,由维修负责人或维修人员做好维修记录。维修完成后,由项目部主管负责人组织机械管理员和维修人员进行验收。验收内容同上述"6.4.4.1条"规定。验收发现的问题由机械管理员督促及时整改完成。由项目机械管理员做好验收记录。验收合格后,参加验收人员签字确认。维修记录和维修验收记录内容执行附件7.5规定。

6.4.4.3 公司和项目部向外单位租赁的各种施工机械设备,公司和项目部均负责其大修、项修、例保工作,其维修也不列入公司和项目部的维修计划,由出租单位解决。

6.4.5 大、中型施工机械设备的运转记录。公司规定各项目部使用的大、中型施工机械设备,每个作业班,由操作的主机手做运转记录;交接班时,由上一班主机手同下一班主机手做交接记录,并由交接主机手在交接记录上签字及交接时间。运转记录的内容主要是机械设备的工程施工部位、工作内容、机械设备的运转状况,有故障时,故障情况及维修情况、运转台时等,见附件7.6。

6.4.6 各项目部对于施工机械设备的使用情况,由项目部主管负责人和机械管理员一起,每月不少于2次对当月项目部使用的大、中、小型机械设备的全面检查。检查内容主要是机械设备的完好状况、运转状况、机械设备的操作规程执行情况、机械设备的保养情况、机械设备的维修情况、运转记录情况等。检查时,由机械管理员做好记录。发现问题由检查人督促及时整改完成。检查记录执行,见附件7.7。

6.5 施工机械设备的采购

公司规定添置新的施工机械设备,由公司统一采购,项目部不得自行采购。项目部需要用的施工机械设备,除公司自有部分进行调配和租赁解决以外,需要采购新机械设备时,由项目经理向公司提出书面申请,报工程部;由工程部负责人组织有关人员评审该项目部的采购申请。确认需要采购时,由公司工程部负责人向公司总经理提出书面报告,经总经理批准后,由公司材料设备负责人组织采购;采购时,工程部负责人组织人员对所需机械设备的多家生产厂商进行调查,经过多方比较选择合适厂商进行采购。采购进场时,机械由工程部负责人安排按上述6.4.2.1条规定执行。厂商提供的机械设备文件资料及验收记录,原件由工程部人员统一保管,建立每台自有的施工机械设备的档案资料;复印件1~2份交项目部使用。

在采购或租赁施工机具前,对施工机具供应方应进行评价,并收集相应的证明材料和保存评价记录。评价内容:经营资格和信誉;产品和服务的质量;供货能力;风险因素等。

6.6 公司对各部门、各项目部的监控

公司工程部负责人安排人员,每月对各项目部施工机械设备、运输设备的管理情况进行一次检查。检查的主要内容是:机械设备的进场验收、安装、使用保养、机况完好、维修、配件管理、运转记录、操作规程执行、操作人员情况、定人、定机、定岗、持证上岗等;由检查人员做好记录。发现问题由检查人督促及时整改完成,检查记录执行,见附件7.7规定。

对于各项目部房屋使用情况及公司仓库房屋情况,工程部每季检查一次。检查人做好检查记录。检查发现问题由检查人督促及时维修完成,不影响使用。检查记录执行,见附件7.8规定。

对各项目部办公室设备和通信设备的管理情况,综合办公室在第二、第三、第四季度中各检查一次。由检查人做好记录,检查发现问题由检查人督促整改完成。检查记录内容执行,见附件7.9规定。

7. 附件

7.1 公司_____项目部____年度施工机械设备总台账

7.2 公司_____项目部____年度施工机械设备维修计划

7.3 公司_____项目部进场机械设备验收及采购设备验收记录

7.4 _____项目部机械设备安装及验收记录

7.5 _____机械设备维修及验收记录

7.6 _____工程____机械设备运转记录

7.7 _____工程____年____月第____次机械设备检查记录

7.8 _____部门、项目部____年____季度房屋建筑使用情况检查记录

7.9 _____部门、项目部办公和通信设备检查记录

表3-14 公司_____年度机械设备台账

编号：JL-05-7.1　　　　　　　　　　　　　　　　　　单位：
编制：　　年　月　日　　审核：　　　　批准：　　年　月　日

编号	机械名称	规格型号	主要技术参数	制造厂家	进场日期	管理编号	维修情况	设备状况	使用项目部	档案资料保管情况

以公司为例，公司应确定、提供和维护所需的基础设施、施工机具。公司职能部门，如资产处要负责识别并提供和维护为实现工程的符合性所需的基础设施。

总经理负责组织相关部门确定并提供为达到工程符合要求所需的基础设施。

公司的基础设施一般包括：

第一，员工从事工作的办公场所和相应建筑物、工作场所；

第二，计算机、电话、传真机、复印机、公务用车等与产品的生产和服务过程相关的设施、设备（包括硬件和软件，监视测量设备，计算机信息系统的设置）；

第三，相关的设施（如电源、水源等）、施工设备；

第四，供水、供电、排风、安全防护、消防器材等测试设备和保障设施；

第五，支持性服务（如车辆、维修保养、保障设施、通信或信息系统）。

由资产处负责对办公场所，办公的设施、设备进行统一登记，建立台账，并进行管理维护，保证正常使用；由基础设施使用部门负责对工程实现所需的基础设施、施工机具进行统一登记，建立台账，并进行管理维护，保证正常使用。基础设施、施工机具可由公司在项目工地间合理调配。

公司制订《施工机具配备使用控制程序》，根据对施工工程项目的总体策划、施工合同和施工组织设计的要求，要求项目工地配备满足工程施工所需要的建筑物、施工机具、周转性材料等基础设施，主要包括：

第一，配备足够的施工机具等设施，根据工程施工计划进行合理调配，在施工过程中对设施进行维护，保持设施的完善和性能的稳定，满足施工能力要求；

第二，提供工程施工必需的和必要的劳动保护用品以及安全施工设施；

第三，提供合适的办公设施，包括办公场所、通信联络设施、文件资料保管橱柜、物资材料和设备的仓储场地或库房等；

第四，配备工程施工和管理所需的软件资源。

各部门负责对设备的使用、维护保养情况进行检查，做好记录，并对施工机具、设备供应方进行评价，合理选择设备供应方。

对设备供应方的评价内容应包括：

第一，经营资格和信誉；

第二，设备的质量；

第三，供货能力；

第四，建筑材料、构配件和设备的价格；

第五，售后服务。

公司应在必要时对供应方进行再评价。公司应对施工机具、设备进行验收。必要时，应到供应方的现场进行验证。验收的过程、记录和标识应符合有关规定。未经验收的施工机具、设备不得用于工程施工。

验收的内容包括：

第一，施工机具、设备性能标准是否与采购合同、设计文件相符；

第二，施工机具、设备各项技术性能指标、检验测试指标是否与验收规范、标准相符；

第三，施工机具、设备各项质量证明文件是否齐全。

验收不合格的外购设备、设施，由采购人员与供方协商解决。

对基础设施的维修保养（包括厂房修缮）应有计划地安排实施，特别是关键工序和特殊工序使用的设备以及特种设备，除日常保养外，要定期进行维修、鉴定，确保其过程能力。

思考题

请依据本条款的要求，简述基础设施包括哪些？本条款对基础设施有什么要求？

（四）过程运行环境

GB/T 19001—2016 标准条款内容：

> 7.1.4 过程运行环境
> 组织应确定、提供并维护所需的环境，以运行过程，并获得合格产品和服务。
> 注：适当的过程运行环境可能是人文因素与物理因素的结合，例如：
> a) 社会因素（无歧视、和谐稳定、无对抗）；
> b) 心理因素（减压、预防过度疲劳、保证情绪稳定）；
> c) 物理因素（如：温度、热度、湿度、照明、空气流通、卫生、噪声等）。
> 由于所提供的产品和服务不同，这些因素可能存在显著差异。

必要的工作环境是组织的支持性条件。组织应对提供产品符合性所需的工作环境中人和物的因素加以识别和确定，并对其实施有效控制，包括：

a) 社会因素（如无歧视、和谐稳定、无对抗）；

b）心理因素（工作方法控制人在环境中的行为，如舒缓心理压力、预防过度疲劳、保护个人情感）；

c）物理因素（周围的工作条件，如温度、热量、湿度、照明、空气流通、卫生、噪声等）。

工作环境要求有以下四个方面（以企业为例）：

第一，办公场所的管理。文件摆放整齐，桌面、电脑无灰尘；清洁卫生，路面无积水；工作场合不准大声喧哗。

第二，生产车间的管理。生产现场地面应平整，生产设备应合理安置，道路要畅通，搬运工具、产品的摆放要规范有序、整洁美观，公司内应有良好的排水、通风系统，安全通道保持畅通。

第三，仓库的管理。产品应储存在阴凉、通风、干净、干燥的仓库中，物品要码放整齐，存取有序，道路畅通，超期、超量物料应有预警机制。

第四，要创造一个平等互助的良好人际环境，使职工能主动参与企业管理，增强企业凝聚力，形成核心竞争力，共同为提高产品质量和企业效益而努力。

思考题

本条款所说的运行环境，包括哪些？对我们提高工作质量有哪些启发？

（五）监视和测量资源

GB/T 19001—2016 标准条款内容：

> 7.1.5 监视和测量资源
> 7.1.5.1 总则
> 当利用监视或测量来验证产品和服务符合要求时，组织应确定并提供所需的资源，以确保结果有效和可靠。
> 组织应确保所提供的资源：
> a）适合所开展的监视和测量活动的特定类型；
> b）得到维护，以确保持续适合其用途。
> 组织应保留适当的成文信息，作为监视和测量资源适合其用途的证据。
> 7.1.5.2 测量溯源
> 当要求测量溯源时，或组织认为测量溯源是信任测量结果有效的基础时，测量设备应：
> a）对照能溯源到国际或国家标准的测量标准，按照规定的时间间隔或在使用前进行校准和（或）鉴定，当不存在上述标准时，应保留作为校准或验证依据的成文信息；
> b）予以标识，以确定其状态；
> c）予以保护，防止由于调整、损坏或衰减所导致的校准状态和随后的测量结果的时效。
> 当发现测量设备不合格预期用途时，组织应确定以往测量结果的有效性是否受到不利影响，必要时应采取适当的措施。

对于监视测量设备本条款有以下要求：

第一，监视和测量设备的购置由使用部门确定需求并进行选型，统一进行采购，业务部门负责主控。

第二，监视和测量设备的数量和能力一定要与监视和测量要求一致，得到适当维护，保留作为监视和测量资源适合其用途的证据的形成文件的信息。

第三，为确保结果准确有效，测量设备应：

① 对照能溯源到国际或国家标准的测量标准，按照规定的时间间隔或在使用前进行校准和（或）检定（验证），当不存在上述标准时，应保留作为校准或检定（验证）依据的形成文件的信息；

② 测量设备在使用前要进行调整，在使用过程中必要时反复调整，确保测量数据准确有效；使用人员必须按设备操作规程进行调整，防止可能使测量结果失效的调整；

③ 对已校准的测量设备要牢固固定检定合格标识，以识别测量设备的有效校准状态；

④ 测量设备要安置在适宜的环境条件下，要防止在搬运、维护和储存期间测量设备损坏和失效；当发现测量设备不合格要求时，应对以往测量结果的有效性进行评价和记录，并对该设备和任何受影响的产品采取适当的措施。

下面以企业为例，叙述本条款的应用。

为对用于确保产品符合规定要求的监视和测量资源进行有效控制，公司应编制《监视和测量资源控制程序》，由具体部门（如质安部，以下皆用质安部来描述）归口管理，组织实施。

质安部确保监视和测量活动可行，并与监视和测量要求相一致。对所需监视和测量设备的采购、验收、周期校准、使用、搬运、维护和储存以及对检测人员的要求等进行管理，以确保监视和测量活动可行，并以与监视和测量的要求相一致的方式实施，为产品符合确定的要求提供证据。

对于监视和测量设备的初次校准要求如下：

经验收合格的监视和测量设备，由质安部负责送国家计量部门检定或自行校准，合格后方能发放使用。对合格品应贴上标明其状态唯一性标识；质安部负责对该设备编号，并填写《监视和测量设备台账》，记录设备的编号、名称、规格型号、精度等级、生产厂家、校准周期、校准日期、放置地点等。

对于监视和测量设备的校准周期规定如下：

第一，年底质安部编制下一年度《监视和测量设备校准计划》，根据计划执行周期校准，由质安部负责联系有资质的检定单位进行校准，并出具校准报告；

第二，校准合格的设备，校准人员贴"合格标签"，并标明有效期；校准不合格的，贴"不合格标签"，修理后重新校准；对不便粘贴标签的设备，可将标签贴在包装盒上，或由使用者妥善保管；

第三，对于监视和测量用的软件，在使用前应进行自校准，填写相应的校准记录。

对于监视和测量设备的使用、搬运、维护和储存控制，规定如下：

第一，使用者应严格按照使用说明书或操作规程使用设备，确保设备的监测和测量能力与要求相一致，防止发生可能使校准失效的调整，使用后要进行适当的维护和保养；

第二，在使用监视和测量设备前，应按规定检查设备是否工作正常，是否在校准有效期内；

第三，使用者在监视和测量设备的搬运、维护和储存过程中，要遵守使用说明书和操作规程的要求，防止其损坏或失效。

对于监视和测量设备偏离校准状态的控制方面，规定如下：

第一，发现监视和测量设备偏离校准状态时，应停止检测工作、及时报告质安部。质安部应追查使用该设备检测的项目内容，再评价以往检测结果的有效性，确定需要重新检测的范围并重新检测。质安部应组织对设备故障进行分析、维修并重新校准，采取相应的纠正措施。

第二，对于无法修复的监视和测量设备，经质安部经理确认后，由总经理批准报废或做相应处理。对于监视和测量设备的环境要求应符合相关技术文件规定，由质安部负责监督检查。

案例3-15

天文建筑集团公司监视和测量装置控制程序

1. 目的

确保公司用于质量、环境、职业健康安全工作的装置得到有效控制，使监视和测量结果准确可靠，满足要求。

2. 适用范围

本程序适用于公司承建的所有工程施工、交付、保修过程和管理过程使用、标准、监视、测量装置的控制工作。

3. 引用文件

本公司《质量、环境、职业健康安全管理手册》。

4. 术语和定义

本工程采用质量、环境和职业健康安全管理体系中有关术语和定义。

5. 职责

5.1 工程部为本程序主控部门，负责本程序的编制实施和修改；负责公司的监视、测量装置的配备、购置、验收、送检，进行管理、监督。确保满足全公司质量、环境、职业健康安全的监视测量工作需要和监视测量结果可靠。

5.2 各工程项目部负责本工程施工、交付全过程的质量、环境、职业健康安全工作使用的监视测量装置满足需要，及时做好校准、维护、使用。

6. 工作程序

6.1 监视、测量装置的选用和配置

6.1.1 公司应根据需要采购或租赁检测设备，并对检测设备供应方进行评价；使用前对检测设备进行验收；设备的使用、管理人员应经过培训。

各部门、项目部结合承建工程施工、交付、保修和相关管理工作的需要，采取调配、租赁、采购等各种途径进行配备，确保在品种、规格、型号、测量精确度、量程、数量等方面满足各项目部和公司部门的需要。对于公司监视测量装置的配备情况，公司工程部由负责人安排，在每年的3月上中旬内编制公司当年监视测量装置总台账，在以后的月份里，随公司承接工程的具体需要，工程部对总台账进行适当补充和删减。公司工程技术部、综合办公室在每年3月上旬内编制本部门当年监视测量装置台账一式二份。各部门在施工准备阶段根据施工组织设计文件的策划安排，由项目技术负责人安排人员编制本工程施工、交付应使用的监视装置台账一式二份，并报一份给公司工程部汇总。公司、部门、各项目部监视装置台账内容，见附件7.1。

6.1.2 公司的各项监视测量装置均以能溯源到国家及国际标准的方式，进行周期校准或做一次使用前校准。各项监视测量装置依据政府相关部门规定和使用频率确定。公司规定除质检员、测量人员以外，各级人员、工人使用的5米长度以下的各种盒尺、搅拌机的上水时间继电器、试验用的量杯、量筒、测温温度计等，均做一次使用前校准。除此外的各种监视测量装置都必须按周期进行校准，并规定校准周期均为12个月。

6.1.3 公司各部门、各项目部配备使用的监视测量装置都必须按照上述6.2条规定，组织周期校准或使用前校准。规定公司的各项监视测量装置，一部分送有校准授权的单位进行校准，一部分由公司材料设备部门组织自校。规定由公司自校的监视测量装置有：质检员、测量员以外各级人员使用5米以下盒尺、材料人员使用的各种卷尺、各种试模、坍落度筒、搅拌机上水时间继电器、量杯、量筒、温度计、钢板尺等，其他均送有授权的单位校准。

对于各项监视测量装置的周期校准和使用前校准，在公司部门、项目部负责人安排在每年的3月上旬依据所使用监视测量装置的校准周期，编制校准计划，报公司工程部，在各项目部由项目技术负责人安排在工程施工准备阶段，依据所使用监视测量装置的校准周期编制校准周期，编制校准计划，报公司工程部。工程部负责人安排在每年的3月中旬前依据部门、项目部报来的校准计划，由工程部负责人组织督促检查，确保计划完成。公司、部门、项目部监视测量装置校准计划执行，见附件7.1规定。

各部门和各项目部的监视测量装置，无论送外校还是公司自校，送校人员都必须将校准记录、校准合格证、校准合格标识等资料全部及时收集回来，交本单位资料员妥善保管，不得丢失。校准合格标识由送校人员粘贴到校准好的监视测量装置上。资料员在工程完工时或年度结束前将这些资料全数交公司工程部主管人员汇总、整理、统一保管，不得丢失。

6.2 监视测量装置的公司自控

为了做好监视测量装置的公司自校工作，工程部负责人安排兼职计量员，经过专业培训考核合格持证上岗，并组织编制监视测量装置自校规程贯彻执行。在进行自校前，由工程部负责人安排送外校一件标准检测尺，专门用于校准时的比对校准，不作他用。各部门、各项目部的自校监视测量装置，由工程部统一安排兼职计量员按周期规定分别进行校准，校准时，由兼职计量员做好校准记录。校准合格后，由兼职计量员发给公司的合格标志，粘贴在校准好的监测装置上。这时被校准的监视测量装置才可投入使用。不论外校还是自校的监视测量装置，未经校准合格不得投入使用。自校的监视测量装置校准记录内容，见附件7.2。

6.3 监视测量装置防止调整失效

经纬仪、水准仪、暖气压力测试表、磅秤、游标卡尺等精确度要求较高的监视测量装置的调整，不是专业人员、会使用人员不得擅自操作调整。专业人员、会使用人员在进行精确度调整时，必须按照监视测量装置生产厂提供的使用说明书或维修说明等文件规定程序进行调整。调整步骤顺序、调整部件顺序、测试顺序等严格遵循，不得搞乱，防止因调整顺序，未遵循测试顺序而发生监视测量装置失效。

6.4 监视测量装置使用失准

监视测量装置使用过程中失准问题的处理，各部门、各项目部的监视测量装置在使用过程中发生失准时，由使用人员将失准情况详细记录，使用人员将失准情况立即报告部门负责人或项目部技术负责人。部门负责人或项目技术负责人组织有关人员对失准情况及失准前的检测结果进行评价，找出发生失准的原因，确定失准的检测范围及对此失准检测结果的处置措施；然后由负责人安排人员按评价意见对此次失准问题进行处理，由部门负责人或项目技术负责人安排人员，对此次失准情况、评价情况、评价后处理情况做详细记录一式二份。一份报公司工程部，一份自留用。

6.5 监视测量装置的使用、维护、搬运、保管

各部门、各项目部对于监视测量装置都要安排专业人员操作使用，不是专业人员、会使用人员不得使用操作监视测量装置，对于重要的、精确度高的监视测量装置做到专人使用、专人维护、专人搬动、专人保管。使用人员、保管人员对监视测量装置要及时擦拭、上油、去除污渍，使用后要包装好、保护好，做好维护工作。

对于经纬仪、水准仪、磅秤、游标卡尺、压力测试表、万用表、摇表、压力表等精度要求高的监视测量装置，要专人搬运。搬运前，要做好衬垫，维护、搬运过程中要有防振、防碰撞措施。装卸时，轻拿轻放，确保校准好的精确度不受影响。各种监视测量装置的保管条件要良好，有防潮、防晒、防虫蛀、防锈蚀、防打击、防碰撞、防挤压、防冻等措施。确保在保管过程上校准好的精确度不受影响。长期保管时安排人员定期检查、擦拭、上油、维护，确保在保管过程中校准好的精确度不受影响。

6.6 监视测量装置的监督管理

公司工程部负责人安排人员在第二、第三、第四季度内，每季度对各部门、各项目部监视测量装置的校准、使用、维护、保管、技术资料等管理工作检查一次，检查时由检查人员做好记录。发现的问题由检查人员督促该单位在规定时间内整改完成。检查记录内容执行，见附件7.3。

7 附件

7.1 公司_____部门、项目部_____年度监视测量装置台账，见表3-15。

7.2 _____监视测量装置自校记录，见表3-16。

7.3 _____部门、项目部监视测量装置管理工作检查记录（采用通用表格），见表3-17。

表3-15 年度监视测量装置台账

编号：JL-11-7.1　　　　　　　　　　　　　　　　　　　　　　　　　共　页第　页

序号	监视测量装置名称	规格型号			精度值或精度等级	数量	设备编号	检定或校准情况			使用单位和责任人		使用状态			
		品种	规格	型号				规定检定周期	上次检定日期	下次检定日期	单位	责任人	在用	维修	储存	报废

编制：　　　　　　　审核：　　　　　　　批准：　　　　　　　　　　年　月　日

表3-16 监视测量装置自校记录

编号：JL-11-7.2　　　　　　　　　　　　　　　　　　　　　　　　　共　页第　页

监视测量装置名称		精度值		购进日期	
公司编号		使用单位	使用人		负责人

比对校准名称：　　　　　精确度：　　　　校准日期：　　　　上次校准日期：
标准记录：
第一次标准值：　　　　　实测值：　　　　误差：　　　　误差调整值：
第二次标准值：　　　　　实测值：　　　　误差：　　　　误差调整值：
第三次标准值：　　　　　实测值：　　　　误差：　　　　误差调整值：
第四次标准值：　　　　　实测值：　　　　误差：　　　　误差调整值：
第五次标准值：　　　　　实测值：　　　　误差：　　　　误差调整值：

本次校准确定值：　　　　　　　　合格：□
校准合格标志发放粘贴：□完成；　□未发放；　□补发日期：
校准日期：
标准地点：
标准时温度：　　　　　　温度：
　　　　　　　　　　　　　　　　　　校准人：　　　　　　年　月　日

表3-17 监视测量装置管理工作检查记录

编号：JL-11-7.3　　　　　　　　　　　　　　　　　　　　　　　　　共　页第　页

检查范围：

序号	检查内容	检查、结果 □符合 □不合格	问题点及整改措施	整改后验证

本次检查问题整改结果：	本次检查结论：	负责人审阅：
检查人：　年　月　日	检查人：　年　月　日	签字：　年　月　日

受检部门：　　　　负责人：　　　　检查部门：　　　　检查人：　　　　日期：

> **思考题**
>
> 如果您是资产处的处长,请阐述对监视测量设备应如何管理。

(六) 组织的知识

GB/T 19001—2016 标准条款内容:

> 7.1.6 组织的知识
>
> 组织应确定必要的知识,以运行过程,并获得合格的产品和服务。
>
> 这些知识应予以保持,并能在所需的范围内得到。
>
> 为应对不断变化的需求和发展趋势,组织应审视现有的知识,确定如何获取或接触更多必要的知识和知识更新。
>
> 注1:组织的知识是组织特有的知识,通常从其经验中获得,是以实现组织目标所使用和共享的信息。
>
> 注2:组织的知识可以基于:
>
> a) 内部来源(例如知识产权;从经验获得的知识;从失败和成功项目吸取的经验教训;获取和分享未成文的知识和经验,过程、产品和服务的改进结果)。
>
> b) 外部来源(例如标准;学术会议;专业会议,从顾客或外部供方收集的知识)。

这是在2008版的质量管理体系基础上新增加的一个条款,之所以增加该条款,主要是由于人员流动给组织带来知识、技术、专利等方面的损失,而导致产品的质量或竞争力遭受负面影响。因此,对组织的知识要进行保护。这里的"知识"是指对于组织具有核心价值的知识,一旦该知识丢失将对该组织产生致命的伤害,例如掌握本组织核心竞争力的人员被别的单位挖走,或者死亡等。这些知识应得到维护也包括对掌握核心技术人员的保护。

一般情况下,组织要确定质量管理体系运行、过程、确保产品和服务符合性及顾客满意所需的知识。这些知识应得到保持、保护,需要时便于获取。

在应对变化的需求和趋势时,组织应考虑现有的知识基础,确定如何获取必需的更多知识。

以企业为例,本条款在企业内应用时,企业应做到:

公司应确定必要的知识,以运行过程,并获得合格产品和服务。这些知识应予以保持,并能在所需的范围内得到。

公司的知识可以基于:

第一,内部来源(例如知识产权;从经验获得的知识;从失败和成功项目吸取的经验教训;获取和分享未成文的知识和经验,过程、产品和服务的改进结果)。

第二,外部来源(例如标准;学术交流;专业会议,从顾客或外部供方收集的知识)。

由专门部门如办公室,负责确定过程的运行和达到产品和服务的符合性所需的知识。组织知识是组织的特定知识,是获得的经验,是实现组织目标所使用和分享的信息。

这些知识应得到维护并在需要时易于获取。在应对变化的需求和趋势时,公司应考虑现有的知识,确定如何获取必要的附加知识和所需的更新。

> **思考题**
>
> 本条款所说的知识是指哪些知识？对这些知识应如何保护？

二、能力

GB/T 19001—2016 标准条款内容：

> 7.2 能力
> 组织应：
> a) 确定在其控制下工作的人员所需具备的能力，这些人员从事的工作影响质量管理体系的绩效和有效性；
> b) 基于适当的教育、培训或经验，确保这些人员是胜任的；
> c) 适当时，采取措施以获得所需的能力，并评价措施的有效性；
> d) 保留适当的成文信息，作为人员能力的证据。
> 注：适当措施包括对在职人员进行培训、辅导或重新分配工作，或者聘用、外包给胜任的人员。

本条款中的 a) 就是通常所说的岗位任职资格。组织控制下工作的人员包括：正式员工、临时工、外部供方提供的技术人员、生产人员。"必要能力"是指满足本岗位任职要求的基本能力。以学校为例，"必要能力"是指学历，工作经历，与本岗位有关的业务能力、科研能力、沟通能力、协调服务能力。

b) 条款中的"教育"一般指学历，"培训"一般指技能培训。对不能胜任工作的人员要采取适当的措施获得所需要的能力，并对措施的有效性进行评价。

c) 条款中"适当的措施"是指对组织现有员工（正式工、临时工、外包方提供的技术人员）进行有针对性的培训、辅导、重新分配工作、外聘（雇佣）和外包胜任人员。而对措施的有效性的评价方式有：现场查看、技能竞赛、考试、同行评价等。

需要说明的是培训不等于掌握，会议传达不等于落实。在培训传达之后还要对受训人员、参会人员是否达到了培训所要求的能力、会议的要求是否得到了实施进行验证，并保留评价、验证的成文信息。

本条款适用于人力资源管理，对口主控部门是人力资源部或人事处。这些部门应通过走访、交流、现场观察、会议等渠道获得各类人员在履行各类岗位时所表现出的能力的欠缺，然后采取有针对性的、有效的措施（培训、辅导）满足这些岗位对能力的要求。在实际工作中，中层及以上干部的管理能力、管理知识往往容易被人力资源部门所忽视，形成较大的管理漏洞。

一般情况下，组织往往安排人力资源部负责在确保组织控制下对从事影响质量绩效的能力有影响的人员，规定所需的能力，该能力基于适当的教育、培训或经历。确保这些人员能够胜任工作，确认与其满足适用要求及质量管理体系相关的培训需求，适当时，采取措施以获得所必需的能力，并评价所采取的措施的有效性。

人力资源部负责按照人力资源管理要求，确定员工的培训需求；根据各部门提出的培训需求，制订公司范围内年度培训计划，组织实施培训工作并保存相应记录。

在组织控制下对从事影响质量绩效的能力有影响的人员包括：

第一,其工作可能造成产品质量波动的人员。
第二,被委派了质量管理体系职责的人员,包括:
① 确定并评价产品质量;
② 为实现质量目标做出贡献;
③ 对紧急情况做出响应;
④ 实施内部审核;
⑤ 实施合规性评价。
第三,人力资源部负责组织各部门确定公司各级人员岗位职责和权限以及能力要求。
第四,内部审核员应通过专门培训机构的考核,取得内审员资格证书。
第五,专(兼)职质量管理人员需经专业机构的培训和考核,并取得相应的资格证书。
第六,特种作业人员、特种设备操作人员、特种设备管理人员的培训,由人力资源部报送培训机构实施培训,考核合格并取得资质证书后方能从事本岗位工作。
第七,组织内各级领导干部、技术人员、管理人员、操作人员等所有从事对质量有影响的工作人员,均需按要求接受有组织有系统的培训教育,具备完成质量管理工作任务的能力,并使员工都认识到:
① 遵循质量方针以及质量管理体系要求的重要性;
② 工作活动中质量管理状况的改善以及个人行为的改进所带来的质量管理效益;
③ 在执行质量方针以及实现质量管理体系要求,包括应急准备与响应要求方面的作用和职责;
④ 偏离规定的管理程序可能带来的后果。
第八,应通过考试或其他方式,对培训效果和能力进行评价和鉴定,并建立培训考核的相关档案,由人力资源部保存。
第九,人力资源部应根据质量管理法律法规和标准要求,每年向组织提出培训需求,并将培训需求列入员工年度培训计划。
第十,人力资源部应对年度培训计划定期进行评审,必要时予以修订,以保证其适宜性和有效性。

案例 3-16

天文学院人力资源控制程序

1. 目的

为使全院教职员工的素质满足所从事工作对能力的要求,通过对从事教育教学、科研、行政、教辅等活动的人员进行管理与控制,使其能够胜任本岗位工作。

2. 适用范围

本程序适用于本院全体工作人员,包括供方人员的管理和培训。

3. 职责

3.1 管理干部聘用

院长负责聘用(任)全院管理干部(院级由上级聘任),批准各部门的岗位任职要求和岗位职责。

3.2 人力资源的统一调配和管理

院长负责全院人力资源的统一调配和管理，包括审查机构及岗位设置方案；审查教职员工聘任（用）方案；审查教职员工的录用、招聘、调配、职称评定、培训、考核、表彰、奖励、惩处、任免等方案；审查各部门岗位职责和岗位任职要求。院长负责对学院人力资源管理状况进行监督检查。

3.3 人事处负责

3.3.1 制订人力资源建设中长期规划及实施计划。

3.3.2 制订机构及设置方案。

3.3.3 划分学院二级管理部门工作职能，制订部门负责人岗位任职要求。

3.3.4 制订年度人才引进及招聘计划并组织实施。

3.3.5 制订教职员工的年度培养、培训计划，并组织各部门实施。

3.3.6 制订教职员工的聘任（用）方案，并组织实施。

3.3.7 教职员工的工作调配、合同签订、劳动工资、奖惩、职务任免、岗前培训、职称评聘（考试）、考评定级、年度考核、人才交流及人事、劳资统计等管理与服务工作。

3.3.8 院内短期工勤人员的聘用、调整的审批。

3.3.9 人才交流中心的管理，人员聘用政策执行的监督，协调解决劳资纠纷。

3.3.10 人事档案的管理。

3.4 各部门负责

3.4.1 本部门的岗位设置申请及编写本部门岗位职责与岗位任职要求。

3.4.2 聘任（用）岗位工作人员并实施岗位技能培训。

3.4.3 本部门工作人员工作考评、年度考核并做相应记录。

3.4.4 依据本程序对本部门工作人员进行日常管理与教育。

4. 工作程序

4.1 人力资源识别

学院人力资源可分为以下类别：

4.1.1 教学人员：指经过学院人事处认定的、在教学第一线从事教学工作的专职教师。

4.1.2 行政人员：指在我院从事综合管理工作的管理人员。

4.1.3 教辅人员：指在我院教学系部或其他部门从事教学辅助性工作的专业技术人员，包括实验室、图书馆等部门的专业技术岗位人员。

4.1.4 工勤人员：指我院公共服务性岗位的工作人员，包括专职司机、勤杂工等工种的工作人员。

4.1.5 校外聘请教师：指从企业、科研院所及社会聘用的授课及从事实践指导的人员。

4.2 人员的岗位职责和岗位任职要求

4.2.1 任职要求的依据：《中华人民共和国教育法》《中华人民共和国高等教育法》《中华人民共和国教师法》《中华人民共和国劳动法》等相关法律和国务院颁发的

《教师资格条例》《关于在事业单位试行人员聘用制度的意见》、教育部颁布的《普通高等学校本科教学工作水平评估方案》等相关规定。

4.2.2 人事处负责制订各部门负责人的岗位任职要求，各部门负责人负责制订本部门人员的岗位职责和岗位任职要求，人事处进行汇总，编写《天文学院岗位职责》和《天文学院岗位任职要求》，经院长办公会讨论，形成决议，由院长批准实施。

4.3 人力资源需求及聘任

4.3.1 人力资源需求计划按以下步骤确定。

4.3.1.1 人事处制订《天文学院机构人员编制》和《天文学院师资规划工作纲要》，报院长办公会讨论后实施。

4.3.1.2 每年九月，机关各单位、各教学系（部）按编制和《天文学院师资规划工作纲要》制订下年《人员需求计划》《师资计划》和《三年师资规划》，报人事处，形成下年《天文学院年度人员需求计划表》《师资计划》和《三年师资规划》。

4.3.1.3 人事处组织对下年的《天文学院年度人员需求计划表》《师资计划》和《三年师资规划》进行可行性论证。

4.3.1.4 院长负责审查下年《天文学院年度人员需求计划表》《师资计划》和《三年师资规划》。

4.3.2 部门编制。各部门编制和岗位的增减，由各部门提出增减的申请，修订相应的《岗位职责》和《岗位任职要求》，经主管院领导审批后，报人事处审查，按上会程序报院长办公会审批。

4.3.3 聘（任）用。人事处制订《天文学院人才引进的若干规定（试行）》，经院长办公会决议后实施。

4.3.3.1 最高管理层：学院最高管理层的聘任按管理权限按省委及省政府的有关任命执行。

4.3.3.2 各部门负责人：依据《党政领导干部选拔任用工作条例》及《天文学院教职员工聘任办法》实行竞争上岗，公开竞争聘（任）用和直接聘任相结合。

4.3.3.3 一般教职员工：执行《天文学院人才引进的若干规定（试行）》。

4.3.4 人才招聘。执行《天文学院人才引进的若干规定（试行）》。

4.3.4.1 人事处根据《人员需求计划》和《师资计划》拟定和发布招聘信息，参加国内外各类人才招聘会，接待应聘人员咨询，收集登记求职材料，并对应聘人员的资质进行审核。

4.3.4.2 人事处通过初审后向有关部门进行推荐。

4.3.4.3 各部门对推荐人选组织面试和考核（应邀请人事处或教务处等相关职能部门人员参加考核），按照《天文学院人才引进的若干规定（试行）》规定相关权限审批。

4.3.4.4 人事处负责办理人才引进相关手续，并签订有关合同。

4.3.4.5 人事处每年填写《年度新增岗位任职人员统计表》，报院长审批后存档。

4.4 能力、意识和培训

4.4.1 通过培训与教育，使教职员工意识到：

a) 符合质量管理体系相关法律法规要求与学院生存的重要性;
b) 违反这些要求所造成的不良后果的严重性;
c) 本人所从事的活动与学院发展的相关性;
d) 为实现学院及本部门的质量方针和目标多做贡献。

4.4.2 承担质量管理体系规定职责的人员,应具有相应的能力,对能力的判断应从教育、培训、技能和经验方面考虑;通过培训,使教职员工的能力与其从事的工作相适应。

4.4.3 教职员工的培训可分为:
a) 由部门进行的岗位作业培训;
b) 由政府有关部门进行的持证上岗培训;
c) 由有关专业部门组织的教学科研及相关业务培训;
d) 获取相应学历、学位证书的不脱产、半脱产或脱产的学习;
e) 专业技术人员的继续教育培训;
f) 新进教职员工的培训;
g) 供方提供的教育培训;
h) 国家、地方有关的质量管理方面的法律、法规、文件的培训;
i) 学院制订的质量管理体系相关文件的培训;
j) 其他形式的培训。

4.4.4 培训策划,按以下步骤确定:

4.4.4.1 人事处制订《天文学院教职员工培训的规定》,经院长办公会决议后实施。

4.4.4.2 每年年初,各部门根据工作发展要求,提出本部门人员培训计划,填写《天文学院培训需求报告》,报人事处汇总。

4.4.4.3 人事处根据各部门《天文学院培训需求报告》,制订人员培训计划,填写《天文学院教职员工年度培训计划表》,报院长办公会批准后实施。

4.4.5 培训实施,按以下方法执行。

4.4.5.1 岗位作业培训由各部门组织实施并填写《天文学院培训记录》,报人事处备案。

4.4.5.2 持证上岗培训由人事处按照国家行业要求组织实施并填写《天文学院培训记录》。

4.4.5.3 教学科研业务培训由人事处组织相关部门实施并填写《天文学院培训记录》,报人事处备案。

4.4.5.4 学历、学位培训。有学历、学位培训需求的教职工填写《天文学院教职工培训申请表》,所在部门及相关管理部门签署意见,报人事处审核,主管院领导审批,再与人事处签署相关协议后参加培训。接受培训的教职工负责完成《天文学院培训记录》,报人事处审查。

4.4.5.5 专业技术人员继续教育培训由各部门组织实施并填写《天文学院培训记录》,报人事处备案。

4.4.5.6 新进教职员工培训由人事处组织实施并填写《天文学院培训记录》。

4.4.5.7 国家、地方有关的质量管理法律、法规、文件的培训由人事处组织相关部门实施并填写《天文学院培训记录》,报人事处备案。

4.4.5.8 学院制订的质量管理体系相关文件的培训由人事处及质量管理办公室组织实施,质量管理办公室填写《天文学院培训记录》,报人事处备案。

4.4.5.9 供方教育培训由供方单位按照规定要求提供培训,接受供方服务的部门填写《天文学院培训记录》,报人事处备案。

4.4.6 培训方式。根据学院实际情况,采取脱产与不脱产相结合、业余培训与自学相结合、理论培训与技能培训相结合的方式,灵活地、有针对性地实施培训工作。

4.4.7 培训效果的评价。人事处进行监督检查、评价,予以记录,以便更好地制订下一年度的培训计划,使培训工作得到持续改进。

4.5 教职员工日常管理

4.5.1 对教职员工的考勤,按《天文学院教职员工考勤管理规定》执行。

4.5.2 对于教职员工的休假、退休、辞职、辞退和人员流动,以及待岗人员、借调人员的管理,按《天文学院教职员工管理办法》执行。

4.6 专业技术资格评审和职务聘任

4.6.1 专业技术资格推荐评审的步骤为:

4.6.1.1 在规定的时间内申报人将申报的全部材料提交到人事处。

4.6.1.2 人事处会同有关部门对申报材料进行初审。

4.6.1.3 人事处对申报人材料进行整理、审核,发现问题及时通知申报人。

4.6.1.4 人事处将申报材料呈报学院专业技术职务评审评议组。

4.6.1.5 学院专业技术职务评审委员进行无记名投票表决,将表决结果予以公示。

4.6.1.6 人事处将申报人全部材料报上级主管部门。

4.6.2 专业技术资格初次认定的步骤为:

4.6.2.1 在规定的时间内申报人将申报的全部材料提交到人事处。

4.6.2.2 人事处会同有关部门对申报材料进行初审。

4.6.2.3 人事处将申报认定人员的基本情况汇总后,经院长办公会议讨论通过后,报上级主管部门审批。

4.6.3 调入人员专业技术资格确认。

在规定的时间内申报人将申报的全部材料提交到人事处。

4.6.4 专业技术资格考试的实施。

4.6.4.1 在规定的时间内报考人将报考的全部材料提交到人事处。

4.6.4.2 人事处根据报考人岗位及专业的需要,会同有关部门对报考人的材料进行初审。

4.6.4.3 人事处将报考人员的基本情况汇总后,经主管院领导审批后,报上级主管部门。

4.7 考核

4.7.1 教职员工考核的实施。

4.7.1.1 教职员工考核可分为：
a) 工作过程考核：包括教职员工出勤考核、教师课时考核、工作环节考核；
b) 满意度调查；
c) 教学成果考核；
d) 科研成果考核；
e) 岗位职责年度考核；
f) 年度述职报告；
g) 第三者评价（学生、同行和各部门）。

4.7.1.2 人事处负责制订《天文学院教职员工年度考核办法》，经院长办公会讨论，形成决议，由院长批准实施。

4.7.1.3 按《天文学院教职员工年度考核办法》，学院成立考核领导小组，负责全院考核工作。各部门成立考核小组，执行《天文学院教职员工年度考核办法》。

4.7.1.4 考核实施。

a) 行政人员考核：由人事处按岗位职责对中层以上行政人员进行考核；中层干部个人每年填写《中层领导干部年度考核表》进行自我评价，人事处组织全院公开述职，学院最高管理层对他们的工作质量进行监督检查；科级和科级以下行政人员个人每年填写《科级和一般工作人员年度考核表》进行自我评价，所在单位的考核小组，负责按岗位职责对其考核。

b) 教学人员和教辅人员考核：由教务处对他们的能力、素质和教学状态进行考核，由教务处对他们的岗位职责、任务（课时、教学环节及教学效果）进行监督检查；由各教学单位对他们进行考核和满意度的调查，由本人填写《教师及工程技术人员年度考核表》进行自我评价；教务处对全院科研人员的科研成果进行考核。

c) 工勤人员考核：由各部门负责对他们进行考核和评价，其个人每年填写《科级和一般工作人员年度考核表》进行自我评价，各部门对本单位各岗位人员的工作质量进行监督检查。

4.7.1.5 被考核人员对考核结果如有异议，在接到考核结果之日起十日内，向考核领导小组申请复核，考核领导小组要在十日内提出复核意见，经主管院领导审查，院长批准后以书面形式通知被考核人员本人。

4.7.2 工作过程考核的实施。

4.7.2.1 各部门负责本单位教职员工考勤，人事处会同学院办公室不定期检查。

4.7.2.2 各部门对各岗位工作环节进行考核，监控工作质量，开展满意度调查，做好投诉的处理记录，资料和结果报人事处。

4.7.2.3 教师和工程技术人员工作过程考核由教务处管理。

4.7.2.4 辅导员工作过程考核由学生工作处管理。

4.7.2.5 中层干部工作过程考核由人事处管理。

4.7.3 单位考核的实施。

4.7.3.1 人事处会同相关部门制订《系部年度目标任务书》。

4.7.3.2　人事处根据《系部年度目标任务书》和《天文学院机构设置》，组织举行全院部门职责及系部目标任务年中检查和年度考核。

4.7.4　考核记录。

4.7.4.1　考核记录需加标识、编号归档保存。人事处负责建立教职员工业务档案，保存继续教育、培训、岗位资格认证、学历证明、培训证明、职称证明等相关材料，做好考核表等文字材料的收集、整理、统计、鉴定、签章工作。

4.7.4.2　学院考核领导小组召开年度考核评审会，听取各部门意见和建议，接受纪检办公室监督，并听取改进意见，人事处负责记录。执行《纠正与预防措施控制程序》和《数据分析控制程序》。

4.7.5　考核结果的应用。考核结果是晋级、评优、奖罚和评职称的重要依据，考核结果的应用按《天文学院教职员工年度考核办法》执行。

5. 相关文件

5.1　《中华人民共和国教育法》
5.2　《中华人民共和国教师法》
5.3　《中华人民共和国高等教育法》
5.4　《中华人民共和国劳动法》
5.5　《教师资格条例》
5.6　《党政领导干部选拔任用工作条例》
5.7　《纠正与预防措施控制程序》SKZ—CX—8.5—29
5.8　《天文学院人才引进的若干规定（试行）》TW—WJ—RSC—01
5.9　《天文学院专业技术职称评审办法》TW—WJ—RSC—02
5.10　《天文学院教职工培训进修的规定》TW—WJ—RSC—03
5.11　《天文学院教职工考勤制度》TW—WJ—RSC—04
5.12　《天文学院教职工年度考核办法》TW—WJ—RSC—05

6. 记录

6.1　《天文学院年度人员需求计划表》TW—JL—RSC—01
6.2　《事业单位工作人员年度考核表》TW—JL—RSC—02

思考题

如果你是人力资源部的部长，请依据GB/T 19001—2016标准要求，阐述你的工作思路。

三、意识

GB/T 19001—2016标准条款内容：

> 7.3　意识
> 组织应确保在其控制下的工作人员知晓：
> a）质量方针；
> b）相关的质量目标；

> c) 他们对质量管理体系有效性的贡献，包括改进质量绩效的益处；
> d) 不合格质量管理体系要求的后果。

意识是人类所独有的一种高水平的心理活动，指个人运用感觉、知觉、思维、记忆等心理活动，对自己内在的身心状态和环境中外在的人、事、物变化的觉知，它属于人的内心世界的活动。正因如此，要使组织控制下的工作人员意识到上述标准条款四方面的要求，就必须让员工"动心"，而"动心"是很难从外表观察到的，这就需要员工把意识到上述标准条款四方面的要求，变成自己内在的需求。要实现这一点，一般有以下几条途径：

第一，领导的人格魅力，因为"士为知己者死"；
第二，每一个员工都被得到了关注；
第三，良好的激励政策；
第四，为每位员工打造的个人发展的平台及顺畅的升迁渠道；
第五，组织良好的社会信誉和优秀的组织文化；
第六，良好的薪酬待遇及奖惩措施等。

上述六条途径的畅通，组织会感动每一位员工，员工就会把组织的要求变成自己内在的需求，因为人都是有感情的，员工们会认为，自己做不好工作，就愧对自己的组织。通过上述一系列措施的实施，确保在组织控制下工作的人员意识到：

第一，质量方针和相关的目标；
第二，与工作相关的产品质量相关的实际或潜在的质量影响；
第三，对质量管理体系有效性的贡献，包括对提高质量绩效的贡献；
第四，不合格质量管理体系要求，包括未履行组织的合规义务的后果。

对质量方针的认知不应当理解为需要熟记承诺或在组织控制下工作的人员保存有文件化的质量方针，而是这些人员应当意识到质量方针的存在、目的及员工在实现承诺中所起的作用，包括员工的工作如何能影响组织履行其合规义务的能力。

思考题

本条款对"意识"的要求有哪些？在实际工作中如何贯彻实施？

四、沟通

GB/T 19001—2016 标准条款内容：

> 7.4 沟通
> 组织应确定与质量管理体系相关的内部和外部沟通，包括：
> a) 沟通什么；
> b) 何时沟通；
> c) 与谁沟通；
> d) 如何沟通；
> e) 由谁沟通。

本条款对不论内部沟通还是外部沟通，都提出了明确的五个方面的要求。为了确保员工参与质量管理相关事务，确保员工或其他相关方就质量管理信息进行有效的沟通、参与和协商以及信息交流能有序进行，以保障组织内、外部信息畅通。组织一般制订一个部门负责建立、实施并保持与质量管理体系有关的内部与外部信息交流所需的过程，具体如下：

第一，信息交流的内容；

第二，何时进行信息交流；

第三，与谁进行信息交流；

第四，如何进行信息交流；

第五，由哪位员工负责实施。

策划信息交流过程时，组织应：

第一，考虑其合规义务。

第二，确保所交流的质量信息与管理体系形成的信息一致且真实可信。

第三，一般情况下，组织的办公室是沟通、参与和协商的归口管理部门，负责组织内外部（包括相关方）信息的接收、处理和交流。

第四，适当时，各部门应保留成文信息，作为其信息交流的证据。

第五，各部门应对其质量管理体系相关信息交流做出响应。

第六，对所涉及的外包服务相关方负有监控职能，施加质量管理影响，收集、传递相关信息并进行处理。

第七，需与外部供方进行信息的沟通、收集和处理，对涉及质量管理的外部供方施加影响。

第八，各相关部门负责本部门质量信息的接收、传递和处理，建立部门信息，登入索引目录做好记录，并及时把收集信息传递给办公室。

第九，由办公室组织在组织内部的不同层次和职能间就质量管理体系的相关信息进行内部信息交流，包括交流质量管理体系的变更；确保其信息交流过程能够促使在其控制下工作的人员对持续改进做出贡献。信息交流使组织能够提供并获得与其质量管理体系相关的信息，包括与其产品质量以及质量绩效和持续改进建议相关的信息。

组织在建立信息交流过程时，应当考虑内部组织结构，以确保与最适当的职能和层次进行信息交流。

各部门可通过电话、会议、报告、报表、文件、宣传、组织内部网络以及电子邮件等形式进行，重要的信息必须做好信息记录。

办公室接收外部信息后，及时传递至有关部门，并建立信息登入索引目录，填写信息处理单。办公室应保留成文信息，作为其信息交流的证据。应该为公众所获取的信息，办公室应予以发布。

应按组织信息沟通与协商控制的规定，就质量管理体系的相关信息进行外部信息交流。

组织所接收的信息可能包括相关方对组织产品质量有关的特定信息的需求，或可能包括对组织实施管理方式的总体印象或看法。这些印象和看法可能是正面或是负面的。若是负面看法（例如：投诉），则重要的是组织应及时给出清晰的回复。对这些投诉进行事后分析能得出有价值的信息，可用于寻找改进管理体系的机会。

信息交流应当具有下列特性：

第一，透明化，即组织对其获得报告内容的方式是公开的；

第二，适当性，以使信息满足相关方的需求，并促使其参与；

第三，真实性，不误导那些相信信息报告的人员；

第四，事实性、准确性与可信性；

第五，不排除相关信息；

第六，使相关方可理解。

办公室保留成文信息，作为其外部信息交流的证据。

信息交流作为组织质量管理体系变更管理的一部分的内容，应按变更管理的相关要求进行控制。

本条款在企业中的应用描述如下：

对公司产品、服务及其质量管理体系的内外部各层次和职能间进行沟通交流，以及与顾客和相关方联络的接收、形成文件和回应进行有效的控制。做到政令畅通，信息传递及时，确保质量管理体系的有效运行和持续改进。

第一，内部信息交流。

总经理确保在各部门和不同层次人员内建立适当的沟通过程，并确保对质量管理体系的有效性所需信息进行沟通和共享，保证信息传递迅速和正确，使公司质量管理体系运行得到协调，提高质量管理体系运行各接口的管理效率和有效性；

沟通的方式：下达文件、会议传达、交谈、电话、传真、内部网络、内部刊物、提建议、培训教育等。

沟通内容具体如下：

① 公司以文件或相关会议方式传达各岗位职责及相互关系，保证各岗人员知晓工作职责，提高员工责任感和管理效率，提高质量管理体系运行的有效性；

② 各级管理者要通过适当方式，与相关部门、人员确定适宜的沟通方式，提高信息沟通的效率和准确性；

③ 公司各部门应跟踪验证信息沟通传递的效果，提高内部沟通有效性；

④ 沟通时要选择适当沟通方式，注意情感沟通来激发员工积极性、创造性，为公司带来收益。

第二，外部信息交流。

① 与外部相关方进行联络，保持文件往来和答复；

② 对涉及质量管理体系相关的外部信息要及时处理，并记录。

案例 3-17

天文物业公司信息沟通与协商控制程序

1. 目的

为了及时、准确地收集、传递、反馈与本公司质量、环境、职业健康安全有关的信息，做好信息的管理，特制订本程序。

2. 范围

适用于本公司内部信息的沟通与处理，以及与顾客等外部各相关方信息的收集、交流。

3. 职责

3.1 各管理部门负责对相应相关方的信息的收集，并负责本部门工作范围内信息的传递与沟通。

3.2 综合办公室负责紧急信息的处理。

4. 管理程序

4.1 信息的分类

4.1.1 外部信息包括以下内容：

a) 地方检测站、环保局、质量技术监督局、商检局、认证机构、劳动保护和社会保障部门等检测或检查的结果及反馈的信息；

b) 政策法规标准类信息，如质量、环境、职业健康安全的法律、法规、条例、产品标准等；

c) 相关方（顾客、供方、计量单位、媒体等）反馈的信息及投诉等；

d) 其他外部信息，如各部门直接从外部获取的有关质量、环境、职业健康安全管理的信息。

4.1.2 内部信息包括以下内容：

a) 正常信息，如方针、目标、指标及完成情况，测量和监控记录，内部审核与管理评审报告以及体系正常运行时的其他记录等；

b) （潜在）不合格信息，如体系内部审核的不合格报告，纠正、预防措施处理单等；

c) 紧急信息，如出现火灾、爆炸、重大质量事件以及环境污染事件和安全事件等情况下的信息与记录等；

d) 其他内部信息（如员工的建议等）。

4.2 信息的收集、处理与沟通工具

4.2.1 信息可采用书面资料、记录、公告栏、内部刊物、讨论交流、电子媒体、声像设备、通信、互联网等沟通的工具或方式予以传递。

4.2.2 外部信息的收集与处理。

4.2.2.1 与地方检测站、环保局、质量技术监督局、商检局、认证机构、煤矿、劳动保护和社会保障部门等机构检测、检查结果以及反馈信息的收集，由办公室传递到相关部门，当检测和检查结果出现不合格情况时，按纠正、预防措施控制程序的要求进行处理。

4.2.2.2 组织编写环境报告（包括方针、目标和指标、重要环境因素和重大危险源及其控制等），确保相关方需要时获取，对外通过媒体等方式进行宣传，对内通过培训、板报、公告栏等方式进行贯彻和传达。

4.2.2.3 组织对供方、运输承包方进行调查评定，作为评价产品供方和服务方的条件之一。

4.2.2.4 与顾客的信息沟通，以满足顾客各方面的要求，对所使用的产品及服务中的重要环境因素和职业健康安全风险的评价结果及相关要求通知供方或顾客。

4.2.2.5 政策、法规、标准类的信息资料收集、更新、整理。

4.2.3 内部信息的收集与沟通。

4.2.3.1 正常信息的处理：各部门依据相关文件的规定直接收集并传递日常信息，每月初由总经理主持，管理者代表和各部门负责人参加每月例会，对公司质量、环境、职业健康安全管理体系的信息（包括方针、目标、指标的完成情况，管理方案、内部审核结果，更新的法律法规等）进行传递、交流，并建立会议记录。

4.2.3.2 对于环境、安全事件、事件信息由发现部门传递给综合办公室进行记录、处理和调查，参见应急准备和响应控制程序。

4.2.3.3 对于（潜在）不合格信息的处理详见纠正措施和预防措施控制程序以及事件不合格控制程序。

4.3 数据信息的利用

4.3.1 数据分析结果包括：

a) 顾客对产品质量的满意程度；
b) 服务质量达到要求的程度；
c) 质量管理水平、发展趋势以及改进的机会；
d) 与供方、分包方合作的评价。

4.3.2 数据信息的利用。

利用数据分析结果可对管理体系进行评价，评价内容包括：

a) 管理体系的适宜性、充分性和有效性；
b) 产品和服务质量满足要求的程度；
c) 产品质量、质量管理活动状况及发展趋势；
d) 潜在问题的预测；
e) 产品质量、质量管理水平改进和提高的机会；
f) 资源需求及满足要求的程度。

4.3.3 信息记录的管理。

不断汇集各方面的反馈信息，按照信息载体不同（如纸张、光盘、磁带等）提供相应适宜存放的场所，分类存放。确保已获取信息的完整性和可用性。各部门可根据需要，查阅所需资料，或进行拷贝。

对于管理体系运行过程中产生的记录，按《记录控制程序》进行管理。

4.4 沟通

针对其职业健康安全危险源和职业健康安全管理体系，公司建立、实施和保持程序，用于：

a) 在组织内不同层次和职能进行内部沟通；
b) 与进入工作场所的承包方和其他访问者进行沟通；
c) 接收、记录和回应来自外部相关方的相关沟通。

4.5 参与和协商

公司建立、实施并保持程序，用于：

a) 工作人员：

——适当参与危险源辨识、风险评价和控制措施的确定；

——适当参与事件调查；
——参与职业健康安全方针和目标的制订和评审；
——对影响他们职业健康安全的任何变更进行协商；
——对职业健康安全事务发表意见。
应告知工作人员关于他们的参与安排，包括谁是他们的职业健康安全事务代表。
b) 与承包方就影响他们的职业健康安全变更进行协商。
适当时，确保与相关的外部相关方就有关的职业健康安全事务进行协商。

思考题

请举例说明本条款在实际沟通中的应用。

五、成文信息

(一) 总则

GB/T 19001—2016 标准条款内容：

> 7.5 成文信息
> 7.5.1 总则
> 组织的质量管理体系应包括：
> a) 本标准要求的成文信息；
> b) 组织确定的为确保质量管理体系有效性所需的成文信息。
> 注：对于不同的组织，质量管理体系成文信息的多少与详略程度可以不同，取决于：
> ——组织的规模，以及活动、过程、产品和服务的类型；
> ——过程及其相互作用的复杂程度；
> ——人员的能力。

组织建立的成文信息是对质量管理体系的要素及相互作用的描述，明确查询相关文件的途径。组织质量管理体系应包括：标准要求的成文信息及组织确定的实现质量管理体系有效性所必需的成文信息。各部门按照组织要求实施控制。

组织的质量管理体系成文信息的复杂程度取决于：

第一，公司的规模及其活动、过程、产品和服务的类型；
第二，证明履行其合规义务的需要；
第三，过程的复杂性及其相互作用；
第四，在组织控制下工作的人员的能力。

组织各部门创建并保持充分的成文信息，以确保实施适宜、充分和有效的质量管理体系。首要关注点应当放在质量全管理体系的实施和绩效，而非复杂的成文信息控制系统。

思考题

质量管理体系要求的成文信息有哪些？

(二) 创建和更新

GB/T 19001—2016 标准条款内容：

> 7.5.2 创建和更新
> 在创建和更新成文信息时，组织应确保适当的：
> 标识和说明，（如标题、日期、作者、索引编号）；
> 形式（如语言、软件版本、图表）和载体（如纸质的、电子的）；
> 评审和批准，以确保适宜性和有效性。

创建和更新成文信息时，组织应确保适当的：

第一，识别和描述（例如：标题、日期、作者或文献编号）；

第二，形式（例如：语言文字、软件版本、图表）与载体（例如：纸质、电子）；

第三，评审和批准，以确保适宜性和充分性。

一般情况下，组织的管理者代表负责组织建立、实施和保持质量管理体系文件。组织的办公室负责组织编写、修订质量管理手册、程序文件、组织级规章制度。

各部门结合本部门实际负责编写、修订内部使用的作业指导书或操作规程。

质量管理体系文件应包括：

第一，质量方针和目标。

第二，质量管理体系范围的描述。

第三，对质量管理体系的主要要素和相互作用的描述，及相关文件的查询途径。

第四，GB/T 19001—2016 标准要求的文件，包括记录。

第五，组织为确保对涉及专业咨询、专业设计、业务以及项目管理和相关的技术与管理服务进行有效策划、运行和控制所需的文件和记录。

第六，依据 GB/T 19001—2016《质量管理体系要求》，编制组织的《管理手册》，明确质量管理方针、目标和指标等，描述质量管理体系所要求的各项程序，并使程序文件化。

第七，组织的质量管理体系文件分为四个层次，即：管理手册；程序文件；规章制度和作业文件（作业指导书、操作规程）；记录（报告、表格等）。

第八，管理手册是证明或描述文件化的质量管理体系的主要文件，也是在建立、实施和保持管理体系的正常运行中应长期遵循的纲领性文件，其主要内容应包括以下四点：

① 关于手册的编制、审核、批准、控制的规定；

② 质量管理体系要素及其相互作用的描述；

③ 提供查询相关文件的途径等；

④ 引用与质量管理体系要素相关的必要的程序文件。

第九，程序文件是管理手册的支持性文件，必须保持与管理手册的一致性和协调性，并充分体现组织的实际和可操作性。

第十，作业文件内容应明确、具体、便于操作。

第十一，记录是质量活动结果的证明，表明质量管理已达到了所规定的要求，是质量管理体系有效运行的凭证，应妥善保管。

第十二，文件可采用书面或电子的形式，或两者并用。

> **思考题**
>
> 创建和更新成文信息包括哪些要求？请以"天文学院大学生奖助学金评定管理办法"为例，描述这些要求。

（三）成文信息的控制

GB/T 19001—2016 标准条款内容：

7.5.3 成文信息的控制

7.5.3.1 应控制质量管理体系和本标准所要求的成文信息，以确保：

a) 在需求的场合和时机，均可获得并适用；

b) 予以妥善保护（如防止泄密、不当使用或缺失）。

7.5.3.2 为控制成文信息，适用时，组织应进行下列活动：

a) 分发、访问、检索和使用；

b) 储存和防护，包括保持可读性；

c) 变更控制（包括版本控制）；

d) 保留和处置。

对于组织策划和运行质量管理体系所必需的来自外部的成文信息，组织应进行适当识别，并予以控制。

对所保留的，作为符合性证据的成文信息应予以保护，防止非预期的更改。

注：对成为信息的"访问"可能意味着仅允许查阅，或意味着允许查阅并授权修改。

对成文信息进行控制，确保在使用处能得到适用文件的有关版本，防止对过期文件的非预期使用。实施和保持质量管理体系的需要，一般做以下规定：

第一，一般情况下，组织的办公室负责组织编写、修改、废止管理手册、程序文件、规章制度和作业文件以及档案管理工作。

第二，所有质量管理体系文件都由办公室组织编写，管理者代表审核，最高管理者批准发布。文件发布前必须经过审批，确保文件是充分和适宜的。

第三，成文信息管理的内容具体如下：

① 在文件发布前进行审核，以确保其充分性和适宜性；

② 必要时对文件进行评审和更新并再次得到批准；

③ 确保对文件的更改和现行修订状态做出标识；

④ 确保在需要的时间和场所均可获得并适用文件的有关版本；

⑤ 应识别所确定的对质量管理体系策划和运行所需的来自外部的成文信息，适当时，应对其予以控制；

⑥ 受到充分的保护（例如：防止失密、不当使用或完整性受损）。

第四，质量活动规定的记录，由各部门如实做好记录。

第五，质量记录应字迹清楚、标识明确，具有可追溯性。

第六，质量记录应妥善保存和管理，使之便于查阅。

第七，各部门负责本部门质量管理记录的收集、装订、归档和标识。

第八，组织的质量活动记录经整理、汇总后应交成文信息控制部门（如办公室）归档。

第九，质量管理记录的保存期限分短期、长期和永久。

案例 3-18

天文物业文件控制程序

1. 目的

通过对质量管理体系文件的控制,确保质量管理体系有效运行的各个场所使用规范有效的文件版本。

2. 范围

本程序适用于本公司质量管理体系文件的控制,也包括适当范围的外来质量文件和资料控制。

3. 职责

3.1 办公室负责质量管理体系文件的控制,为方便文件存取,应编制文件控制清单,具体见表 3-18。

3.2 各部门管理本部门的受控文件。

4. 管理程序

4.1 文件的分类和编码

4.1.1 文件的分类:

a) 质量手册;

b) 程序文件;

c) 组织为确保质量管理体系过程的有效策划、运行和控制所需的其他技术性文件和管理性文件;

d) 记录。

4.1.2 文件的存在形式。

以书面形式存在。根据需要,将来出现硬件拷贝或电子媒体等形式文件时,另制订管理制度。

4.1.3 文件编码规定。

4.1.3.1 《质量管理手册》编码如下:

4.1.3.2 程序文件编码

例如编码:

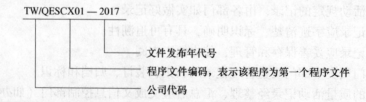

4.1.3.3 质量手册、程序文件以外其他质量管理体系文件编码，可以参考如下模式。如果可以实现识别，也可以暂不进行如下调整：

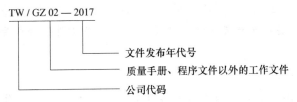

4.2 文件的编制、审批和发布

4.2.1 所有质量管理体系文件都由办公室组织编写，管理者代表审核，总经理批准发布。文件发布前必须经过审批，确保文件是充分和适宜的。

4.2.2 所有质量、环境、职业健康安全管理体系文件都以"山东天文物业管理有限公司"名义，由办公室统一发布。

4.3 质量管理体系文件的发放和使用

4.3.1 文件的发放。

4.3.1.1 建立并保存识别文件现行修订状态的受控发放登记表；受控发放的文件必须加盖"受控"印章并编受控发放号。

4.3.1.2 控制发放对象范围，确保质量管理体系有效运行起重要作用的各个场所都能得到相应文件的有效版本。

4.3.1.3 丢失文件后需补发，要重新编受控号，原号作废；受损文件需换领，仍使用原来受控编号，原文件作废收回。

4.3.2 文件的使用要求如下：

a) 使用现行需要的文件；
b) 文件保持清晰，易于识别，不污染，不损坏；
c) 不准自行复印；
d) 不准私自外借。

4.4 文件的评审和更改

4.4.1 质量管理体系文件在实施过程中认证审核前由办公室组织评审，以确定是否需要更改。

4.4.2 文件需要更改时，由原文件编制部门负责更改，并由原审批发布人审批。若指定其他部门更改或更换审批人时，需出具变更的背景资料。

4.4.3 更改方式采用换页、换版两种形式，分别如下：

a) 更改量较小时换页，由办公室负责用新页换下旧页，旧页作废收回。
b) 换版。当文件多次更改或大幅度更改时应换版，原版文件作废收回。

4.5 修改状态标识

质量管理体系文件每页标头都标识着文件修改状态，其中：A、B、C 代表版次，例如：A 代表第一版；C 代表第三版；0、1、2 代表该版的更改次数，如 0 代表未更改、1 代表更改了一次。

4.6 外来文件的控制

4.6.1 相关责任部门建立渠道及时了解对应专业外来文件信息,及时收集并更换新版文件。外来文件包括与管理活动相关的法律、法规、标准、规范等。

4.6.2 各部门收到外来文件要在办公室填写外来文件和资料登记,按程序要求办理受控发放手续。

4.7 作废文件的处理

失效或作废文件,必须从所发放和使用现场及时撤出,防止作废文件的非预期使用。作废文件由办公室回收后统一销毁。若为法律或追溯目的确需保留的,已作废文件,应由办公室加盖作废保留标识。

4.8 技术图纸的管理

技术图纸是一种特殊的文件,具体按图纸管理规定进行控制。

4.9 质量运行记录的控制

质量运行记录也是一种特殊的文件,另编《记录控制程序》进行控制管理。

案例 3-19

记录控制程序

1. 目的

建立并保持记录,为产品符合要求和质量、环境、职业健康安全管理体系有效运行提供证据,并为采取纠正措施和预防措施及为改进质量、环境、职业健康安全管理体系提供信息。

2. 范围

本程序适用于本公司质量、环境、职业健康安全管理记录的控制。

3. 职责

3.1 办公室负责记录的控制管理。

3.2 各部门负责管理本部门产生的质量、环境、职业健康安全管理记录。

4. 管理程序

4.1 记录的表格编制

本公司质量、环境、职业健康安全管理记录尽量采用表格形式,表格的格式和应记录的内容由办公室和使用部门共同设计。质量、环境、职业健康安全管理记录设计要注意科学性、有效性、完整性。

4.2 记录编码

4.2.1 受控质量、环境、职业健康安全管理记录编码由办公室统一提供。记录编码分为两部分,前一部分为对应标准条款;后一部分为记录编号。可以参考如下模式:

```
           QESXXX JLXXX
                │   │
                │   └── 记录编号
                └────── 对应标准条款号
```

4.2.2 受控质量、环境、职业健康安全管理记录是过程有效策划、运行和控制所需文件的一部分，应在记录的右上角注明受控记录的编码。

4.3 记录的填写要求

质量管理体系、环境管理体系、职业健康安全管理体系记录共用表格按 QES 编号。

a) 及时：原始记录和操作同步进行，不准提前或滞后；
b) 真实：原始记录要做到原始真实，不准重抄；
c) 准确：操作和计算要认真、严格，必要时记录要有审核；
d) 完整：记录中要显示必要的时间、地点、责任人及详细的可追溯性内容，设计填写的内容不准缺漏；
e) 清晰：字迹工整，按规定更改，不准涂改和污染，如因笔误或计算错误更改，应用单杠划去原文字或数字，在其上方填上更改后的内容。

4.4 记录的储存、保护和检索

4.4.1 各职责部门要指定专人负责记录归档管理，包括收集、整理、装订和归档。归档记录封面要标识出记录名称、记录起止时间、归档人。

4.4.2 保存期内要创造条件设置专用橱柜，对质量、环境、职业健康安全管理记录加以保护。确保质量管理记录不损坏、不变质。

4.4.3 存档质量、环境、职业健康安全记录要分类排放，存取有序，并编制记录控制清单，便于检索和查阅，见表 3-19。

4.5 记录的保存期限和超期处置

4.5.1 质量、环境、职业健康安全管理记录保存期限按产品特点、法规要求、合同、订单要求或相应专业文件规定执行，无上述要求者一般保存期定为三年。

4.5.2 超过保存期的质量、环境、职业健康安全管理记录由办公室统一销毁，有长期保存价值的质量、环境、职业健康安全管理记录经办公室批准后封存，并加盖保留标识。

4.6 记录的查阅

4.6.1 存档的质量、环境、职业健康安全管理记录属于受控文件，一般不允许复制和外借。

4.6.2 查阅质量、环境、职业健康安全管理记录需部门负责人批准。

4.7 原有记录表格的处置

体系运行以前设计使用的各种运行记录经审核后能使用的继续沿用，用完为止，防止浪费。但体系运行后必须按本程序规定印制新编制的规范记录进行规范填写。

表 3-18 文件控制清单

编号：TWXY—WJ—BGS—00

天文学院办公室文件控制清单

文件编号	文件名称	保存地点	状态	备注
TWXY—WJ—BGS—01	学院综合资料归档、办理借阅流程图及有关规定	B320—03—12	有效	
TWXY—WJ—BGS—03	离退休干部管理制度	B320—03—10	修订	
TWXY—WJ—BGS—04	会议组织与管理办法	B320—03—13	作废	
TWXY—WJ—BGS—05	党政干部例会制度	B320—03—13	有效	
TWXY—WJ—BGS—06	院长办公会议事规则	B320—03—13	修订	
TWXY—WJ—BGS—07	会务工作程序	B320—03—14	作废	
TWXY—WJ—BGS—08	接待工作程序	B320—03—14	修订	
……	……	……	……	

表 3-19 记录控制清单

案例编号：TWXY—JL—DDB—00

天文学院办公室记录控制清单

记录编号	记录名称	保存期限	保存地点	所属程序文件编号	所属程序文件名称	保存期限	保存地点
TWXY—JL—DDB—01	质量管理体系适用文件清单	长期	B317—1—1	TWXY—CX—4.2.3—01	文件控制程序	长期	B317—1—14
TWXY—JL—DDB—02	文件更改申请单	1 年	B317—1—1	TWXY—CX—4.2.3—01	文件控制程序	长期	B317—1—14
……	……	……	……	……	……	……	……

记录人：王苗苗　　　　记录时间：2016.3.11

思考题

如果您是档案室主任，如何实施成文信息的控制？

第九节　运行

一、运行的策划和控制

GB/T 19001—2016 标准条款内容：

> 8 运行
>
> 8.1 运行策划和控制
>
> 为满足产品和服务提供的要求，并实施确定的措施，组织应通过以下措施对所需的过程（见4.4）进行策划、实施和控制：
>
> a) 确定产品和服务的要求。
>
> b) 建立下列内容的准则。
>
> 1) 过程；
>
> 2) 产品和服务的接受。
>
> c) 确定所需的资源，以使产品和服务符合要求。
>
> d) 按照准则实施过程控制。
>
> e) 在必要的范围和程度上，确定并保持、保留成文信息，以：
>
> 1) 确信过程已经按策划进行；
>
> 2) 证明产品和服务符合要求。
>
> 策划的输出应适于组织的运行。
>
> 组织应控制策划的变更，评审非预期变更的结果，必要时，采取措施减轻不利影响。
>
> 组织应确保外包过程受控（见8.4）。

一般情况下体系运行办公室组织各有关部门制订运行控制程序、作业指导书，明确运行控制具体要求，相关部门将有关要求通报供方和承包方。

组织推行业务标准化考评，在作业过程中切实执行作业指导书或安全操作规程。

在危险化学品的采购、储存、运输、使用过程中采取严格控制措施，避免这些危险化学品泄漏而造成燃烧、爆炸和环境污染事故。

各有关部门保持必要的成文信息，以确信过程已按策划得到实施。

组织对计划内的变更进行控制，并对非预期性变更的后果予以评审，必要时，应采取措施降低任何有害影响。

"组织应策划、实施和控制满足产品和服务提供要求所需的过程"，其中关键词为"策划""实施""控制""改进"。

以教学过程为例，"策划"主要是指策划人才培养方案、师资队伍建设、基础设施配套；"实施"主要是指通过怎样的路径来实施，实施什么内容，一般通过制订××规范、××指南、××标准、××要求等制度来体现，如人才培养方案、课程开发要求等；"控制"是指对每一位教师就控制的要求进行培训并执行、检查、改进。"改进"包括纠正、纠正措施（消除不合格的原因防止不合格再发生）、持续改进、变革（突变）、创新、重新组合。

条款a) 要求组织应确定产品和服务要达到的目的是什么？组织还要建立过程准则和产品、服务接收准则。以教师培训为例，过程准则应包括培训合格标准、讲员资格标准、课堂纪律标准、技能要求等；以教学过程为例，过程准则应包括教师登台标准、教学设计标准、课堂授课标准（含理论课堂、实训课堂（包括实习）、实验）、实践能力标准、进修（能力提升）要求；以教学过程为例，产品服务的接收准则应考虑以下方面并制订相关标准：

学生层面，包括：怎样的一堂课才算合格（80%学生能够掌握本堂课80%的内容）；

达到怎样成绩的学生可以进入下一学期的学习；

达到怎样成绩的学生可以毕业。

教师层面，包括：怎样的一堂课才算合格；

学期测评达到怎样的成绩才算合格。

企业层面，包括：一个产品要达到怎样的要求才可以进入下一个流程；

一个产品符合怎样的条件才可以出厂。

条款 c）要求要"确定达到产品和服务符合性要求所需要的资源"，其中"资源"包括人力资源、基础设施、过程的运行环境、监视测量资源。以教学为例，教学测量包括对学生点名、教学日志（对教师授课质量进行测量）、同行评教、学生评教、考试、考核、学生综合素质评定等。

条款 e）要求，确定和保持必要的成文信息以确信过程是按照策划执行的，并证实产品和服务与要求的符合性。上述成文信息包括：图片、记录（签到表）、音视频文件等。

另外，组织应确保对外包过程进行控制。以教学部门为例，外包包括：外聘教师、实习企业等；以后勤行政为例，外包包括：工程外包、业务外包、网络运营等。

案例 3-20

山东文华装饰工程有限公司运行策划和控制

1. 运行策划和控制

1.1 质量管理体系运行策划和控制

1.1.1 公司应策划、实施和控制满足工程的施工和服务提供要求所需的过程，并实施 ISO 9001：2015 第 6 章第 2 条确定的措施：

a）确定工程和服务的要求；

b）建立生产和服务提供过程控制准则和工程和服务的接收准则；

c）确定为达到工程和服务符合要求所需的资源；

d）按照准则实施过程控制；

e）确定和保持必要的文件化信息，以便确信过程已经按照策划予以实施；证实工程和服务与其要求的符合性。

1.1.2 施工企业应按照规定的职责实施工程项目质量管理策划，包括：

a）质量目标和要求；

b）质量管理组织和职责；

c）施工管理依据的文件；

d）人员、技术、施工机具等资源的需求和配置；

e）场地、道路、水电、消防、临时设施规划；

f）影响施工质量的因素分析及其控制措施；

g）进度控制措施；

h）施工质量检查、验收及其控制措施；

i）突发事件的应急措施；

j）对违规事件的报告和处理；

k) 应收集的信息及其传递要求；

l) 与工程建设有关方的沟通方式；

m) 施工管理应形成的记录；

n) 质量管理和技术措施；

o) 施工企业质量管理的其他要求。

1.1.3 工程和服务的实现过程控制包括以下内容：

a) 确定顾客和相关法律法规对产品和服务的要求。

b) 针对工程和服务要求确定过程、文件及所需提供的资源和设施，以确保其有效运行并得到控制。

c) 确定工程和服务中所需的确认过程，本公司生产和服务提供过程的确认过程为隐蔽工程、电焊、油漆和喷涂等，要对此特殊过程进行确认，以证实此过程具有实现所策划结果的能力。

d) 制订对需确认过程的作业指导书和管理制度，建立必要的记录，用以证实工程和服务过程的符合性。

e) 工程实现的策划形成的产品和服务过程控制所需的文件等。

f) 工程所要求的验证、确认、监视、测量、检验和试验活动，以及产品接收准则。

g) 由项目部、施工技术部负责对外部提供的过程、产品和服务进行控制（见8.4）。

1.1.4 施工企业应将工程项目质量管理策划的结果形成文件并在实施前批准。策划的结果应按规定得到发包方或监理方的认可。

1.1.5 施工企业应工程项目质量管理策划的结果实施动态管理，及时调整相关文件并监督实施。

1.1.6 施工技术部策划的输出应适合公司工程的施工和服务的运行。

1.1.7 公司应控制有计划的变更，评审非预期的变更的后果，必要时采取措施减轻任何不良影响。

1.1.8 本公司选择将影响工程符合要求的任何过程外包，应确保对这些过程的控制。对此类外包过程控制的类型和程度应在质量管理体系中加以规定。本公司确定外包过程。材料的检验试验、幕墙清洗和运输为外包过程将在《外部提供过程、产品和服务控制程序》中加以识别，并按《外部提供过程、产品和服务控制程序》4.1条总要求相同的要求对外包方进行控制。

1.2 环境、职业健康安全管理体系运行策划和控制

1.2.1 办公室负责组织公司各部门根据环境、职业健康安全方针、目标，确定与所标识的重要环境因素、重大危险源有关的运行与活动。项目部负责编制并执行《环境、职业健康安全运行控制程序》。

1.2.2 公司应建立、实施、控制并保持满足 ISO 14001：2015 和 GB/T 28001—2011 要求以及实施6.1和6.2所识别的措施所需的过程，通过：

——建立过程的运行准则；

——按照运行准则实施过程控制。

控制可包括生产控制和程序控制。控制可按层级（例如：消除、替代、管理、个体防护）实施，并可单独使用或结合使用。

1.2.3 运行控制管理对象。

a）与重大环境因素、重大危险源有关的活动、产品、服务或相关方；

b）缺乏程序控制指导可能导致偏离环境、职业健康安全方针，目标和指标的运行情况。

1.2.4 运行控制的管理。

a）公司和有关部门根据环境、职业健康安全方针和目标确定与重大环境、危险源有关的运行和活动，对其进行重点控制，制订相应运行程序和作业指导书，明确规定运行标准和要求，同时考虑到其他活动也可能对环境和操作者造成一定伤害，应制订相应的控制程序，从工程的施工一直到竣工验收交付给顾客以及保修期的维修、资源的利用等方面进行全方位的控制，从根本上消除或降低环境、职业健康安全危害。对于作业场所、过程、装置、机械、人力的配置等方面实施有效的控制，并逐步加大相关方环境、职业健康安全影响力度，使体系运行不偏离公司的环境、职业健康安全管理方针，并确保目标、指标的实现。

b）各部门具体实施其相关的运行控制程序。

c）对于组织所购买和（或）作用的货物、设备和服务中已识别的职业健康安全风险，建立并保持程序，将有关的程序和要求通报其供方和合同方；满足要求后，才允许购买使用货物、设备和服务。

d）对重要环境因素的相关要求和管理方案控制措施向相关部门进行通报。

e）对于本公司的供方及其他相关方，由有关部门将有关的程序要求向其通报。

1.2.5 控制程序的内容及要求。

a）运行控制程序的内容包括：目的、适用范围、职责、工作程序、相关文件及记录。

b）程序中必须明确各过程的控制，规定操作规范，必要时要有操作性文件补充。

c）明确运行标准和参数。

d）明确监测要求和岗位培训要求。

e）当公司进行新的活动或项目时，要针对其设计和人力配置，优先使用低污染、对人身职业健康安全影响小的设备或流程，或采取合适的预防措施。

f）产品的研究和开发尽可能考虑有利于环境保护和人身职业健康安全。

g）结合本公司实际，可操作性强。

1.2.6 公司各职能部门应针对这些活动（包括维护工作）制订重要环境因素、重大危险源控制程序或管理制度、操作流程，确保它们在程序规定的条件下进行。程序的建立应符合下述要求：

a）对于缺乏程序指导可能导致偏离环境、职业健康安全方针和目标的运行，应建立并保持一套以文件支持的程序。

b）在程序中对运行标准予以规定。

c）对于公司所使用的产品和服务中可标识的重要环境因素、重大危险源，应建立并保持一套管理程序，将有关的程序与要求通报供方或外包方。

1.2.7 公司各部门根据职业健康安全方针、目标，编制并执行《环境、职业健康安全运行控制程序》，公司应确定那些已辨识的重要危险源，需实施必要控制措施的危险源相关的运行和活动，以管理职业健康安全风险。这应包括变更管理。

对于这些运行和活动，公司应实施并保持：

a) 适合组织及其活动的运行控制措施；公司应把这些运行控制措施纳入其总体的职业健康安全管理体系之中；

b) 与采购的货物、设备和服务相关的控制措施；

c) 与进入工作场所的承包方和访问者相关的控制措施；

d) 形成文件的程序，以避免因其缺乏而可能偏离职业健康安全方针和目标；

e) 规定的运行准则，以避免因其缺乏而可能偏离职业健康安全方针和目标。

1.2.8 从生命周期观点出发，应：

a) 适当时，制订控制措施，确保在产品或服务设计和开发过程中，考虑其生命周期的每一阶段，并提出环境要求。

b) 适当时，确定产品和服务采购的环境、职业健康安全要求。

c) 为对外包过程或对产品和服务的供方实施控制或施加影响，基于对下列因素的考虑，决定其自身在业务过程（例如：采购过程）中所需的控制程度。例如：知识、能力和资源。知识、能力和资源包括：

——外部供方满足公司环境、职业健康安全管理体系要求的能力；

——公司确定适当控制或评价控制充分性的技术能力；

——产品和服务对公司实现其环境、职业健康安全管理体系预期结果的能力所具有的重要性和潜在影响；

——对过程控制进行共享的程度；

——通过采用其一般的采购过程实现所需的控制的能力；

——可获得的改进机遇。

当一个过程被外包或当产品和服务由外部供方提供时，组织实施控制或施加影响的能力可能发生由直接控制向有限控制或不能影响的变化。某些情况下，发生在公司现场的外包过程可能直接受控；而另一些情况下，公司影响外包过程或外部供方的能力可能是有限的。

在确定与外部供方，包括合同方有关的运行控制的程度和类型时，可考虑以下一个或多个因素，例如：环境因素、危险源和相关的环境、危险源影响；与公司产品建筑装饰、幕墙工程的施工和服务、幕墙工程的设计或提供服务相关的风险和机遇。

d) 考虑提供与产品或服务的运输或交付、使用、寿命结束后处理和最终处置相关的潜在重大环境、重大危险源影响的信息的需求。

1.2.9 办公室部组织各有关部门制订运行控制程序、作业指导书，明确运行控制具体要求，相关部门将有关要求通报供方和承包方。

1.2.10 公司推行安全生产标准化考评，对设备、设施及作业环境的职业健康安全状况进行评估和监视，提升本公司的安全。在工程的施工作业过程中切实执行作业指导书或安全操作规程。

1.2.11 对危险化学品的采购、储存、运输、使用过程中采取严格控制措施，避免这些危险化学品泄漏而造成燃烧、爆炸和环境污染事故。

1.2.12 对外承发包的工程项目，应由项目实施部门与项目承包单位签订安全生产/环境保护协议，约定双方在安全施工、环境保护的管理职责。

1.2.13 对新建、改建、扩建、技术改造和引进工程项目中的职业安全卫生/环境保护设施应与主体工程同时设计、同时施工、同时投入使用。

1.2.14 识别公司工程的施工、活动、服务中重要环境因素、重大危险源有关的运行与活动，并建立运行控制文件。

1.2.15 公司应对计划内的变更进行控制，并对非预期性变更的后果予以评审，必要时，应采取措施降低任何有害影响。

1.2.16 公司为贯彻环境和职业健康安全管理方针，完成目标和目标措施应建立一系列的程序。通过这些程序的有效运行，以达到公司的环境和职业健康安全管理规范行为的目的。

1.2.17 管理者代表负责组织公司，各部门根据职业健康安全方针、目标，编制并执行《职业健康安全运行程序》《员工健康管理规定》《相关方施加影响管理规定》《危险化学品管理规定》，确定与所标识的重要职业健康安全危险源有关的运行与活动。

1.2.18 公司各职能部门应针对这些活动（包括维护工作）制订重要环境因素、重要职业健康安全危险源控制程序或管理制度、操作流程，确保它们在程序规定的条件下进行。

1.2.19 公司各职能部门在建立或修改其运行控制程序时应考虑具有重要环境因素、重大职业健康安全影响的不同过程和活动，这些过程和活动可包括：

a) 产品设计与开发；
b) 采购；
c) 原材料储运；
d) 施工和维护过程；
e) 产品储存；
f) 运输；
g) 用户服务；
h) 资产和设施的获取、建造或修改。

1.2.20 对相关方参与的要求。

a) 办公室、各部门对相关方管理体系要求的宣传，采购产品应本着节能降耗、污染预防的原则采购环保、健康安全产品，必要时，合同中应明确产品环境、健康安全要求，并向供货方索取物资理化性能、环保、安全标准等信息资料。

b) 项目部在采购材料及使用过程中应向供方宣传公司的环境和职业健康安全管理要求，包括方针、程序文件要求等，确保材料供方满足公司的要求。

c) 供方在材料运输过程中及进出入公司时，应防止或降低环境污染和职业健康安全风险，包括运输工具的选择、保护装置的配置、包装物的要求等方面应符合公司及相关法规要求。运输过程中应减少颠簸，最大限度地减少环境影响。对于易燃易爆品，在运输过程中应配置防火防爆标识及措施，发生遗漏时，采取措施减少影响。

d) 项目部对供方及项目部对工程施工现场其他相关方的行为施加影响,以降低环境影响和职业健康安全风险。负责对工程施工现场其他相关方的行为进行监督,并施加影响。

e) 项目部负责识别工程施工现场的相关方,并将我公司 HSE 要求通告给他们,要求各相关方积极配合,减少或避免在工作相互交叉时所产生的危害。

1.2.21 应保持必要的文件化信息,以确信过程已按策划得到实施。

思考题

如果您是机加工车间主任,如何实施车间管理?

二、产品和服务的要求

(一) 顾客沟通

GB/T 19001—2016 标准条款内容:

> 8.2 产品和服务的要求
> 8.2.1 顾客沟通
> 与顾客沟通的内容应包括:
> a) 提供有关产品和服务的信息;
> b) 处理问询、合同或订单,包括更改;
> c) 获取有关产品和服务的顾客反馈,包括顾客投诉;
> d) 处置或控制顾客财产;
> e) 关系重大时,制订应急措施的特定要求。

为了满足顾客要求,组织有关部门应与顾客进行充分的沟通,沟通主要涉及:

第一,提供有关产品和服务的信息。

对学校来说包括:专业设置,每个专业的课程设置、就业方向、学费价格标准,公寓分布及住宿标准,师资情况,办学历史等。

后勤部门主要顾客为师生,所要提供的产品和服务的信息应包括:

① 维修项目、收费标准、联系人、电话;

② 维护的项目、联系人、电话;

③ 办公用品名称、型号、价格、产地;

④ 后勤保障、联系人、电话。

膳食部门的顾客主要为学生、教师、校办企业工人,所要提供的产品和服务的信息应包括:

① 饭菜价格、品种;

② 面粉的种类、价格,菜、鸡蛋、油、肉、鱼的种类和价格;

③ 饮菜药物残留检测、纯净水价格服务电话;

④ 投诉电话。

行政部门的主要顾客为学生和教师,所要提供的产品和服务的信息应包括:

① 服务种类；
② 联系电话；
③ 标准制度；
④ 机构设置及职能电话；
⑤ 投诉电话。

教学部门的主要顾客为：学生、用人单位、家长、员工，所要提供的产品和服务的信息应包括：
① 专业设置及就业方向；
② 培养目标；
③ 开设的课程；
④ 教师专业及成果；
⑤ 取得的成绩；
⑥ 制度、指南、规范；
⑦ 评价考核；
⑧ 评优、优质就业单位。

第二，顾客问询、合同、订单、服务承诺等的处理（含修改），顾客意见的征询。对学校来说，包括毕业生就业质量调查、用人单位意见调查、师生意见调查等；以学校为例，条款 b) 要求将部门电话、办公地址进行对外公布，以便于相关需要部门或相关人进行问询，对合同或订单的处理及更改也要进行公布和告知。

第三，顾客反馈（包括顾客抱怨）、交付产品不合格的处理。对学校来说包括师生投诉、用人单位投诉或表扬、学生家长投诉或表扬等；以学校为例，条款 c) 要求组织应提供给顾客对已放行产品服务的反馈的渠道，如对外公布投诉电话、热线电话等。

第四，适用时，顾客沟通包括顾客财产的处理内容。对学校来说，包括学生物品的妥善保管，无人认领物品的处置等；以学校为例，条款 d) 要求组织要确定应急措施的特定要求，如公布救援电话或报警电话，各楼道、各办公室张贴救援电话，保持沟通畅通。

第五，如果组织中的应急措施牵涉到顾客，必要时应和顾客联络。对学校来说，事关学生人身财产安全的消防应急预案、地震应急预案等方面要做到应知应会。

以企业为例，企业与顾客的沟通包括售前、售中、售后沟通，具体情况如下：

第一，售前服务和沟通，具体如下：
① 做好广告策划和宣传工作，向社会和顾客宣传公司产品的质量保证体系、质量承诺和信誉，广泛吸引社会和新老顾客关注。
② 做好市场调研。业务经理利用业务活动的机会收集市场信息、产品信息和同行业信息。
③ 了解市场的各种需求和顾客的期望，为本公司产品收集市场信息数据。

第二，售中服务和沟通，具体如下：
① 在合同执行过程中，现场技术人员要确保将完好的产品交付到顾客手中，让顾客不仅获得优良的产品，也享受到优质的服务。
② 销售人员与顾客接触过程中，认真听取顾客宝贵意见。

第三，售后服务和沟通，具体如下：

产品发出后应及时与顾客电话、传真联系，了解顾客接受产品情况，必要时到顾客处走访。

案例 3-21

天文建筑公司与顾客沟通控制程序

1. 目的

对公司承建的所有公路工程和房屋建筑工程，从信息获取、投标、施工合同签订、施工合同履行、工程保修等全过程加以确定和评审，并与顾客保持有效的沟通，充分了解顾客的要求和期望，确保工程严格履行，实现对顾客的承诺。

2. 适用范围

本程序适用于公司承建所有公路工程和房屋建筑工程，从信息获取、投标、施工合同签订、施工合同履行等全过程与顾客的沟通。

3. 引用文件

公司《质量、环境、职业健康安全管理手册》。

4. 术语和定义

本程序采用上述文件中有关术语的定义。

5. 职责

5.1 公司经营副经理负责组织全公司工程承包合同的评审，并审核获取的工程信息，组织招投标工作和签订承包合同并与顾客保持必要的沟通，了解顾客的要求，督促有关部门和项目部严格履行合同。

5.2 主控部门。

经营部作为本程序的主控部门，负责本程序的编制、实施和修改，并负责获取顾客信息、工程招标信息，合同评审、组织投标、合同签订、合同变更等工作。对项目部履行合同情况适时进行检查督促以及各个过程中与顾客的沟通。

5.3 协控部门。

5.3.1 工程部在工程施工期间，负责对施工组织设计、各施工方案、专项安全技术措施进行审查，对工程进度、施工质量、资源配置等情况进行监督和检查。

5.3.2 工程部负责对项目部在工程施工准备阶段、工程施工阶段、工程交付、保修阶段的工程质量、环境保护、职业健康安全工作进行监督和检查。

5.3.3 工程部负责项目部整个工程施工、交付、保修、全过程所需材料、构配件、计划采购、机械设备的购进、组织、验收，确保工程履约全过程使用合格材料、构配件、设备等对施工过程中各项目部材料、构配件机械设备管理工作进行督促检查。

5.3.4 财务部负责工程款回收，项目经理积极配合。

5.3.5 项目部负责施工合同的具体实施，在实施过程中与顾客及时沟通，满足顾客对工程提出合理要求。

5.3.6 综合办公室负责组织各部门人员培训，配备工程技术文件等资源，满足工程承包合同履约要求。

6. 工作程序

6.1 经营部各岗位人员，通过网上、报刊、招标办、建设单位等多方渠道，获取有关公路工程和房屋建筑工程施工招标信息，做好记录，及时报经营部负责人。经营部负责人组织本部门人员对该信息的真实性、可靠性、可行性进行调查核实，并与相关顾客进行沟通，了解该工程的规模、工期要求、付款方式等情况，指定有关人员做好记录，并及时上报公司经营副经理。

6.2 公司经营副经理根据经营部提供的信息，结合本公司目前人力资源、材料供应、机械设备能力，及公司在建工程任务等情况，确定是否参加该项工程投标，做出明确批示。

6.3 对于公司经营副经理决定参加投标的工程，由经营部有关人员接受招标文件、图纸、现场勘察资料等，并做好记录。由经营部负责人或负责本次投标的领导，组织参与本次投标的人员对招标文件进行评审，对顾客提出的工程质量、工期、报价文件规定、供料方式、总分包方式、结算付款方式等要求进行评审。

6.4 工程中标后，由经营副经理参与，经营部负责人组织有关人员同顾客进行合同洽谈。在合同洽谈过程中，由经营部负责人组织公司洽谈人员参加，对顾客提出的合同初稿中与招标文件不一致内容进行评审；对不一致内容解决办法同顾客达成一致意见。评审时，经营部人员做好评审记录。

6.5 经营部有关人员对中标工程签订的合同文件进行编号、建档、登记和发放工作，并做好本部门合同的日常管理工作。留公司的合同一式两份，一正一副。其中，一正本交档案室保存，一本留经营部保存，并由经营部人员复印三份分别发放给工程部、财务部、项目部，经营部做好发放记录。

6.6 当工程合同开始履行后，合同的重大变更如：工程范围的重大扩大和缩小、工期的重大延长或缩短、主要材料和机械设备供应方式的重大改变、工程价款大幅度变化、超过甲、乙双方约定价款等，由经营部负责人组织相关人员进行评审，并由经营部人员做好评审记录，填写"7.5 工程合同草案评审记录"并予以保存。评审中，提出异议与顾客代表协商解决，双方达成一致后，整理形成合同补充文件、纪要、会议记录等，作为合同变更内容，由双方签字确认。上述以外的其他变更不做评审。

项目部在施工中遇到施工单位不能自行解决的问题时，项目部要及时与顾客代表进行沟通。沟通方式可以采取会议、文件、电话、传真、面谈等，由项目部资料员做好沟通的记录、资料收集。项目部对顾客提出的合理要求，必须在规定时间内加以解决。重大情况要由当事人记录，并及时报告项目经理和公司经营部或经营副经理协商解决。

6.7 公司经营部通过电话、传真、会议、面谈等与顾客沟通，由经营部人员对沟通情况做好记录。对顾客提出要求，要及时通知有关部门及项目部进行处理，不得拖延。沟通记录见"7.3 与顾客沟通记录"。

6.8 在工程施工期间，工程部要每月对项目部的工程进度及各分项工程施工方案落实情况等内容检查一次。如发现施工进度无法满足合同工期要求时，督促项目部根据合同工期要求倒排计划合理组织施工；如发现施工技术问题应及时采取纠正措施，确保该项工程在合同工期内保质保量地顺利交工。应对合同履行情况进行监控。工程部人员做好记录，并由检查人员在规定期限复查，做好复查记录。

工程部在工程施工过程中,每月对项目部的工程质量、环境、职业健康安全工作进行一次以上的全面检查,检查发现的问题,督促项目部在规定期限内整改完成。整改情况由检查人员复查并做好记录,确保满足顾客对工程项目的要求。

相关部门及人员应掌握合同的要求,并保存相关记录。

公司对施工过程中发生的变更,应以书面形式签认,并作为合同的组成部分。

6.9 财务部按合同规定及每月进度完成情况,及时收取工程款,提供工程施工中所需资金。

7. 附件

7.1 _____ 工程顾客来文登记。

7.2 工程投标文件(施工合同台账)。

7.3 与顾客沟通记录。

7.4 工程招标文件(协议评审记录)。

7.5 工程合同草案评审记录。

思考题

与顾客的沟通包括哪些方面?若您是公司总经理,应该如何安排这方面的工作?

(二)与产品和服务有关的要求的确定

GB/T 19001—2016 标准条款内容:

> 8.2.2 与产品和服务有关的要求的确定
> 在确定向顾客提供产品和服务的要求时,组织应确保:
> a)产品和服务的要求得到确定,包括:
> 1)适用的法律法规要求;
> 2)组织认为的必要要求。
> b)提供的产品和服务能够满足所声明的要求。

组织有关部门应充分识别顾客的要求和期望,确定每个顾客对产品的下列要求:

第一,产品和服务的要求得到规定,包括:

识别顾客要求的过程,可以是报价、合同洽谈、招投标过程等活动,也可以是市场调查、竞争对手分析、水平对比等过程。

① 适用的法律法规要求,也就是与组织的产品和服务相关的国家颁布的法律法规的具体要求。

② 组织认为的必要要求。该条款主要是组织自己为了突出其产品或服务的特点、特色而自己制订的与众不同的要求。

第二,对其所提供的产品和服务,能够满足组织声称的要求。

以学校为例,学校的产品一般包括知识、技能、思想等,而学生是产品的载体,学生作为载体将自己学到的知识、技能和思想用自己的言行表现出来。学校的"服务"一般是指教育教学服务。例如:以某高职院校《英语专业人才培养方案》为例,其产品和服务的要求为"本专业旨在培养能够熟练应用英语,从事商务活动的高端应用型人才;培养适应社会主义现代化建设需要,德、智、体全面发展,具备熟练的熟练的英语应用能力,较强的商务实践能力,借助职业通用能力能够从事外贸业务、文秘翻译、市场营销、教育培训等岗位的商务人员"。上述人才培养方案既体现了教育部法律法规的要求,也体现了本校规定的要求,具有本专业自己特色。

条款b)以学校为例,培养的学生要符合声称的要求,如招生简章上表明的专业要求为组织声称的要求,培养的学生的能力和专业等应与招生简章上声称的一致,否则学校的教育教学服务就违反了该条款。

案例 3-22

> **文华装饰公司对"8.2.2 与产品和服务有关的要求的确定"应用举例**
>
> 在确定提供给顾客的工程和服务的要求时,经营部应充分了解顾客的要求和期望,确定满足顾客要求的工程质量要求,具体如下:
>
> (1) 工程项目的实施可分为两大阶段:投标报价过程阶段和合同履行阶段(包括:现场施工、工程保修服务)。上述阶段与工程项目有关要求的确定。
>
> (2) 与工程项目有关的要求的确定的途径主要包括:
> a) 顾客的招标书、答疑会议纪要、合同协议等;
> b) 国家相关的法规、标准、规范等;
> c) 公司内部确定的任何要求。
>
> (3) 顾客要求的评审,具体如下:
> a) 根据多渠道获取的招标信息,经营部进行综合分析,以决定是否参与投标,并制订投标策略,做好记录。
> b) 在投标阶段,组成投标工作小组。投标小组在认真研究招标文件的各项要求(包括工期、质量安全、文明施工、环保、成本等)的基础上确定工程的标价、工期、工程质量和施工方案等,编写正式投标书,参加投标;中标后与业主签订合同。
> c) 在正式签订合同之前,按照《工程项目投标及合同管理程序》的规定,经营部对合同进行全面评审,特别要保证:所有要求都已明确;与投标不一致的要求已得到处理和解决;公司能满足并完成合同;各阶段评审中提出的问题都明确人员进行跟踪落实;合同内容的任何更改,都应进行确认,保证其要求能被理解及实现;合同修订的内容须及时传递给受影响的人员。
> d) 所有合同评审和修订都应有记录,并予以保存。

思考题

"与产品和服务有关的要求的确定"具体要求有哪些?举例说明在实际工作中的应用。

(三)与产品和服务有关要求的确定

GB/T 19001—2016 标准条款内容:

> 8.2.3 与产品和服务有关的要求的评审
>
> 8.2.3.1 组织应确保有能力向顾客提供满足要求的产品和服务。在承诺向顾客提供产品和服务之前,组织应对以下各项要求进行评审:
> a) 顾客规定的要求,包括对交付和交付后活动的要求;
> b) 顾客虽然没有明示,但规定的用途或已知的预期用途所必需的要求;
> c) 组织规定的要求;
> d) 适用于产品和服务的法律法规要求;
> e) 与以前表述不一致的合同或订单要求。
>
> 组织应确保与以前规定不一致的合同或订单要求已经得到解决。
>
> 若顾客没有提供成文的要求,组织在接受顾客要求前应对顾客要求进行确认。
>
> 注:在某些情况下,如网上销售,对每一个订单进行正式的评审可能是不实际的,作为替代方法,可评审有关的产品信息,如产品目录。
>
> 8.2.3.2 适用时,组织应保留与下列方面有关的成文信息:
> a) 评审结果;
> b) 产品和服务的新要求。

需要注意的是,组织应在提供产品和服务之前对产品和服务要求进行评审。例如:在大型业务洽谈会议上,为了获得更多的订单,集团公司决定部门经理和客户先签订合同再交回公司高层审核。这一做法违反了8.2.3.1的要求,该条款要求先评审再签订合同,否则教训是深刻的。

条款a)中"顾客规定的要求"。以学校为例,顾客规定的要求包括:教育主管部门规定的要求;经过调研获得的用人单位的要求;学生和学生家长的要求;外部供方或合作方的要求。

上述要求有的在协议中明示,有的口头表示,有的是文件的形式固化的,如教育部对各高校的要求等。"交付"包括交付的时机、交付方式(包括运输送货上门还是上门提货);"交付后活动"包括:维护维修服务;承担的索赔责任;回收和最终处置的责任。例如:某地区日光灯管厂对生产的产品均未进行回收和最终处置,用户随意丢掉类似的产品,并埋于地下,日积月累,地下水被污染。

另外,组织必须确保与以前表述不一致的合同和订单的要求已经解决。如果顾客的要求没有形成文件化说明,组织在接受这些要求之前应对顾客的要求进行确认。

8.2.3.2条款a)中的"评审结果"应描述评审的参加人员、发言、集体的决定,包括最终决定要求的相关变更,以及由评审决定采取的任何必要措施的记录,具体见表3-20。

除此之外,还要保留产品和服务新的要求的相关记录。

案例3-23

文华装饰公司"8.2.3 与产品和服务有关的要求的评审"应用举例
工程和服务要求的评审

(1) 经营部组织对与工程有关的要求实施评审,评审应在向顾客作出提供工程设计的承诺之前(或合同签订之前)分阶段进行,如投标前的评审、对在签订工程设计合同前的评审等,并确保:

a) 准确理解顾客或其预期的要求，包括对交付及交付后活动的要求；
b) 应确保与以前规定不一致的合同或订单要求已得到解决；
c) 顾客虽然没有明示，但规定的用途或已知的预期用途所必需的要求；
d) 若顾客没有提供成文的要求，公司在接受顾客要求前应对顾客要求进行确认；
e) 公司有能力满足顾客对工程种类、规格、价格、交付和交付后服务承诺等各方面的要求；
f) 适用于工程和服务的法律法规。

（2）适用时，经营部应保留以下方面的成文信息：
a) 评审结果；
b) 工程和服务的任何新要求。

表 3-20 合同评审表

合同编号：20170612001			
合同评审表			
合同概况	合同名称：		
	甲　方：天文学院		
	乙　方：长江环境科技有限责任公司		
	合同额：2 900 000.00 元		
	合同期限：一年		
	合同主要内容概要：		
	1. 技术要求；2. 土建工程；3. 双方责任；4. 付款结算；5. 有关验收移交；6. 奖罚与仲裁；7. 其他事宜		
评审内容	产品和服务要求是否已经得到规定	评审结论：是	
	与以前表述不一致的合同或订单的要求是否得到解决	评审结论：本合同为新签订合同，不存在与以前不一致的地方	
	是否符合法律法规要求	评审结论：符合	
	是否符合本组织规定的要求	评审结论：符合	
	组织是否有能力满足合同或订单规定的要求	评审结论：有	
评审组最终评审结论			
		评审日期：2017 年　　月　　日	
评　审　会　签			
部　门	院领导 院领导 院领导	审计处　总务处　质量办　法律人员	
参加人			
日　期	2017 年　　月　　日		
院长意见			
	院长（分管院长）签字：		

> **思考题**
>
> 以合同评审为例,依据本条款的要求,请回答合同评审是在合同签订之前进行,还是签订之后进行?

(四) 与产品和服务有关要求的确定

GB/T 19001—2016 标准条款内容:

> 8.2.4 产品和服务要求的更改
>
> 若产品和服务要求发生变更,组织应确保相关的成文信息得到修改,并确保相关人员知道已更改的要求。

若顾客对产品要求发生变更,应根据 8.2.2.2 组织再评审,确保相关文件得到更改,并确保组织内相关人员知道已变更的要求。

三、产品和服务的设计和开发

(一) 总则

GB/T 19001—2016 标准条款内容:

> 8.3 产品和服务的设计和开发
>
> 8.3.1 总则
>
> 组织应建立、实施和保持适当的设计和开发过程,以确保后续的产品和服务的提供。

本条款要求组织建立、实施和保持设计和开发的过程,即组织要生产一代、定型一代、研发一代,其目的是为了确保后续产品和服务的提供,使得组织的产品或服务永远引领人们的消费。

目前在世界范围内有很多成功的案例,例如:青岛海尔集团,不论洗衣机、电冰箱还是空调机,都有自己的科研力量,不断研发符合时代潮流、民众所需的产品,所以海尔品牌至今长盛不衰。再例如:华为技术有限公司,它是一家生产销售通信设备的民营通信科技公司。华为的产品主要涉及通信网络中的交换网络、传输网络、无线及有线固定接入网络和数据通信网络及无线终端产品,为世界各地通信运营商及专业网络拥有者提供硬件设备、软件、服务和解决方案。

> **思考题**
>
> 一个组织为什么应建立、实施和保持适当的设计和开发过程?

(二) 设计和开发的策划

GB/T 19001—2016 标准条款内容:

> 8.3.2 设计和开发的策划
>
> 在确定设计和开发的各个阶段和控制时,组织应考虑:

> a) 设计和开发活动的性质、持续时间和复杂程度;
> b) 所需的过程阶段,包括适用的设计开发评审;
> c) 所需的设计和开发验证及确认活动;
> d) 设计和开发过程设计的职责和权限;
> e) 产品和服务的设计和开发所需的内部和外部资源;
> f) 设计和开发过程参与人员之间接口的控制需求;
> g) 顾客和使用者参与设计和开发过程的需求;
> h) 对后续产品和服务提供的要求;
> i) 顾客和其他相关方期望的设计和开发过程的控制水平;
> j) 证实已经满足设计和开发要求所需的成文信息。

在这里有两个词"验证"和"确认",如何理解"验证"和"确认"呢?通过一个例子解释这两个词。以我们国家研发的预防性疫苗为例,科研人员将疫苗研发出来以后,为了了解疫苗的效果,先给小白鼠或猴子注射疫苗,看看能不能在既定的时间内产生抗体,这种在小白鼠或者猴子身上检验是否会产生抗体的过程就是"验证"。如果在小白鼠或者猴子身上的实验获得了成功,那么,这批疫苗在投入市场之前,还要在志愿者身上注射,查看该疫苗在志愿者身上的反应、毒副作用、是否会像预计的那样产生抗体等。这种在志愿者身上注射疫苗以验证是否会符合既定目标的活动就是"确认"。如果"验证"和"确认"都通过了,那么该疫苗就可以推向市场了。

设计和开发的策划其结果体现在立项书上,如科研立项书、课程开发立项书、人才培养方案策划书,上述各类成文信息都要体现 8.3.2 的各项要求。

课程开发立项申请书见案例 3-24,课程开发立项申请表,见表 3-21。

案例 3-24

课程开发立项申请书

TWXY—JL—JXZX—99

课程立项书

课程名称　计算机应用基础

课程负责人　刘苗苗

课程类型与课时数　公共基础课　51 小时

适应年级专业　18 级新生　所有专业

院系　体育学院

时间　2015 年 7 月 20 日

天文学院制

表 3-21 课程开发立项申请表

1. 本课程简介及国内同类院校中的建设情况：

   课程简介："计算机应用基础"课程是我校所有非计算机专业开设的第一门计算机类公共基础课，对不同专业学生的专业学习和未来职业所需的信息能力的培养及其信息素养养成起明显的促进作用，同时能为学生可持续发展奠定良好的基础，是一门普遍性、应用性和技能性较突出的公共基础课。

   本课程在同类院校中的建设情况：目前同类院校中开发的计算机应用基础教材版本很多，但是其中许多虽写着高职适用教材，却没有体现出高职特色。大部分采用了传统教材的编写模式，即理论知识较多，案例与工作过程不贴近，难以激发学生的学习兴趣。只有少数校本教材采用了任务引领编写方式，将课程内容进行了小范围内的重组。

2. 课程建设目标（通过课程建设，教材、课件、课程标准、课程教学设计、课程教学模式与教学手段、课程网站、精品课程等级等达到的目标）：

   本课程的核心任务是解决专业工作、学习和生活中所需信息技术的应用基础问题，力求以有效知识为主体，构建支持学生终身学习的知识基础和能力基础，适用于我校的各个非计算机专业。其主要作用是使非专业学生具备必需的信息意识和素养，了解计算机和网络的基本常识，具备计算机和网络技术的基本应用技能，具有文字处理、数据处理能力，信息获取、整合、加工能力等较全面的信息处理能力，以计算机和网络应用技术做工具为其专业学习服务，提高专业续航能力，同时为其今后的职业工作、生活和可持续发展奠定信息技术应用基础。

3. 课程开发的保障条件（现有课程建设情况、建设团队情况、实习实训条件等）：

   现有课程建设情况：

   我教研室前期已经完成《计算机应用基础》校本教材的开发，并装订成册，使用一个学期，在学院的教学应用中取得了较好的效果，2009 年 12 月山东省计算机文化基础考试全院通过率为 94.6%，比 2009 年 6 月山东省计算机文化基础考试全院通过率 88% 提高了 6.6%；在开发本门课程时具备了课程开发的经验。

   建设团队情况：

   我院计算机应用基础课程师资队伍具有科学合理的、有发展潜力的团队结构。22 位教师承担着全校年均 33 个班、2 800 余名在校生的课堂教学，生师比 127∶1。教学队伍的年龄结构、职称结构、学位结构、专/兼职师资比例情况，如图 3-6 所示。

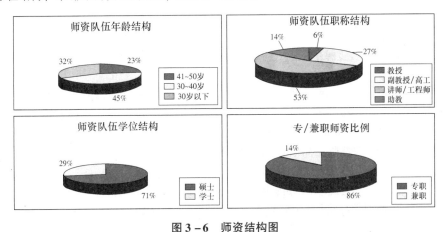

图 3-6 师资结构图

续表

实习实训条件：

硬件条件：

近年来，学校累计投资 1 000 余万元建设和完善计算机基础课实训教室、实训基地。中心实验室拥有 1 000 多台（套）连成高速局域网的各类计算机设备、服务器，并与校园网相连。各系也都配有自己的计算机实训室，实训室均拥有专用服务器、交换机、路由器、微机、投影仪等设备，形成集教、学、做、练于一体的实训环境。

软件条件：

各类实训室的计算机、服务器中均安装有不同平台、不同版本的操作系统和各类应用软件，并与校园网相连，校内开设有多台专用 FTP 服务器，提供软件和数据资源的共享。学生可通过网络获取各种学习资源，进行实验和结果的验证、实训作业的提交等。

环境布局：

实训教室的布局一般分为：学生机机位、教师机机位、多媒体演示组件、讨论区域、计算机管理区域。通过设置这 5 个区域，实现 3 项教学功能：多媒体讲授、学生训练、方案论证，1 项管理功能：网络管理与维护。提供理实一体化的实训环境。

4. 课程开发的主要内容：

课程教学标准的制订；

案例/项目化教学内容的制订；

校本教材的编写；

与该教材配套的课件、案例、习题、实训项目等教学相关资料。

5. 课程组织实施：

1）严格根据学校制订的改革思路撰写教材。

2）课程的组织形式以学生为本，应充分尊重学生的意愿，采用学生喜爱的组织形式和活动方式，充分调动学生的学习积极性。

3）校本课程的实施过程中，给学生创造宽松的活动环境，重视学生的过程考核，不只重视教学活动的结果。

4）在每次校本课程后，做好记录。

5）课程的开发过程中，树立存档意识，保存所有与课程开发有关的资料。

6. 课程开发的进度（课程建设进程、课程建设分工与上网时间等）：

课程建设进度：

2015 年 7 月 20 日到 8 月 18 日前完成对企业等用人单位的调研（具体见调研计划）。

调研人：李苗苗、杨苗苗、员苗苗、姜苗苗、武苗苗、苏苗苗；评审人：刘苗苗、张苗苗。

2015 年 9 月 19 日前完成课程教学标准的编写。

编写人：刘苗苗、张苗苗、李洪苗、孟苗苗；评审人：刘苗苗、王苗苗。

2015 年 10 月 20 日前完成课程整体设计。

设计人：刘苗苗、房苗苗、王苗苗、祝苗苗、邓苗苗；评审人：刘苗苗、吴苗苗。

2015 年 11 月 29 日前完成课程全部单元设计（具体见单元分配计划）。

续表

设计人：张苗苗（第一单元）、李洪苗（第二单元）、孟苗苗（第三单元）、马苗苗（第四单元）、董苗苗（第五单元）、房苗苗（第六单元）、王苗苗（第七单元）、吴苗婷（第八单元）、祝苗苗（第九单元）、李苗苗（第十单元）、徐苗苗（第十一单元）。

评审人：刘苗苗、赵苗苗。

2015年12月10日前完成教材封面设计，并装订成册。

检查人：刘苗苗、李苗苗。

2016年1月29日前完成课程教学计划的制订。

制订人：张苗苗、李洪苗、孟苗苗、马苗苗；评审人：刘苗苗。

2016年3月29日前完成课程全部教学课件的编制。

初评人：孙苗苗。

审核人：刘苗苗、张苗苗、李洪苗、孟苗苗。

确认：学校校本教材领导小组。

课程建设分工（表3-22）：

表3-22 课程建设分工

姓名	性别	年龄	职称	学位	课程职责
刘苗苗	女	37	讲师	学士	主持人，负责课程整体规划建设、教学研究与改革、青年教师培养
张苗苗	女	25	助教	硕士	课程建设与实践，教材建设
李洪苗	男	30	讲师	硕士	课程建设与实践，网站建设
孟苗苗	女	26	助教	硕士	课程建设与实践，课件建设
马苗苗	女	40	工程师	硕士	课程建设与实践，题库建设
董苗苗	男	27	助教	硕士	课程建设与实践，实践教学设计
房苗苗	女	42	教授	硕士	课程建设与实践，教学研究指导
王苗苗	男	43	副教授	硕士	课程建设与实践，教学研究指导
吴苗婷	女	28	讲师	硕士	课程建设与实践
祝苗苗	女	30	讲师	硕士	课程建设与实践
刘苗苗	男	40	副教授	硕士	课程建设与实践，教学研究指导
邓苗苗	男	40	副教授	硕士	课程建设与实践，教学研究指导
刘孜苗	男	43	讲师	硕士	课程建设与实践，教学研究指导
李苗苗	女	27	讲师	学士	课程建设与实践
苏苗	女	27	讲师	学士	课程建设与实践
武苗苗	女	26	讲师	学士	课程建设与实践
姜苗苗	女	30	讲师	硕士	课程建设与实践
徐苗苗	男	35	讲师	硕士	课程建设与实践，教学研究指导
员苗苗	男	30	讲师	硕士	课程建设与实践
杨久苗	男	40	高工	学士	课程建设与教学研究指导
李志苗	男	42	高工	学士	课程建设与教学研究指导
马苗武	男	45	高工	硕士	课程建设与教学研究指导

续表

上网时间： 2016 年 2 月：说课 PPT 上网。 上网前的评审：刘苗苗；上网前的审核：教学科科长王苗苗；上网前的批准：教务处吴苗苗。 2016 年 2 月：教学标准上网。 上网前的评审：刘苗苗；上网前的审核：专业主任吴天；上网前的批准：教务处吴苗苗。 2016 年 2 月：授课教案上网。 上网前的评审：刘苗苗；上网前的审核：专业主任；上网前的批准：教学科科长刘亮苗。 2016 年 2 月：教学计划上网。 上网前的评审：刘苗苗；上网前的审核：专业主任；上网前的批准：教学科科长刘亮苗。 2016 年 3 月：考核方案上网。 上网前的评审：刘苗苗；上网前的审核：专业主任；上网前的批准：教学科科长刘亮苗。 2016 年 3 月：校本教材上网。 上网前的评审：刘苗苗；上网前的审核：教学科科长；上网前的批准：教学中心专家组。
7. 课程开发负责人承诺： 保证按时、高质量地完成课程开发任务，并按照"教学做"一体教学模式、实施行动导向教学，确保教学效果与教学质量，如果因课程开发进度或开发质量达不到要求而造成不能正常组织教学，本人自愿按相关的教学事故的认定办法和学院的相关规定接受处分。 　　　　　　　　　　　　　　　　　　　　　　课程负责人签字：刘苗苗　2015.7.19
8. 专业负责人意见： 立项书阐述的目标和实施途径合理、可行，同意立项。 　　　　　　　　　　　　　　　　　　　　　　　　专业负责人签字：吴天　2015.7.22
9. 系负责人意见： 该立项符合学校制订的《校本教材开发指导意见》的要求，目标及措施切实可行，同意立项。 　　　　　　　　　　　　　　　　　　　　　　　　　　　　签字：王文君　2015.7.23
10. 教学中心负责人意见： 经学校专家组评议，一致认为：该立项书目标制订得合理，任务分配恰当，保障条件充分，同意立项。 　　　　　　　　　　　　　　　　　　　　　　　　　　　　签字：黄秀丽　2015.7.26

（三）设计和开发的输入

GB/T 19001—2016 标准条款内容：

> 8.3.3 设计和开发的输入
> 组织应针对所设计和开发的具体类型的产品和服务，确定必需的要求。要求应考虑：
> a) 功能和性能要求；
> b) 来源于以前类似的设计和开发活动的信息；
> c) 法律法规要求；
> d) 组织承诺实施的标准或行业规范；
> e) 由产品和服务性质所导致的潜在的失效后果。
> 针对设计和开发的目的，输入应是充分和适宜的，且应完整和清晰。
> 互相矛盾的设计和开发输入应得到解决。
> 组织应保留有关设计和开发输入的成文信息。

负责设计和开发的部门应针对所设计和开发的具体类型的产品和服务，确定必需的要求。要求应考虑：

第一，功能和性能要求。在这里有"功能"和"性能"两个概念。所谓的功能和性能，简单理解功能就是指产品的用途，产品的用途越广表示功能越多；性能就是产品的质量，性能越高表示质量越好。所以，在设计开发之前要首先确定功能要求和性能要求。以学校的"计算机应用基础"课程开发为例，功能和性能是：本课程的核心任务是解决专业工作、学习和生活中所需信息技术的应用基础问题，力求以有效知识为主体，构建支持学生终身学习的知识基础和能力基础，适用于我校的各个非计算机专业。其主要作用是使非专业学生具备必需的信息意识和素养，了解计算机和网络的基本常识，具备计算机和网络技术的基本应用技能，具有文字处理、数据处理能力，信息获取、整合、加工能力等较全面的信息处理能力，以计算机和网络应用技术做工具为其专业学习服务，提高专业续航能力，同时为其今后的职业工作、生活和可持续发展奠定信息技术应用基础。

第二，来源于以前类似的设计和开发活动的信息。本条款要求设计和开发人员可以借鉴以前类似的设计和开发思路，避免原来的不足，保持甚至超越原来的优势。

第三，法律法规要求。本条款是指设计和开发人员在进行设计开发时要首先知道与即将设计和开发的产品和服务有关的法律法规是什么，免得设计和开发出来的产品或服务违反法律法规。

第四，组织承诺实施的标准或行业规范。对于组织承诺实施的标准或行业规范在设计开发时必须得到遵守和体现。也就是说，设计和开发出来的产品或服务必须符合组织承诺实施的标准或行业规范。

第五，由产品和服务性质所导致的潜在失效后果。该条款如何理解呢？例如：以众泰汽车Z300异响的问题投诉而言，对于众泰汽车Z300在颠簸路面直线行驶，听到类似前减震器发出的异响问题，厂家解释称，这种异响就是由于副车架与主车架之间的间隙过小，容易导致部件之间发生摩擦碰撞。这就是汽车设计者没有考虑到副车架与主车架之间的间隙过小而导致的后果。

针对设计和开发的目的，输入应是充分和适宜的，且应完整、清楚。

相互矛盾的设计和开发输入应得到解决。

各设计和开发部门应保留有关设计和开发输入的成文信息。

(四) 设计和开发的控制

GB/T 19001—2016 标准条款内容：

> 8.3.4 设计和开发的控制
> 组织应对设计和开发过程进行控制，以确保：
> a) 规定拟获得的结果；
> b) 实施评审活动，以评价设计和开发的结果满足要求的能力；
> c) 实施验证活动，以确保设计和开发的输出满足输入的要求；
> d) 实施确认活动，以确保产品和服务能够满足规定的使用要求或预期用途；
> e) 针对评审、验证和确认过程中确定的问题采取必要措施；
> f) 保留这些活动的成文信息。
> 注：设计和开发的评审、验证和确认活动具有不同的目的。根据组织的产品和服务的具体情况，可单独或以任何组合的方式进行。

评审、验证、确认三种活动的比较，见表 3-23。

表 3-23 评审、验证、确认三种活动的比较

类别	设计开发的评审	设计开发的验证	设计开发的确认
依据	策划的安排（见 7.3.1）	策划的安排（见 7.3.1）	策划的安排（见 7.3.1）
目的	① 评价设计和开发的结果满足要求的能力；② 识别任何问题并提出必要的措施	确保设计和开发输出满足输入的要求	确保产品能够满足规定的使用要求或已知的预期用途的要求
时机	在设计和开发的适宜阶段	形成设计开发的输出	在产品交付或实施之前
内容	阶段（整体）性设计开发结果	设计开发输出的样品（样本）、文件、图纸	向顾客提供的产品（样本）
方式方法	会议	计算、文件发布前的评审、试验、对比	模拟、试用

设计和开发的控制就是按照设计和开发的策划（8.3.2）所要求的各个过程以及对各个过程提出的要求实施。设计和开发的控制主要体现三个方面，那就是"评审""验证"和"确认"，对于这三个方面的活动的目的分别是："评价设计和开发的结果满足要求的能力""确保设计和开发的输出满足输入的要求"和"确保产品和服务能够满足规定的使用要求或预期用途"。这三个方面实际上就是对设计和开发进行三个层次的把关。如果这三个方面走了过场，产品和服务的质量就没有办法得到保障。例如：2011 年 7 月 23 日 20 时 30 分 05 秒，甬温线浙江省温州市境内，由北京南站开往福州站的 D301 次列车与杭州站开往福州南站的 D3115 次列车发生动车组列车追尾事故。此次事故已确认共有六节车厢脱轨，即 D301 次列车第 1 至 4 位，D3115 次列车第 15、16 位；造成 40 人死亡、172 人受伤，中断行车 32

小时 35 分，直接经济损失 19 371.65 万元。"7·23"甬温线特别重大铁路交通事故是一起因列控中心设备存在严重设计缺陷、上道使用审查把关不严、雷击导致设备故障后应急处置不力等因素造成的责任事故。

经国务院调查组调查认定，导致事故发生的原因是：通号集团所属通号设计院在 LKD2-T1 型列控中心设备研发中管理混乱，通号集团作为甬温线通信信号集成总承包商履行职责不力，致使为甬温线温州南站提供的 LKD2-T1 型列控中心设备存在严重设计缺陷和重大安全隐患。

通号集团所属通号设计院研发的 LKD2-T1 型列控中心设备设计存在严重缺陷，设备故障后未导向安全。经事故调查组对采集驱动单元测试，以及委托工业和信息化部有关检测机构组成的联合测试组对列控中心主机和采集驱动板（PIO 板）软件进行测试，并经动车组实车模拟试验验证和反复分析论证，查明：从软件及系统设计看，温州南站使用的 LKD2-T1 型列控中心保险管 F2 熔断后，采集驱动单元检测到采集电路出现故障，向列控中心主机发送故障信息，但未按"故障导向安全"原则处理采集到的信息，导致传送给主机的状态信息一直保持为故障前采集到的信息；列控中心主机收到故障信息后，仅把故障信息转发至监测维护终端，也未采取任何防护措施，继续接收采集驱动单元送来的故障前轨道占用信息，并依据故障前最后时刻的采集状态信息控制信号显示及轨道电路。从硬件设计看，LKD2-T1 型列控中心设备主要存在以下问题：PIO 采集电源仅有一路独立电源，未按规定采用两路独立电源设计，一旦电源失效，PIO 机柜中全部 PIO 板将失去采集电源，当列控中心保险管 F2 熔断后，造成采集驱动单元采集回路失去供电；两路输入采集来自一个源点，无法构成输入信息的安全比较。这两处硬件设计缺陷导致设备不符合安全防护要求。具体问题如下：

第一，通号集团履行合武线、甬温线通信信号集成总承包商职责不力，未按照职责要求提供安全可靠的列控中心设备。未认真贯彻执行国家关于产品质量方面的法律法规和规章、制度、标准；对通号设计院的科研质量管理工作监管不到位，集团领导及其有关部门未认真履行职责，未对通号设计院科研质量管理体系的建立和执行情况进行监督检查，未能及时发现科研产品质量管理体系不完善、责任不落实的问题；将中标的系统集成项目完全交由下属通号设计院等企业负责，监督管理缺失，对相关重点设备研发情况不跟踪、不过问，致使先后向合武、甬温铁路提供了存在严重设计缺陷和重大安全隐患的 LKD2-T1 型列控中心设备上道使用。

第二，通号设计院的问题具体如下：

一是决定研发 LKD1-T 型列控中心设备升级平台不慎重。通号设计院领导在未全面了解 LKD1-T 型列控中心设备升级平台研发过程、进度的情况下，仅凭列控所负责人口头汇报，即同意启动升级平台研发工作。

二是对列控中心设备研发设计审查不严，未能发现设备存在的严重设计缺陷和重大安全隐患。未能发现列控中心设备的 PIO 板未经评审的问题；管理和监督列控所的研发工作不力，对 LKD2-T1 型列控中心设备研发工作管理混乱、文档缺失等问题失察。

三是科研质量管理责任不落实，对下属企业列控所产品质量监督管理失控。未认真执行国家有关产品质量检验的相关规定，未对产品研发过程和产品质量进行把关、管控，未能保证提供的信号产品达到"故障导向安全"的根本要求。

第三，通号设计院列控所的问题，具体如下：

一是草率研发 LKD2-T1 型列控中心设备。在合武线建设合同约定的列控中心设备难以满足合肥站工程建设需要，以及现有 LKD1-T 型列控中心设备升级平台采集轨道电路继电器信息模块、PIO 板研发未完成的情况下，不负责任地向通号设计院领导建议开发 LKD1-T 型列控中心设备升级平台（即后来定型使用的 LKD2-T1 型列控中心设备）。

二是列控中心设备研发工作管理混乱。未组织正式的 LKD2-T1 型列控中心设备研发设计团队，仅靠列控所有关负责人口头指派相关人员研发；对设备研发设计过程管理控制不严格，导致设备存在严重设计缺陷和重大安全隐患；编制、审核研发文档不规范，且部分文档缺失。

三是违反程序开展 LKD2-T1 型列控中心设备研发工作。未对列控中心设备特别是 PIO 板开展全面评审，也未进行单板故障测试，未能查出列控中心设备在故障情况下不能实现导向安全的严重设计缺陷。

上述种种问题，没有一个是符合该标准的"评审""验证"和"确认"三个活动要求的，所以导致了事故的发生。

案例 3-25

计算机应用基础教学标准评审结论

该教学标准涉及的教学目的、理论课时、实训课时，教学重难点的要求比较恰当，但对第二章第一节的知识点的编排上有遗漏，使得计算机应用基础的知识结构不完整，应予以修改。

评审人：刘苗苗　王苗苗
2016 年 9 月 16 日

计算机应用基础教学标准再评审结论

该教学标准涉及的教学目的、理论课时、实训课时，教学重难点的要求比较恰当，知识结构完整，可以执行。第二章第一节的知识点的编排上的遗漏已经补齐，该标准可以执行。

评审人：刘苗苗　王苗苗
2016 年 9 月 21 日

案例 3-26

校本教材开发调研评审结论

编写组去数码科技城、潍坊职业学院、临朐职教中心等进行了调研。从调研背景、人才需求、本课程岗位职业能力分析、相关学校开设本课程情况、毕业生情况等调研数据分析及结论等方面形成了调研报告。本次调研以蔬菜生产技术为切入点，结合我校农艺专业的教学现状，找出了当前蔬菜生产技术教学中存在的主要问题，提出了包括课程培养目标、职业能力需求、知识与能力结构、课程内容设置、评估标准和教学改革措施在内的课程改革方案，为校本教材的开发提供了依据，也为我校农艺专业的发展找到了方向。

上述调研报告涉及面广、所收集的数据基本齐全，满足了本教材编写所需要的信息，符合了本教材所需的调研要求。

评审人：刘苗苗　张苗苗
2016 年 8 月 9 日

验证反馈意见表见表 3-24。

表 3-24　专业主任验证反馈意见表

系部名称	机械工程系	教材名称	钣金加工与模具	任课教师	李东苗
专业主任审核反馈意见	\multicolumn{5}{l|}{1. 调研报告是否符合要求：是；修订内容：有三条。 2. 修订说明是否清晰并符合要求：是。 3. 修订内容： ① 将正文首页页码设为 1，并更新目录页； ② 更换情境四任务； ③ 增加参考文献； ④ 更改了上课须知和课程评价。 4. 整个内容体系是否符合或是需要改进：是，无修订内容。 5. 排版方面是否符合要求：是，排版尚可}
专业主任复核结论	\multicolumn{5}{l|}{由于教材已经过多轮讨论，是学校第一轮开发的课程，水平较高。尽管图形排版达不到出版社水准，但尚可使用。 内容的先进性、内容的针对性、内容的科学性均具备。 审核结论：可以提交专家审核。 <div style="text-align:right">2016 年 12 月 30 日</div>}

反馈意见表见表 3-25。

表 3-25　天文学院校本教材企业专家确认反馈意见表

系部名称	机械工程系	教材名称	钣金加工与模具	主开发教师	王苗兴
专家确认反馈意见	\multicolumn{5}{l|}{对于钣金加工，涉及的内容较多，如冲裁、弯曲、拉深、成形、级进模设计、汽车覆盖件模具设计等。该教材能把以上知识有机结合起来，教材内容能满足工厂对院校学生的培养要求，重点突出。关于冲压工艺计算软件，计算公式复杂，计算比较麻烦。这里收集有冲压工艺计算软件，比较实用且比较方便。如果教授该课程的老师需要，我可以奉献给他们。另外，学习情境三：拉深模具设计中，有"拉深"和"拉伸"，其实两者有区别，建议将"拉伸"改为"拉深"。对于是否要用压边圈，教材应增加如何判断起皱。 学习情境四：成型模具设计中，有"加强肋"和"加强筋"，两者有区别，建议将"加强肋"改为"加强筋"。}
专家再次确认意见	\multicolumn{5}{l|}{已按要求进行整改完善，同意出版发行。 <div style="text-align:right">专家组组长签名：聂兰启 2016.12.31</div>}

案例 3-27

"7·23"甬温线特别重大铁路交通事故调查报告（摘）
国务院"7·23"甬温线特别重大铁路交通事故调查组
2016 年 12 月 25 日

2016 年 7 月 23 日 20 时 30 分 05 秒，甬温线浙江省温州市境内，由北京南站开往福州站的 D301 次列车与杭州站开往福州南站的 D3115 次列车发生动车组列车追尾事故，造成 40 人死亡、172 人受伤，中断行车 32 小时 35 分，直接经济损失 19 371.65 万元。

……经调查认定，"7·23"甬温线特别重大铁路交通事故是一起因列控中心设备存在严重设计缺陷、上道使用审查把关不严、雷击导致设备故障后应急处置不力等因素造成的责任事故。

……通号集团履行合武线、甬温线通信信号集成总承包商职责不力，未按照职责要求提供安全可靠的列控中心设备。未认真贯彻执行国家关于产品质量方面的法律法规和规章、制度、标准；对通号设计院的科研质量管理工作监管不到位，集团领导及其有关部门未认真履行职责，未对通号设计院科研质量管理体系的建立和执行情况进行监督检查，未能及时发现科研产品质量管理体系不完善、责任不落实的问题；将中标的系统集成项目完全交由下属通号设计院等企业负责，监督管理缺失，对相关重点设备研发情况不跟踪、不过问，致使先后向合武、甬温铁路提供了存在严重设计缺陷和重大安全隐患的 LKD2-T1 型列控中心设备上道使用。

……对列控中心设备研发设计审查不严，未能发现设备存在的严重设计缺陷和重大安全隐患，未能发现列控中心设备的 PIO 板未经评审的问题；管理和监督列控所的研发工作不力，对 LKD2-T1 型列控中心设备研发工作管理混乱、文档缺失等问题失察。

……信号新产品上道使用管理存在漏洞。未按照职责要求制订系统完善的信号新技术、新产品的试验、审查、试用和上道使用管理制度及办法，未对信号新产品评审、试用期间保证安全生产方面作出特殊规定。

……马丽兰，中共党员，通号设计院副总工程师兼总工程师室主任。未认真履行职责。对 LKD1-T 型列控中心升级平台评审情况检查不力，对 PIO 板未经评审的问题失察，致使系统没有实现"故障导向安全"；对 LKD2-T1 列控中心设备的研发工作管理审查不到位，未能发现列控所研发设计流程缺失以及管理混乱等问题。

……陈锋华，通号设计院副总工程师，列控所所长、党支部书记兼纪检委员。工作失职。在合武线建设合同约定的 K5B 平台列控中心设备难以满足合肥站工程建设要求以及 LKD1-T 型列控中心设备升级平台尚不完善的情况下，草率向通号设计院领导建议开发 LKD1-T 型列控中心设备升级平台；没有按照通号设计院科研管理制度对 LKD2-T1 型列控中心设备研发工作进行严格管理，未对 PIO 板开展全面的评审和测试，未能发现研发设备存在的故障情况下信号升级的设计缺陷；对列控所研发工作管理不力，在 LKD2-T1 型列控中心设备研发过程中，没有按照程序规定组织正式的研发设计团队、任命项目负责人，研发文档没有编制、审核和负责人的签字，部分文档缺失。

上述种种事件表明，一个设计和开发输入的评审、验证、确认确实关乎民众的生命财产的安全。所以，应对这些输入的充分性和适宜性进行评审，要求应完整、清楚，并且不能自相矛盾，就显得尤为重要。

案例 3-28

未进行设计开发的教训

"张某,通号集团副总工程师,通号设计院董事、总工程师,负责全院科研和标准工作。工作失职。在未全面了解 LKD1-T 型列控中心设备平台升级系统的研发过程、进度等的情况下,仅凭列控所负责人的口头汇报,即同意启动升级平台研发工作;对 LKD2-T1 型列控中心设备研发工作管理不力,未对 LKD1-T 型列控中心升级平台评审情况认真检查,没有发现其中 PIO 板未经评审的问题,致使系统没有实现'故障导向安全';对 LKD2-T1 型列控中心设备研发过程未认真审核把关,对 LKD2-T1 型列控中心设备研发设计流程及文档缺失等问题失察;对院质量和安全管理体系建立健全和责任落实不力,未按规定对所级产品研发和质量进行实质性审查。"

——摘自《"7·23"甬温线特别重大铁路交通事故调查报告》

所以,这是一个至关重要的而不是可有可无的过程。但在现实生活中,这一过程往往没有被重视,而成了形式,结果导致大大小小的事故的发生。

(五)设计和开发的输出

GB/T 19001—2016 标准条款内容:

> 8.3.5 设计和开发的输出
> 组织应确保设计和开发的输出:
> a) 满足输入的要求;
> b) 满足后续产品和服务提供过程的需要;
> c) 包括或引用监视和测量的要求,适当时,包括接收准则;
> d) 规定产品和服务特性,这些特性对于预期目的、安全和正常提供是必需的。
> 组织应保留有关设计和开发输出的成文信息。

设计和开发的对象可以是产品、过程、服务、软件或方案等。

设计和开发的输出应为组织提供预期产品和服务所需的所有过程提供信息,包括:图纸、方案、标准、规范、计划、生产工艺、菜单、食谱、烹调工艺、管理手册等。

设计和开发的输出应说明如何满足输入的要求,并确保提供的各个过程可运作实施。

设计和开发的输出应明确提出如何进行监视测量、用什么资源进行监视测量,包括各个环节的验收准则。

设计和开发的输出要提供确保以安全的方式进行生产或提供服务所需的关键信息,包括如何使用产品或实施服务的信息,如药品使用说明书、电器使用说明书等,并确保组织内相关人员知道已变更的要求。

案例 3-29

不进行设计开发输出评审的教训

"……穆建成,中共党员,铁道部科学技术司综合处处长。2003 年 9 月至 2009 年 3 月任铁道部科学技术司运电处副处长,分管电务技术方面科技管理工作。任科学技术司运电处副处长期间,未正确履行职责,提出并具体组织开展了对 LKD2-T1 型列控中心

> 设备进行无依据、不规范的技术预审查,并在会后起草了《客运专线列控中心(LKD2－T1、LKD2－H)技术预审查意见》的通知,违规同意没有经过现场测试和试用的 LKD2－T1 型列控中心设备在合武线上道使用,客观上对仅通过技术预审查的 LKD2－T1 型列控中心设备在甬温铁路上道使用提供了依据。"
>
> "……未制订明确规范的技术审查规定。未按照职责要求制订程序明确、内容具体、要求严格的有关技术审查的规章、制度和规范性文件,致使 LKD2－T1 型列控中心设备技术审查无依据、不规范。"
>
> ——摘自《"7·23"甬温线特别重大铁路交通事故调查报告》

(六) 设计和开发的更改

GB/T 19001—2016 标准条款内容:

> 组织应对产品和服务的设计和开发期间以及后续所作的更改进行适当的识别、评审和控制,以确保这些更改对满足要求不会产生不利影响。组织应保留下列方面的成文信息:
> a) 设计和开发的变更;
> b) 评审结果;
> c) 变更的授权;
> d) 为防止不利影响而采取的措施。

组织应对设计和开发变更的地方进行识别,并对更改内容进行评审,评审结果要详细记录每一位评审人的发言,并要注明谁有权进行变更及采取适当的措施避免不利影响的发生。

设计和开发的更改通常是指已经完成的设计开发的产品,例如:已经交付顾客的图纸、技术规范等。当产品的设计开发不能满足顾客需求时,就需要对其进行更改。对产品设计开发的更改应按照以下要求进行:

第一,在实际活动中,例如:后一阶段的设计开发过程中,发现前面的设计开发存有问题,或者在进行生产、使用过程中发现产品图纸、技术规范、产品本身有问题,或者有顾客对产品进行了投诉、反馈,或者国家标准发生了变更等,组织对因这样的情况需要对原来的设计开发进行的更改,需要识别并做好记录。

第二,对已经确定的设计开发的更改应进行策划 (7.3.1),根据更改的需求和策划的安排,对更改进行适当的评审、验证、确定。该条款中说的"适当"是指根据更改的程度的大小,评审、验证、确定活动可以单独进行也可以组合进行,可以分阶段进行,也可以整体进行,但这三个活动不是可做可不做,而是必须进行的,只是进行的方式方法可以不同而已。

第三,评审包括评价已经发生的更改对产品组成部分和已经交付产品的影响。

第四,在充分评价并针对存在的问题进行了较好的解决,经过评审、验证、确认,并经过相关责任人的批准后,才可以付诸实施。

第五,更改的评审结果及任何必要措施的记录应予保持。

以服装生产企业为例,公司在顾客和法律法规框架下实施服装加工及服务,设计包括工艺设计、工艺规程、工艺流程、管理制度等。

设计开发的输入主要为订单生产,客户提供单衣、样衣、样板、产品名称、规格及产品质量要求等,技术人员依据客户要求进行工艺设计。

设计开发的输出通常为样衣、样板、工艺单、作业指导书、净样板、塑料模板等。设计输出文件经审核批准后发车间实施。

投产前以会议形式召开车间进行技术交底，以评审确保设计开发输出满足开发设计输入的要求和顾客的要求。

思考题

请找一份科研立项书，依据本标准中"产品和服务的设计和开发"的要求，说说科研立项书有哪些欠缺？

四、外部提供过程、产品和服务的控制

（一）总则

GB/T 19001—2016 标准条款内容：

> 8.4 外部提供过程、产品和服务的控制
> 8.4.1 总则
> 组织应确保外部提供的过程、产品和服务符合要求。
> 在下列情况下，组织应确定对外部提供的过程、产品和服务实施的控制：
> a) 外部供方提供的产品和服务将构成组织自身的产品和服务的一部分；
> b) 外部供方代表组织直接将产品和服务提供给顾客；
> c) 组织决定由外部供方提供过程或部分过程。
> 组织应基于外部供方按照要求提供过程、产品或服务的能力，确定并实施外部供方的评价、选择、绩效监视以及再评价的准则。对于这些活动和由评价引起的任何必要的措施，组织应保留成文信息。

该条款是对组织实施采购等方面的要求，简称外包要求，对于学校而言，外聘教师、企业实验实训实习、校企合作、学生实习时从外部包车、学生校服及床上用品外部采购、后勤工程外包等均属于外包过程，都要按照本条款的要求进行控制。

对企业来讲，如洗发水生产企业，往往委托别的企业按照洗发水生产企业的要求进行生产，生产完后进行贴牌，这也是外包，也要按照本条款的要求进行控制。

组织确保外部提供的过程、产品和服务符合要求。在下列情况下，确定对外部提供的过程、产品和服务实施的控制：

第一，外部供方的过程、产品和服务构成自身的产品和服务的一部分。例如：学生实习时运送学生的客运公司的车辆，就属于该条款的范围。

第二，外部供方替组织直接将产品和服务提供给顾客。例如：洗发水公司直接要求别的公司按照本公司的配方生产洗发水，然后贴牌销售，就属于本条款的要求。

第三，决定由外部供方提供过程或部分过程。例如学校师资不足时，从社会上招聘的外聘教师，该外聘教师的人事关系、档案均不在学校，仅仅来给学校的学生上课，挣学校的课时费，这种情况就属于该条款的要求。

基于外部供方提供所要求的过程、产品或服务的能力，确定外部供方的评价、选择、绩效监视以及再评价的准则，并加以实施。对于这些活动和由评价引发的任何必要的措施，保

留所需的形成文件的信息,上述描述可以简称为合格供方评价,如何进行供方评价,见案例 3-30(表 3-26)。

组织所建立的采购控制应确保对以下方面进行有效的控制:选择合适的外部供方并进行有效的控制;明确规定所采购的材料和服务的质量及技术要求。

组织各业务部门负责外部供方的控制及相关资料的管理;其他部门负责参与外部供方的评定和监控。

案例 3-30

服装生产企业 8.4.1 应用案例

8.4.1.1 公司建立有效的采购控制体系,编制《采购控制程序》明确规定采购控制的程序以确保采购的产品和服务符合规定的质量要求。

8.4.1.2 公司所建立的采购控制系统应确保对以下方面进行有效的控制:
a) 选择合适的外部供方并进行有效的控制;
b) 明确规定所采购材料、外协件和外包服务的质量及技术要求。

8.4.1.3 公司对采购控制的职责分配如下:
a) 负责外部供方的控制及相关资料的管理;
b) 组织相关部门参与外部供方的评定和监控。

8.4.1.4 对供方的评价准则:
a) 供方质量管理体系对按要求如期提供稳定质量的产品有保证能力;
b) 供方的售后服务良好;
c) 供方的生产、供货能力强;
d) 其他(如价格合理、供方财务状况良好)。

合格供方的评定应索取供方的各种证明资料,如营业执照、质量证明等,对已通过质量管理体系认证的企业无须其他证明,可直接评为合格供方。

8.4.1.5 对老合格供方的评价准则:
a) 原供方一年来提供的产品质量符合本公司要求;
b) 交货质量和信誉好。

8.4.1.6 合格供方提供的原材料或服务出现问题时,采购部应有相应措施保证采购原材料持续符合要求。这些措施包括向供方提出警告,严加进货检验、到供方现场验证,限制或停止供方供货。

表 3-26 合格供方评价表
外部合格提供方评价记录

JL/8.4.1 (4.4.6)　　　　　　　　　　　　　　　　　　编号:GP01

单位名称	天文市天文府区天文科技耗材总汇	地址	天文市天文府区新区办事处天文小区 1-2 号		
企业性质	公司	联系人	李苗苗	电话	10101010101
采购产品	A 类:晒图纸				
	B 类:氨水				

续表

综合评价	■ 对供方的产品质量、环境状况或相关经验（A） ■ 对供方产品价格、交货情况及对问题的处理情况（A、B） ■ 对供方遵守法律法规的情况（A、B） ■ 调查供方客户的满意度的情况（A） ■ 调查供方的后续服务、安装支持能力（A） ■ 调查供方的财务状况，以确信供方的履行能力及价格变换情况等（A、B） ■ 供方的多年供货业绩（A、B） ■ 供方商业信誉和市场占有率（A） □ 提供样品进行试验并验证（A、B）	综合处、采购： 张苗军 2017年3月1日 生产管理处： 王苗军 2017年3月1日 建筑分院： 阮苗苗 2017年3月1日 规划景观分院： 温苗苗 2017年3月1日 电力分院： 林苗 2017年3月1日 市政设计所： 于苗苗 2017年3月1日	
质保能力评定意见	□ 质量管理体系已建立，并已通过 ISO 9001：2015（A） ■ 产品质量稳定，生产过程中至今未出现质量问题（A、B） □ 技术力量（A、B） □ 工艺设备（A、B） □ 检测设备和检测能力（A、B）		
	■ 该供方为经营商，提供的物资均有生产单位的质保书或合格证（A） ■ 该经营商，从正规厂家进货（A、B）		
	该供方为运输服务供方： □ 运输能力　□ 运输期限　□ 有能力保证服务质量		
环保安全能力评定	□ 环境管理体系已建立，并已通过 ISO 14001：2015（A） □ 职业健康安全管理体系已建立，并已通过 GB/T 28001-2011（A） ■ 产品能满足环保要求（A、B） ■ 产品能满足安全要求（A、B） ■ 产品环保服务能满足要求（A、B） ■ 产品安全服务能满足要求（A、B）		
供方业绩进行评价	2016年供货质量：（60分） □ 优（58~60）　■ 好（50~57）　□ 较好（45~49）　□ 一般	小项得分	57
	2016年供货交货期：（20分） ■ 好（18~20）　□ 较好（15~17）　□ 一般　□ 较差		19
	2016年售后服务：（20分） ■ 及时　　□ 不及时　　■ 配合好　　□ 配合不好		19
评价意见	■ 合格　□ 不合格 　　　　　　综合处：张苗军　2017年3月1日 ■ 同意　□ 不同意 　　　　　　管理者代表：张世苗　2017年3月2日	供方业绩评价总分	95
评价结论	■ 同意　□ 不同意 　　　　　　批准人：张胜苗　2017年3月2日		

> **思考题**
>
> 1. 外部供方分哪几类?
> 2. 对这些外部供方如何进行控制?

（二）控制类型和程度

GB/T 19001—2016 标准条款内容:

> 8.4.2 控制的类型和程度
>
> 组织应确保外部提供的过程、产品和服务不会对组织稳定地向顾客交付合格产品和服务的能力产生不利影响。组织应:
>
> a) 确保外部提供的过程保持在其质量管理体系的控制之中;
> b) 规定对外部供方的控制及其输出结果的控制。
> c) 考虑:
> ——外部提供的过程、产品和服务对组织稳定地满足顾客要求和适用的法律法规要求的能力的潜在影响;
> ——外部供方实施控制的有效性。
> d) 确定必要的验证或其他活动,以确保外部提供的过程、产品和服务满足要求。

本条款是对采购的控制,确保采购的产品、服务符合本组织的要求。本条款要求:

第一,组织的各业务部门应明确组织对各类外部供方的选择和控制要求,并根据不同产品或服务的质量要求来确定外部供方的资格和选择方式,不同外部供方的资格及选择方式明确规定并形成文件。

第二,组织的相关部门根据规定的要求选择和评定外部供方,评定的结果将进行记录,并确保最终确定的外部供方的资格满足规定的要求。

第三,组织要对相关外部供方提供的产品和服务状况进行监督评估,确保外部供方提供的产品和服务持续满足规定的要求。

组织对所有的外部供方建立档案,并明确对外部供方档案的管理和控制要求。

以学校为例,按照条款 a) 要求,学校应制订外聘教师管理制度,从教师资格、试讲标准、教案设计水平等方面提出要求并进行控制,确保外聘教师提供合格的教学服务。

案例 3-31

> **服装生产企业应用"8.4.2 外部供方的控制类型和程度"案例**
>
> (1) 确保采购产品符合规定的采购要求,根据采购和外包的产品对随后的产品实现或最终产品和安全控制的影响程度,对供方及采购的产品实施相应类型和程度的控制,采购的产品为:A 类重要材料、B 类一般材料和 C 类服务提供。
>
> A 类材料:服装面料、黏合剂等原材料。
>
> B 类材料:里料、辅料、包装材料。
>
> C 类服务提供:绣花、印花、成品服装运输服务。
>
> (2) 采购部依据供方选择、评价和重新评价的准则,对采购产品的供方进行评价

和选择。

（3）采购部采购员应从列入合格供方名单中进行采购。如上述名单中的合格供方无货，对临时供方需经总经理签字认可，确定为合格临时供方后方可采购。

（4）对合格供方的控制。

a）用对采购原材料的进货验证作为对供方的主要控制方式，进货时索取供方的质量证明或检验报告单。

b）每年对原合格供方要进行合格再确认。

c）采购部建立合格供方档案，内容包括来自供方的质量记录等。

案例 3-32

装饰公司应用"8.4.2 控制类型和程度"案例

公司为确保采购的材料、设备等物资符合规定的采购要求，制订《供方选择、评价和重新评价准则》，由项目部负责组织实施。

（1）项目部应确保外部提供的过程、产品和服务对公司稳定地向顾客交付符合要求的产品和服务的能力没有负面影响。

1）公司根据采购的性质，分类决定对供方和采购产品的控制的类型和程度。

2）公司在管理规定中根据供方按公司要求提供产品的能力评价和选择供方，规定对供方进行选择、评价和重新评价的准则。

3）建立供方评定表等质量记录和供方质量业绩档案。

（2）采购信息。

项目部确保向供应商发出采购合约明确有关质量和技术的要求的信息，并在发出前进行必要的审核。采购信息应表述拟采购的产品，适当时包括：

a）产品、程序、过程和设备的批准要求；

b）人员资格的要求；

c）质量管理体系的要求。

在与供应商沟通前，公司应确保所规定的采购要求是充分与适宜的。

1）由项目部根据产品质量要求和信息编制招标方案，招标方案一般以书面的形式，经评审后，由总经理批准后发布。

2）招标方案应清楚表述拟发包产品采购的信息、各项技术质量要求等。产品质量要求可引用各类国家、地方的标准或规范，也可提供图样、样本等技术文件。

3）经招标确认后，再订立合同等。

4）需要时，在正式签订的采购合同中可规定以下内容：

① 对投标方产品、程序、过程、设备提出有关批准的要求；

② 投标方人员或组织的资格要求；

③ 对投标方的质量管理体系提出要求。

5）招标合同发放前由总经理进行审批，以确保其规定要求的充分性。

> **思考题**
> 1. 对外部方进行控制的目的是什么？
> 2. 对外部方进行控制时应考虑哪些因素？

（三）提供给外部供方信息

GB/T 19001—2016 标准条款内容：

8.4.3 提供给外部供方信息

组织应确保在与外部供方沟通前所确保的要求是充分的和适宜的。

组织应与外部供方沟通要求：

a) 需提供的过程、产品和服务；

b) 对以下内容的批准：

——产品和服务；

——方法、过程和设备；

——产品和服务的放行；

c) 能力，包含所要求的人员资格；

d) 外部供方和组织之间的相互作用；

e) 组织实施的对外部供方绩效的控制和监视；

f) 组织或其顾客拟在外部供方现场实施的验证或确认活动。

为确保所采购的材料和服务符合规定的技术和质量要求及环保要求，组织的相关业务部门对采购的材料和服务应明确规定质量和技术要求，并通过合同形式与外部供方达成协议。所有与质量和技术相关的采购文件将进行相应的审批，以确保采购文件的有效性。

相关业务部门将确保向外部供方发出采购合约明确有关质量和技术的要求的信息，并在发出前进行必要的审核。采购信息应表述拟采购的产品，适当时包括：

第一，组织需要外部供方提供的产品或服务，以及针对产品或服务实施过程的要求。在现实生活中，组织对外部供方提出的产品和过程服务的要求一般通过合同订单等方式来表述。

第二，产品、服务，方法、过程和设备，产品和服务的放行。例如在生产线上每个流程结束后检验人员在检验合格的产品上进行标识、产品出厂前经检验员最终检验合格发放产品合格证等都属于该条款"产品和服务的放行"的要求。对于"方法、过程和设备"的批准是指组织采购的产品必须要用制订的生产方法、生产过程并用制订的生产设备等。"产品和服务"是指具体的产品型号、数量及质量要求，服务的水平、质量要求等。

第三，针对外部供方人员能力的要求，特定时针对其所具备的资格要求。如对生产工人的技能、数量、熟练程度，工程师的数量，总工程师资格及数量等要求。

第四，组织在合同中要明确组织与供方之间的责任和义务。

第五，对外部供方的控制应包括对其业绩的监视和测量。组织一般采用外派管理人员对外部供方的现场，全过程实施监督、检查，或派出质量管理人员定期或随机按照双方约定的标准，如质量管理体系、环境管理体系、职业健康安全管理体系、行业标准等对外部供方进行审核、评价。

第六,如果组织有在顾客现场实施的活动,在传递给外部供方的信息中应明确实施要求。当组织采购的产品或外部供方提供的服务在本组织的现场不具备检验检疫条件,需要在外部供方的现场利用外部供方的技术人员、检验仪器进行检验验证的,应明确检验的时机、检验设备人员的资格、检验仪器的具体型号、检验的环境条件、检验之后的放行及防护等。

在与外部供方沟通前,组织应确保上述信息的准确性,对供方业绩监视和测量形成文件。

案例 3-33

服装生产企业应用 "8.4.3 提供外部供方的文件信息" 案例

(1) 为确保所采购的材料和服务符合规定的技术和质量要求及环保要求,公司采购部对每一采购的材料和服务应明确规定质量和技术要求,并通过合同形式与外部供方达成协议。所有与质量和技术相关的采购文件将进行相应的审批,以确保采购文件的有效性。

(2) 采购部与外部供方沟通以下要求:

a) 公司需要外部供方提供的产品或服务;
b) 产品、服务、过程等放行或接收及批准要求;
c) 针对外部供方人员能力的要求,特定时针对其所具备的资格要求;
d) 外部供方与公司的相关部门及人员接口;
e) 对外部供方的控制应包括对其业绩的监视和测量,对供方业绩的监视和测量应形成文件具体执行 8.4.1.3 要求;
f) 如果公司有在顾客现场实施的活动,在传递给外部供方的信息中应明确实施要求;
g) 当顾客或本公司采购员拟在供方的现场实施验证时,采购员应就验证的安排和产品放行的方法预先通知供方。

(3) 各部门确定本部门所需物资的信息,按生产需求将采购原材料的要求制订成《物资采购计划单》,列出采购原材料名称、品种、质量、数量等要求,此外明确产品、程序、过程、设备的批准要求,人员资格要求、体系要求等。《物资采购计划单》经总经理审批后实施。

(4) 采购员按《物资采购计划单》采购,确保所规定的采购要求是充分与适宜的。

案例 3-34

装饰公司应用 "8.4.3 提供外部供方的信息" 案例

在与外部供方沟通前,项目部应确保要求的充分性。

(1) 项目部应与外部供方沟通其以下几方面的要求:

a) 将要提供的过程、产品和服务;
b) 以下批准:

> ——产品和服务;
> ——方法、过程和设备;
> ——产品和服务的放行;
> c) 能力,包含所要求的人员资格;
> d) 外部供方和组织之间的相互作用;
> e) 公司实施的对外部供方绩效的控制和监视;
> f) 公司或其顾客拟在外部供方现场实施的验证或确认活动。
>
> 当顾客提出在工程现场实施验证时,由施工技术部在相应的施工合同中规定开展验证的安排和产品放行的方法。
>
> (2) 本公司对采购物资的验证,主要由质安部执行。
>
> (3) 本公司材料供应方均是对某一特定的产品而评价选择,应在合同签订前期适当的阶段对外包方进行重新评价。由质安部根据产品特点及相应的法律法规要求,对供方实施验证。
>
> 对供方的验证主要通过对其产品质量、价格、供货的及时性等的检验来实现。
>
> (4) 分包管理。
>
> 1) 施工企业应建立并实施《分包方管理程序》,明确各管理层次和部门在分包管理活动中的职责和权限,施工技术部对分包方实施管理。
>
> 2) 施工企业应对分包工程承担相关责任。
>
> 3) 分包方的选择和分包合同,具体如下:
>
> a) 施工技术部应按照管理制度中规定的标准和评价办法,根据所需分包内容的要求,经评价依法选择合适的分包方,并保存评价和选择分包方的记录。
>
> b) 施工技术部应对分包工程承担相关责任。
>
> 4) 分包项目实施过程的控制,具体如下:
>
> a) 施工技术部应在分包项目实施前对从事分包的有关人员进行分包工程施工或服务要求的交底,审核批准分包方编制的施工或服务方案,并据此对分包方的施工或服务条件进行确认和验证。
>
> b) 施工技术部对项目分包管理活动的监督和指导应符合分包管理制度的规定和分包合同的约定。施工企业应对分包方的施工和服务过程进行控制。
>
> c) 施工技术部应对分包方的履约情况进行评价并保存记录,作为重新评价和选择分包方和改进分包管理工作的依据。

思考题

与外部供方沟通的内容包括哪些?举例说明。

五、生产和服务的提供

(一) 生产和服务提供的控制

GB/T 19001—2016 标准条款内容:

8.5 生产和服务提供

8.5.1 生产和服务提供的控制

组织应在受控条件下进行生产和服务的提供。

适用时，受控条件应包括：

a) 获得成文信息，以规定以下内容：
——拟生产的产品、提供的服务或进行的活动的特性；
——拟获得的结果；

b) 获得和使用适宜的监视和测量资源；

c) 在适当阶段进行监视和测量，以验证是否符合过程或输出的控制准则及产品和服务的接收准则；

d) 为过程的运行使用适宜的基础设施，并保持适宜的环境；

e) 配备胜任的人员，包括所要求的资格；

f) 若输出的结果不能由后续的监视或测量加以验证，应对生产和服务提供过程实现策划结果的能力进行确认，并定期再确认；

g) 采取措施，防止人为错误；

h) 实施放行、交付和交付后活动。

第一，"组织应在受控的条件下进行生产和服务的提供"这要求组织：

应确定生产或服务的各个过程。以学校为例，各个过程包括：

① 招生、学生报到、编班；

② 师资招聘、培训、对师资是否具备上课资格的考核评价、上课、实验、实训；

③ 对上课秩序、质量的检查；

④ 学生学期考试、毕业；

⑤ 图书采购、借阅、归还；

⑥ 实验室建设；

⑦ 学生公寓管理、餐饮管理、后勤保障。

第二，组织应对这些过程制订适宜的、充分的、有效的制度，对各个过程进行管理，确保各个过程能够按照组织的要求，按质按量完成工作任务。

第三，所有工作人员都按照制度的要求开展工作、提供服务。

"受控条件"包括 a)~h) 八大方面。

条款 a) 中各岗位相关人员获得成文信息（文件或记录）应规定以下内容：

第一，生产产品、提供服务、执行活动的特性。对于教学来讲，服务特性包括：人才培养方案、课程标准或教学大纲、授课计划、课程表；对于企业来讲，服务特性包括：图纸、工艺参数、工艺流程、执行活动的特性或活动方案。

第二，要达到（实现）的结果。针对教师来讲，教学"要达到的结果"即我们所说的教学目标；对生产服务来讲，指的是产品服务标准。

条款 b) "获得和使用适宜的监视测量资源"，该条款要求组织要：

第一，确定生产服务的各个过程。

第二，确定各个过程要控制的关键点和风险点。

第三，对上述各过程的关键控制点和风险点实施控制时，所需要的人员、知识、设备、设施予以满足。以教学为例，教学过程关键控制点包括：

① 教师的引入（要考虑需达到怎样的条件要求可以引入）、师资培养和监控；
② 拟定人才培养方案；
③ 课程标准（教学大纲）；
④ 备课（要考虑课程实施方案或教案）；
⑤ 课堂授课；
⑥ 课后答疑和个别辅导；
⑦ 课程检验；
⑧ 不合格控制；
⑨ 学生毕业。

对上述各个关键控制点要获得和使用适宜的监视测量资源，确保各过程有序开展工作，取得预期的效果，这就是条款c）的要求。

条款d）要求使用适宜的设备和过程环境。"过程环境"包括社会的、心理的、物理的环境，具体包括不歧视、平和、不对抗等社会环境，减轻压力、倦怠预防、情感保护等心理环境，温度、热度、湿度、光照、空气流通、卫生、噪声、粉尘等物理环境。例如，企业打骂员工、员工工作压力大、工作时间长等，均违反了条款d）要求；适宜的设备是指能够生产出合格的产品的设备。

条款e）要求"指派胜任的人员，包括所要求的资格"，这要求组织指派的人员应能够胜任其本职工作。

条款f）是主要的关键控制点。以学校为例，由于学生已经逝去的时间具有不可逆转性，所以老师的教育教学就显得尤为重要，因为一旦一堂课没有讲成功，全班的学生就将永远追不回逝去的这一堂课的时间了，所以，要求对老师的授课水平严格把关，确保万无一失，为此应把握好以下几个方面：

第一，首先要制订教师引进标准，严把教师入门关。

第二，制订任课教师登台授课标准，凡不具备登台标准的老师不能登台授课，直到达到登台授课的标准。

第三，对于已经登台授课的老师，制订课堂管理规范，对任课教师按照规范的要求实施评价，对不合格者组织要进行帮扶、培训，直到达标。对于已经达标的老师，每间隔一定的时间（例如一学期或一个月），再次进行评价以确认必须符合要求。

条款g）"采取措施，防止人为错误"，人为错误可能发生在计划制订、工程设计、制造加工、设备安装、设备使用、设备维修以至于管理工作等各种工作过程之中。人为错误可能导致物的不安全状态或人的不安全行为。其实人的不安全行为本身也就是一种人为错误，所不同的是不安全行为往往是事故直接责任者或当事者的行为失误，是人为错误的特例。另外，管理失误也是一种人为错误，并且是一种更加危险的人为错误。

一般来说，在生产、工作过程中人为错误是难以避免的，但是可以通过管理和技术上的措施降低人的失误率。

按人为错误产生的原因可以分为随机失误、系统失误和偶发失误三种类型。

人为错误是指人的行为的结果偏离了规定的目标，或超出了可接受的界限，并产生了不

良的影响。关于人为错误的性质,许多专家进行了研究。其中,约翰逊对于人为错误问题做了如下的论述:

① 人为错误是进行生产作业过程不可避免的副产物,可以测定失误率;

② 工作条件可以诱发人为错误,通过改善工作条件来防止人为错误较对人员进行说服教育、训练更有效;

③ 关于人为错误的许多定义是不明确的,甚至是有争议的;

④ 某一级别人员的人为错误,反映较高级别人员的职责方面的缺陷;

⑤ 人们的行为反映其上级的态度,如果凭直感来解决安全管理问题,或靠侥幸来维持无事故的记录,则不会取得长期的成功;

⑥ 惯例的编制操作程序的方法有可能促使失误发生。

防止或减少人为错误的措施一般包括以下方面:

第一,张贴警示标识,如图3-7~图3-10所示。

图3-7 警示标识1　　图3-8 警示标识2　图3-9 警示标识3　　图3-10 警示标识4

第二,业务、能力培训,制订详细的工作流程,并让员工熟记在心,养成严格按照流程工作的习惯,让员工按照流程正确操作成为意识。

第三,严格各项规章制度,加强管理,完善监察、督导制度。包括培训和规程编制的科学性,制订事故预想和紧急状态下的操作规程,实行科学、有效和适度的激励机制。

第四,提高人的综合素质,包括:

① 对运行人员进行定期、专门的业务培训和水平训练,通过模拟机等手段达到对系统熟悉,对规程理解和运用正确,既要防止死搬规程又要防止超出规程的行为。

② 倡导健康科学的生活方式,包括美满和睦的家庭关系。保证上岗之前心情愉快,睡眠充足,使之处于良好的生理、心理状况。

③ 按"公民道德建设纲要"的要求,加强职业道德的建设,提高工作责任心,培养严谨沉着的工作作风和敬业爱岗的美德。

④ 定期进行安全教育,采用多样化的教育形式,比如开展讨论,分析"安全通报"上严重事故给国家和个人带来的损失,联系本系统应采取的防范措施等,做到"警钟长鸣",使运行人员始终保持适度的心理紧张程度。研究表明,人的紧张程度太低时,会出现烦躁、粗心、麻痹;紧张程度太高时,会产生一系列的不适应;适度紧张最好。

第五,正确、恰当地处理背景因素。

产生人为差错的事件需要同时具备以下两个条件:

① 设备具有产生人为差错的可能性和人本身失误;

② 设备设计上推行"防错设计",是预防人为差错的一项关键措施。

所以保持人与人之间具有良好的关系,提倡团结协作的精神。工作上责任分明,倡导企业安全文化，营造良好的工作氛围以及整洁、优美的环境也能够减少运行人员的心理压力，保持良好工作状态和心情有利于减少或防止发生人为错误。

第六，进行人机工程的设计，人机工程学具有丰富的内容，并经实践证明行之有效，因此在设计阶段就应充分考虑人机工程学的应用。设计良好的界面具有情绪容易分辨各操作指令的特点，有利于减少操作失误。

条款 h）"实施产品和服务的放行、交付和交付后的活动"，以教学为例，"放行、交付和交付后的活动"包括：

第一，每门课的放行，应规定学生每门课取得怎样的成绩才算合格，学生该门课考试合格后可以放行，进入其他课程的学习。

第二，课堂的放行，对老师来说，每节课学生掌握多少知识才算合格，如果这堂课合格了，老师可以进入下一堂课的讲解，对于不合格的课堂要规定并实施纠正措施，实现让学生学到应有的知识的目的。

第三，教师教学水平的放行，对每一位教师在每学期的考核中，达到怎样的教育教学水平才算合格，如果老师本学期考核合格了可以继续从事教育教学服务，否则就要停职培训，直到合格为止，保证教学质量。

第四，学生毕业的放行，取得怎样成绩的学生才可以毕业要有规定，学生达到规定的要求可以毕业，否则不能毕业。

第五，对毕业生的回访，也就是该条款说的交付后活动。

对生产企业来讲，产品"放行、交付和交付后活动"包括：

① 要制订产品合格验收标准；

② 对产品质量进行检验和验证；

③ 和代理商、销售商、顾客约定好交付的方式，包括货到付款、预付款、送货到门、上门提货、中间商代理；

④ 交付后活动包括：维护维修服务及其期限、技术支持、安装调试。

以物业公司为例，物业公司应对认证范围内提供过程进行策划并在受控条件下实施，物业和服务过程的受控条件包括以下方面：

第一，必要时制订作业指导书；

第二，使用并维护适合于物业和服务提供的设备和环境；

第三，提供和使用满足要求的监视和测量资源；

第四，配备具备能力的人员，包括所要求的资格；

第五，人为错误及防护措施的控制；

第六，放行、交付和交付后的活动的实施。

针对物业公司特殊过程进行了识别，并进行了相应的管控。安保管理为特殊过程，对该过程采取以下方法进行能力确认：

第一，对特殊过程每年至少进行一次例行确认，以证实特殊过程实现所策划的结果的能力；

第二，对设备的完好进行认可，发现问题进行检修，直到完好才能投入运行；

第三，规定控制要求（见本节的案例），如有变化必须重新评价控制参数，必要时修改规程；

第四，操作人员上岗前要进行培训，合格上岗；

第五，建立控制标准，及时进行比对监测，对监视和测量的结果进行记录；

第六，过程（包括人员、设备或工艺）变化时，必须进行再确认。

案例 3-35

安保岗位操作规程

一、交接班操作规程

1. 接班人员必须提前 10 分钟集合，由该班队长负责接班工作，交班人员延长 10 分钟下岗，交接班时间为 20 分钟。

2. 接班队长带领本队队员列队依次按岗位接班，每到一个岗位时，接班队长下达立定的口令，并接着下达"WW"岗位值班员进行交接命令，该岗位队员应立即回答"是"，并跑步前往该岗位，双方敬礼后上前开始交接。

3. 交班队员向接班队员移交交接班记录本、对讲机及其他用品，并交代清楚本岗位存在的问题和下一班应注意事项。

4. 接班队员仔细倾听交班队员的口头交代，认真查阅值勤记录内容，接收交接班记录、对讲机、各种表格及其他用品。

5. 接班队员在接收时，必须认真检查，如有问题不予接收立即向队长汇报，若无问题，接班队员在交接班记录上签字。

6. 双方交接完毕后，交班队员向前一步走，双方敬礼后接班队员开始工作，交班队员向后转，齐步入队。

7. 以此程序依次进行交接。

8. 队员交接完毕后，队长之间进行交接。

完成交接工作，由本队队长带领本队人员迅速离开值勤场地，带回宿舍，由队长进行简单讲评后，解散休息。

二、门岗操作规程

1. 交接按《交接班操作规程》执行。

2. 来人来访登记。

外来人员进入小区时护管应主动打招呼，说"您好"。

当询问外来人员或要求他们出示证件登记时，应使用"请""麻烦您"，称呼人应使用"先生""小姐"等文明用语，并做好解释工作，以消除住户或客人的不满情绪。

对外来人员（业主或住户的亲友及各类访客、员工亲友等）一律实行出、入小区登记制度（执法人员执行任务除外）。

必须登记有效证件，特指没有过期的身份证等。装修工人凭"出入证"出入。

认真核对证件和持有人是否相符，若不符不予登记和进入，来访人员必须说准所找业主（住户）姓名及房号，若业主（住户）不在家，或不同意其进入，则护管员不准其进入，并礼貌地劝其离开。

当接过来访人员的任何证件时,应使用"多谢合作"等文明用语。

认真填写《来访登记表》,要求字迹清楚、项目俱全。

强行进入小区的,执行《值勤中遇到不执行规定,不听劝阻的处理》之内容进行处理。

当业主(住户)带有朋友进入小区时,应立正敬礼,有礼貌地请其出示有效证件予以登记,并向业主(住户)做必要的解释工作,以消除业主(住户)的不满情绪。

有领导陪同指导、参观、学习或检查的人员进入小区,应立正、敬礼,以示欢迎,并热情大方地回答客人的询问,等客人走后,将人数、单位、职务等情况记录清楚,备查。

当外来人员要离开小区时,护管员应说"再见"等礼貌用语,并做好离开时间的登记工作。

3. 熟悉小区业主(住户)的基本情况,包括:姓名、房号、人口状况、经常来访的客人、常规出入小区的时间等。当业主(住户)进入小区,应主动点头微笑,以示尊敬。

4. 对进入小区进行各种作业的外来人员,应认真核实其身份证,确认无误方可放行。

当遇有特殊情况,如遇到匪情、火情报警等,应把好大门,协同其他护管员共同作战,直到警报解除。

三、巡逻岗操作规程

1. 巡楼

此项工作一般由两人组成巡逻小组进行。

从门岗出发,沿小区环形方向进行全面巡视。

两人分开,分别从两个方向巡视,到园区中心(两人交会)。

在巡视过程中看到"签到簿"(电子巡更系统),必须签到并清楚写明签到时间。

巡逻过程中纠正违章或盘查他人时要先敬礼,时刻牢记文明用语不离口。

2. 巡外围

按规定的巡逻路线巡视。

在巡视过程中看到"签到簿"(电子巡更系统),必须签到并清楚写明签到时间。

巡逻工作内容,除参照"巡楼工作内容"执行外,还须注意察看小区外围情况,负责小区地面停车场内秩序,发现情况立即报告。

四、停车场操作规程

1. 车辆进场。

当车辆停在挡车器外需要进场,车管员应察看该车有无本车场的停车证,无证不予进场。

车辆进入后,察看该车停入位置,如不符合规则或不按指定位置停放,要求重新停放,直到停好为止。同时,察看车体情况,如有损坏,当场告诉车主。

车管员在"车辆登记簿"上做好记录,填写车号、卡号、进场时间、车体情况等。

2. 车辆出场。

有车辆出场,车管员应认真核对,如有可疑不予放行,直到核实清楚后,方可放行。在登记本上登记车辆出场时间。

3. 无车辆进出时,观察车场内的情况,如有异常或响动,通知巡逻人员配合检查,非车主人员,不准入内。

4. 交班前,要搞好值班室及周围卫生,检查场内各种设施完好情况,写好值班记录。

五、监控岗的操作规程

1. 每班次按时到岗,上岗前检查自己的仪容仪表及着装。

2. 接班时要认真、规范,仔细查看上班次值班记录是否还有尚未解决的问题及需继续落实的事宜。

3. 室内温度应保持在16℃~22℃,经常检查设备的技术状况、数量及室外设备机械运作过程中有无异常现象,确保"十大系统"正常运转。

4. 对业主从对讲管理主机提出的问题与咨询,应合理解决并给予答复,同时提供技术方面的建议,超出职责范围的情况应及时上报。

5. 从监控显示器发现情况应及时跟踪观察,遇到突发事件应及时通知当值队长立即赶赴现场进行调查,现场无法解决的情况下应立即报告领导或公司值班室。

6. 认真填写当班值班记录,若有未解决的问题应及时交接下一班次,特殊事件应及时以书面形式上报。

7. 听从上级的工作安排。

六、收发邮件的工作程序

1. 当邮局的工作人员将邮件送到值班室后,由当班队员签收。
2. 当班队员将此信件登记完毕交巡逻人员。
3. 巡逻人员按信件的单位名称送业主所在单元。
4. 业主收件后,必须在登记簿上签字。
5. 如收件人不在时,将此信登记好,送到客服部,由客服部处理。
6. 交接班时,双方人员必须清理信件,并在登记簿上签字。
7. 每班人必须将信件的种类、数量交接清楚,并做好登记。

案例 3-36

装饰公司应用"8.5.1 生产和服务提供的控制"案例

施工技术部负责组织编写《施工和服务提供程序》,对施工和服务提供的控制、施工和服务提供过程的确认、标识及可追溯性、顾客财产和工程防护等控制做出规定,项目部负责实施。

(1) 项目部在受控条件下实施工程和服务的提供。公司应策划并在受控条件下进行工程和服务提供，其受控条件包括：

① 可获得成文信息，以规定以下内容：

a) 施工的工程、提供的服务或执行的活动的特性，根据工程实现过程策划的输出和顾客要求评审的输出等，获得必要的生产服务信息（产品特性通常以工程规范、工程图样、材料规范、施工计划等形式规定）；

b) 拟获得的结果。

② 可获得和使用适宜的监视和测量资源。

③ 在适当阶段实施监视和测量活动，以验证是否符合过程或输出的控制准则以及产品和服务的接收准则。

④ 为过程的运行使用适宜的基础设施，并保持适宜的环境。

⑤ 配备胜任的人员，包括所要求的资格。

⑥ 施工企业应根据需要，事先对施工过程进行确认和定期再确认。本公司对施工过程进行确认为隐蔽工程、电焊、油漆和喷涂等。

⑦ 采取措施防止人为错误。

⑧ 实施产品和服务的交付活动。对生产加工全过程实施监视，产品在检验合格后方可交付。公司按国家规定要求提供售后服务。

(2) 为了在施工准备、施工过程、竣工验收交付和保修服务的各个阶段进行全面细致的控制，确保合同履约，使顾客满意，公司建立并保持《施工和服务提供程序》。

项目施工过程可以划分为五个阶段：

① 项目开工准备；

② 项目施工；

③ 项目竣工验收；

④ 完工清场与撤离；

⑤ 工程保修。

(3) 本公司确保在受控条件下进行工程的施工，使施工全过程处于受控状态，以保证工程质量符合规定的要求。

① 以工程合同、设计文件中的有关质量要求和有关标准规范编制工程施工计划、作业指导书等，作为施工全过程控制依据和质量控制指导文件；

② 按工程施工计划、作业指导书的要求，配备满足要求的资源，包括人员、指导文件、装备、物资、工作环境和测试装置；

③ 对施工过程进行监控，以使工程质量符合规定要求；

④ 工程竣工由建筑部门质量技术监督站、消防等管理部门进行验收；

⑤ 工程竣工后按规定进行保修服务。

(4) 施工过程质量控制。项目经理部应对施工过程质量进行控制，包括：

① 正确使用施工图纸、设计文件，验收标准适用的施工工艺标准、作业指导书，适用时，对施工过程实施样板引路；

② 调配符合规定的操作人员；

③ 按规定配备、使用建筑材料、构配件和设备、施工机具、检测设备；
④ 按规定施工并及时检查、监测；
⑤ 根据现场管理有关规定对施工作业环境进行控制；
⑥ 根据有关要求采用新材料、新工艺、新技术、新设备，并进行相应的策划和控制；
⑦ 合理安排施工进度；
⑧ 采取半成品、成品保护措施并监督实施；
⑨ 对不稳定和能力不足的施工过程、突发事件实施监控；
⑩ 对分包方的施工过程实施监控。

思考题

如果您是部门负责人，请依据本条款阐述您的管理思路。

（二） 标识和可追溯性

GB/T 19001—2016 标准条款内容：

> 8.5.2　标识和可追溯性
>
> 需要时，组织应使用适当的方法识别输出，以确保产品和服务合格。
>
> 组织应在生产和服务提供的整个过程中按照监视和测量要求识别输出的状态。
>
> 有可追溯性要求时，组织应控制输出的唯一性标识，并应保持所需的成文信息，以实现可追溯。

“输出”就是过程的结果，本条款要求在需要的时候为防止监视和测量过程中不同状态发生混淆，要求对过程的结果采用适当的方法实施状态标识以识别合格品和不合格品。标识可以用标牌、标签、标记、批号、记录等形式，专人管理，以防混淆和丢失。检验状态标识可分为待检、已检待定、合格、不合格四种，用标牌或记录进行标识。

标识的方法根据实际情况确定。通常可采用以下一种或几种标识方法：

第一，挂牌标识：适用于对进场物资、加工半成品、设备及部件的标识，如图 3－11～图 3－13 所示。

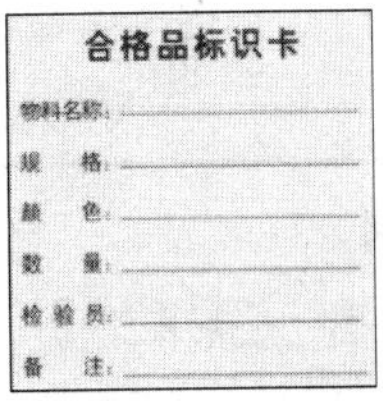
合格品标识卡
物料名称：
规　格：
颜　色：
数　量：
检验员：
备　注：

图 3－11　合格品标识卡

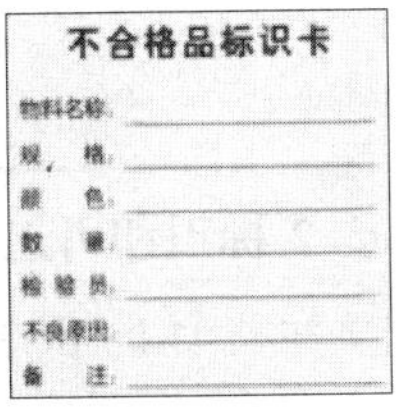
不合格品标识卡
物料名称：
规　格：
颜　色：
数　量：
检验员：
不良原因：
备　注：

图 3－12　不合格品标识卡

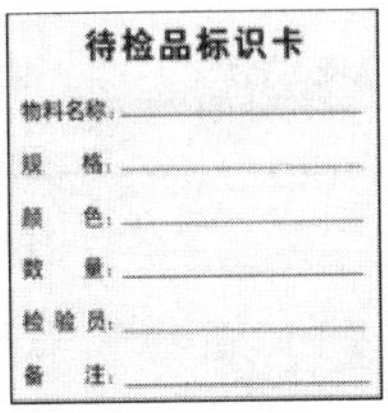
待检品标识卡
物料名称：
规　格：
颜　色：
数　量：
检验员：
备　注：

图 3－13　待检品标识卡

第二，盖章标识：适用于对产品检验状态的标识，如图 3－14～图 3－16 所示。

图 3-14　盖章标识 1　　　　图 3-15　盖章标识 2　　　　图 3-16　盖章标识 3

第三，记录标识：适用于产品及验证状态和可追溯性标识，见表 3-27。

表 3-27　记录表

序号	检查项目	检查部位	标识情况	标识内容	检查结果	检查时间	检查人签名

第四，区域标识：如划分为进料检查、待检区、成品区，以便区分，如图 3-17～图 3-19 所示。

图 3-17　进料检查　　　　图 3-18　待检区　　　　图 3-19　成品区

第五，其他适宜的标识方法。

当合同有要求且法律法规要求的出于质量控制的考虑时，标识必须具有唯一性，即产品的流向便于可追溯。

当合同、法律法规和公司自身需要，确定实施可追溯性要求时，应明确可追溯的起、止点，并控制和记录产品的唯一性标识。为有效识别各种产品去向，应对产品均作控制和记录唯一标识。未授权人不得移动或修改标识。

案例 3-37

服装生产企业 "8.5.2 标识和可追溯性" 应用案例

（1）在物资采购验收、生产过程和交付的各个阶段采用适当的方法标识产品。由生产部、仓库等部门以标牌在生产现场或库房内进行标识，对主要材料的名称、规格型号、数量、生产厂家应有详细记录，对于零星材料，也应标明其名称、规格型号。

(2) 为防止产品的监视和测量过程中不同状态的产品发生混淆,实施产品的状态标识,采用适当的方法予以实现。由生产部在职责内负责指导、检查。

(3) 产品的标识可以用标牌、标签、标记、批号、记录等形式,专人管理,以防混淆和丢失。

(4) 检验状态标识可分为待检、已检待定、合格、不合格四种,用标牌或记录进行标识。

(5) 标识的方法根据生产、储存的实际情况确定。通常可采用以下一种或几种标识方法:

a) 挂牌标识:适用于对进场原料、加工半成品、产成品的标识;
b) 盖章标识:适用于对产品检验状态的标识;
c) 记录标识:适用于产品及验证状态和可追溯性标识;
d) 区域标识。
e) 其他适宜的标识方法。

(6) 当合同有要求且法律法规要求的出于质量控制的考虑时,对生产过程中使用的原材料来源进行标识,标识必须具有唯一性,即在生产记录中详细记录产品的流向以便于可追溯。

(7) 当合同、法律法规和公司自身需要,确定实施可追溯性要求时,应明确可追溯的起、止点,并控制和记录产品的唯一性标识。为有效识别各种产品去向,均做出唯一标识,应控制和记录产品的唯一标识。未授权人不得移动或修改标识。

案例 3-38

装饰公司 "8.5.2 标识和可追溯性" 应用案例

(1) 标识控制:

a) 对施工现场的材料由项目组长以标牌在工地或库房内进行标识,对主要材料的名称、规格型号、数量、生产厂家应有详细记录,对于零星材料,也应标明其名称、规格型号;施工过程由项目组长以《施工日志》进行标识,且具有唯一性;完工成品由项目组长负责把工程完工情况以及设备安装情况记录到《施工日志》中,并将工程所用主要设备及运行情况予以记录,以实现可追溯性。对用于工程施工的不同阶段以便于了解检验、待检、试验等情况,由项目部组长进行识别状态标识,如"合格""不合格""待检"等。

b) 当合同有要求且法律法规要求的出于质量控制的考虑时,对施工过程中使用的原材料、半成品来源进行标识,标识必须具有唯一性,每个或每批产品都应有唯一标识,并对需要追溯的情况作出相应的记录。

c) 建筑装饰、装修环境标识:"建筑环境监督牌""可回收、不可回收垃圾""严禁吸烟"等标识。

> 建筑装饰、装修安全健康标识："进入施工现场，请戴好安全帽""小心触电"等标识。
>
> d) 标识管理：现场施工的标识牌由工地保管员统一管理，项目部要随时检查状态标识；质安部要定期或不定期对各项目部的承建"标识"及状态进行检查。
>
> （2）可追溯性控制：
>
> 公司对产品的原材料应保证充分的可追溯性，通过原材料标识、采购和产品生产、交付记录实现追溯。
>
> 在储存、搬运和生产、交付的各个环节，均应妥善保护好产品的标识，防止损坏或丢失。若发生标识不清、不可区分不同产品或检验状态时，应经核实后重新标识。
>
> 有可追溯性要求的场合，应控制输出的唯一性标识，并保持可追溯性所需的文件化信息。

思考题

请举例说明，在实际生产中，如何使用该条款？

（三）顾客或外部供方的财产

GB/T 19001—2016 标准条款内容：

> 8.5.3 顾客或外部供方财产
>
> 组织应爱护在组织控制下或组织使用的顾客或外部供方财产。
>
> 对组织使用的或构成产品和服务一部分的顾客或外部供方财产，组织应予以识别、验证、保护和防护。
>
> 若顾客或外部供方财产丢失、损坏或发现不适用的情况，组织应向顾客或外部供方报告，并保持所发生情况的成文信息。

顾客或外部供方财产可以包括材料、组件、工具和设备、顾客现场、知识产权和个人数据。以学校为例，顾客财产包括：专利、校本教材、论文、科研、教案、个人档案信息等。

本组织的顾客或外部供方提供财产是顾客或外部供方的信息、资产等。对顾客或外部供方财产的控制如下：

第一，相关部门负责对顾客或外部供方提供财产进行控制。

第二，负责对顾客或外部供方财产进行验证。

第三，对顾客或外部供方财产使用时进行标识。

第四，对于顾客或外部供方财产的储存和维护，应根据产品的特点或按顾客或外部供方要求进行控制，防止损坏或丢失。

第五，对在储存、使用等过程中发现顾客财产损坏等情况，及时向顾客或外部供方报告，妥善解决问题。

第六，顾客或外部供方的知识产权，如图样、图纸等应严格进行控制和管理。

案例 3-39

服装生产企业 "8.5.3 顾客或外部供方财产" 应用案例

（1）顾客或外部供方财产一般包括提供的样件、图样以及个人信息等。

（2）顾客或外部供方的财产控制：

a) 业务部负责对顾客或外部供方提供财产进行控制。

b) 相关人员负责对顾客或外部供方财产进行验证。

c) 各部门相关人员负责对顾客或外部供方财产使用时进行标识。

d) 对于顾客财产的储存和维护，应根据产品的特点或按顾客或供方要求进行控制，防止损坏或丢失。

e) 对在储存、使用等过程中发现顾客或外部供方财产不合格、短缺、损坏等情况，及时向顾客报告，妥善解决问题，并做好记录。

f) 顾客或外部供方的知识产权，如产品规范、样件、图纸等外来文件，执行《文件控制程序》。

案例 3-40

装饰公司应用 "8.5.3 顾客或外部供方财产" 案例

为确保顾客财产得到有效的控制，由项目部执行。

（1）顾客提供的财产包括合同规定由业主提供的将在建筑物中使用的某些建筑材料和设备，也包括顾客提供的由我公司使用的其他设施、工具或资料等。

a) 顾客提供的文件（包括规范、图纸等资料）执行《文件控制程序》；

b) 顾客提供的物资等执行《采购程序》；

c) 顾客提出的专门要求，由施工技术部、项目部在《施工组织设计》中制订专门的措施；

d) 对顾客的财产进行适当的验证、标识、储存和防护；

e) 经验证不适用的产品，应予以适当标识和记录，以书面形式通知业主，商讨处理办法，并做好记录。

（2）顾客财产的控制。

a) 项目部负责对顾客提供财产进行控制，并登记《顾客财产登记表》；

b) 质检员负责对顾客财产进行验证；

c) 仓库保管员负责对顾客财产入库储存时进行标识；

d) 对于顾客财产的储存和维护，应根据产品的特点或按顾客要求进行控制，防止损坏或丢失；

e) 对在检验、储存、使用等过程中发现顾客财产不合格、短缺、损坏等情况，由项目部填写《顾客财产信息反馈单》，及时与顾客沟通妥善解决问题。

思考题

请以顾客住宾馆为例，顾客财产有哪些？如何保护？

（四）防护

GB/T 19001—2016 标准条款内容：

> 8.5.4 防护
> 组织应在生产和服务提供期间对输出进行必要的防护，以确保符合要求。
> 注：防护可以包括标识、搬运、污染控制、包装、储存、传送或运输以及保护。

在内部处理和交付到预定的地点期间，组织将针对产品的符合性提供防护，这种防护包括标识、搬运、包装、储存和保护。防护也适用于产品的组成部分。具体按如下要求进行控制：

第一，在对产品进行内部处理及储存时防止其损坏及变质；

第二，对产品包装进行控制，以防止包装不当而损坏；

第三，保护产品，防止受雨淋、暴晒等；

第四，防止产品在内部搬运时损坏；

第五，在交付及运输过程对产品进行保护。

以学校为例，学校的产品与服务是指知识、技能、思想，学生不是学校的产品，但却是知识、技能、思想的载体，对产品和服务进行防护，在这里就是学校要对载体进行防护。

对学生的防护包括：

第一，学习期间：住宿、饮食、校内人身安全，包括实验实训安全；

第二，从回家及到实习单位间的交通安全；

第三，在实习单位实习期间的实习安全等。

案例 3-41

服装生产企业应用"8.5.4 防护"案例

公司应在产品内部处理和交付到预定地点期间对产品进行防护，以保持符合要求。适用时，这种防护包括标识、搬运、包装、储存和保护。产品防护的控制包括以下内容：

a）对原材料、产品的符合性提供防护，搬运要选择适当的搬运工具，运用不同的手段进行，保护产品不受损坏或变质。搬运过程中不损坏产品标识，专人负责。

b）原材料、成品等物资储存按要求入库，均应储存在安全和合适的位置，储存要有入库单，标识正确，出库时要有出库单，账目清楚，账、卡、物一致。

c）车间的加工产品，入库前的半成品、成品，按规定要求存放，并做好记录和标识。

d）产品包装形式应符合产品要求、服务要求，包装要牢固可靠。包装后要适当标识。

e）仓库做好产品交付给顾客前的质量保护工作，包括运输、装卸等。

案例 3-42

装饰公司应用 "8.5.4 防护" 案例

施工工程在内部处理和交付到顾客手中这段时间，项目部要针对顾客的要求及建筑装饰、装修工程施工的符合性提供防护，这种防护包括标识、搬运、包装、储存和保护。防护也适用于建筑装饰、装修施工工程的组成部分。

施工材料运送至工地后，如工地条件允许，宜设专用材料堆放地或仓库，材料存放时应摆放整齐，分类存放；对有特殊要求的材料，特殊放置。

施工材料被应用在工程中后，项目组长负责对工程交付前的防护，按合同要求，及时采取护、包、盖、封等防护措施，以《施工日志》的形式做好防护记录，以确保工程的完好，直到交付顾客。对不易防护的材料，应加强管理和查看，协调各施工单位的关系，以防丢失和损坏。

在施工期间，建筑装饰、装修工程由业主接收、验收之前，项目部实施成品保护措施，防止产品丢失、破坏。

a）项目部在施工组织设计和技术交底中制订成品保护措施并遵照执行；
b）建筑装饰、装修工程竣工前的防护执行公司《施工和服务提供程序》；
c）项目部负责按照规定对进货的物资、施工完成的半成品以及成品等进行足够的防护，使采购的物资及交付的工程不会损坏。

思考题

请以学校为例，说说该条款在学校的应用。

（五）交付后的活动

GB/T 19001—2016 标准条款内容：

> 8.5.5　交付后活动
> 组织应满足与产品和服务相关的交付后活动的要求。
> 在确定所需交付后活动的覆盖范围和程度时，组织应考虑：
> （1）法律法规要求；
> b) 与产品和服务相关的潜在的不良后果；
> c) 产品和服务的性质、使用和预期寿命；
> d) 顾客要求；
> e) 顾客反馈。
> 注：交付后活动可包括保证条款所规定的措施、合同义务（如维护服务等）、附加服务（如回收或最终处置）。

适用时，组织应确定和满足与产品特性、生命周期相适应的交付后活动要求。

产品和服务交付后的活动应考虑：

第一，产品和服务相关的风险；

第二，顾客反馈；

第三，法律和法规要求，如维修维护期限、产品的三包规定等。

组织根据其产品和服务的特点详细规定交付后的活动实施、控制。

对学校而言，本条款的指导意义在于：

第一，对毕业生和用人单位进行回访，了解：

① 专业对口率；

② 学生的知识技能对满足岗位要求的情况；

③ 学生的综合素质对满足企业要求的情况；

④ 专业设置对满足社会需求的情况；

⑤ 课程开发对学生获取知识的影响。

第二，上述信息经分析之后用于指导学校的：

① 专业设置；

② 人才培养方案的调整；

③ 课程开发的更改；

④ 学生综合素质的提升；

⑤ 师资的培养等。

思考题

请以一家超市为例，谈谈交付后活动都有哪些。如果您是超市总经理，如何安排这些工作？

（六）更改控制

GB/T 19001—2016 标准条款内容：

> 8.5.6 更改控制
>
> 组织应对生产或服务提供的更改进行必要的评审和控制，以确保持续地符合要求。组织应保留成文信息，包括有关评审的结果、授权进行更改的人员以及根据评审所采取的必要措施。

组织的相关部门应有计划地和系统地进行变更，考虑对变更的潜在后果进行评价，采取必要的措施，以确保产品和服务完整性。应将变更的评价结果、变更的批准和必要的措施的信息形成文件。

六、产品和服务的放行

GB/T 19001—2016 标准条款内容：

> 8.6 产品和服务的放行
>
> 组织应在适当阶段实施策划的安排，以验证产品和服务要求已得到满足。除非得到有关授权人员的批准，适用时得到顾客的批准，否则在策划的安排已圆满完成之前，不应向顾客放行产品和交付服务。组织应保留有关产品和服务放行的成文信息，成文信息应包括：

a) 符合接收准则的证据；
b) 可追溯到授权放行人员的信息。

对产品和服务的放行主要采用产品检验的方式进行监视和测量，来控制符合要求，以证实每个过程满足其预期目标的持续能力。当未能达到所策划的结果时，应采取必要的纠正措施，以确保本公司提供产品的符合性。相关业务部门负责采购产品及服务的放行监视和测量工作。

采购产品的监视和测量包括：

第一，采购产品的进货应进行检验，依据要求判定是否合格。

第二，对一般原材料，进行外观检验，内容包括：产品包装质量和包装标识内容、产品外观物理形态等。

第三，原材料经检验合格后入库，应保持入库单和检验报告。

过程的监视和测量：应做好工序过程检查，检验达到要求，确认合格，无明显缺陷后转入下道工序。在过程中应做好巡检工作，及时填写必要的记录。

成品的监视和测量应做到：

第一，根据国家标准或顾客要求进行检验，对结果进行判定，并将判定的结论记录。

第二，本组织产品必须在检验均已完成且合格的情况下放行和交付。相关部门保持产品的接收准则及产品符合接收标准的证据。记录应写明授权产品放行的人员。

案例 3-43

服装生产企业应用"8.6 产品和服务的放行"案例

生产部对产品质量进行监视和测量，以验证产品要求已得到满足。依据产品实现策划的安排，由质检员负责在产品实现过程的适当阶段对产品特性进行监测，包括采购产品检验和试验、过程产品检验和试验及最终成品的检验和试验。应保持符合接收准则的证据。

a) 按照质量要求对产品质量进行监视和测量，从而验证产品质量达到规定的要求。

b) 产品质量的监视和测量分为进货检验、过程检验和最终检验，监视和测量须经有资格的检验员实施检验或验证。

c) 产品只有当各种监视和测量数据齐全且全部达到要求后才能交付使用，适用时得到顾客的批准；否则在策划的安排已圆满完成之前，不应向顾客放行产品和交付服务。所有的监视和测量的记录必须按文件要求予以保存。

案例 3-44

装饰公司应用"8.6 产品和服务的放行"案例

产品和服务的放行的对象是产品，不仅包括最终产品，还应包括采购产品和中间产品。质安部负责组织编制《工程的监视和测量程序》，对进货检验、过程检验、最终检验的要求作出规定，并负责实施对产品的监视和测量，以验证产品要求已得到满足。

(1) 采购产品的进货检验和试验，具体如下：

a) 为保证用于工程的物资符合规定要求，所有进货产品（自行采购或顾客提供）

须按《采购程序》和《工程的监视和测量程序》进行检验和试验或验证；

　　b）进货检验和试验的数量和性质，应考虑在货源处进行的质量控制情况及提供的证明文件。

　　因生产急需未经检验和试验而放行的物资，经授权人员批准，进行适当的标识，以便在检验和试验后发现不合格时，能被追回，这些标识等应做好记录；不能追回的不得紧急放行。

　　(2) 过程检验和试验（施工工序检验和试验），具体如下：

　　a）为保证施工质量，所有工序的结果须按《产品的监视和测量程序》进行检验、试验；

　　b）未经检验、试验合格的工序不得转入下道工序。

　　(3) 最终检验和试验，具体如下：

　　a）在确认所有规定的进货检验和中间产品的检验均已完成并合格后，方可进行最终产品的检验；

　　b）工程竣工后，由质安部组织有关部门和人员进行内部验收，形成内部验收报告；

　　c）内部验收合格后，报请顾客实施正式竣工验收；

　　d）工程经最终验收合格后，由顾客在竣工验收证明书上签字，实施交付。

　　合同和法定要求的所有检验和试验完成，经过自检确认合格，且有关数据、文件、资料齐备经业主认可，才能将工程交付顾客。

　　(4) 检验、试验记录，具体如下：

　　a）所有检验、试验都要做好记录，并应能表明是否通过了检验和试验，以及授权验证合格的人员签认，作为质量记录加以保存；

　　b）提供检验、试验服务的机构须经国家有关机构认可，具备相应资格。

　　公司应在适当阶段实施策划的安排，以验证产品和服务的要求已得到满足。

　　除非得到有关授权人员的批准，适用时得到顾客的批准，否则在策划的安排已圆满完成之前，不应向顾客放行产品和交付服务。

　　质安部应保留有关产品和服务放行的成文信息。成文信息应包括：

　　a）符合接收准则的证据；

　　b）可追溯到授权放行人员的信息。

　　需确认所有规定的进货检验、半成品检验均已完成合格后才能进行成品检验。

　　检验员按《成品检验过程》进行检验和试验，并填写检验记录，记录应表明负责合格放行的授权责任者。

　　经检验不合格的产品按《不合格输出控制程序》处理。

　　应对符合验收准则的证据，形成正式控制报告，并标明负责产品放行的授权。除非顾客另有批准，只有所有规定的活动已圆满完成，才能发出产品。

　　质安部应保持产品和服务放行的成文信息。

思考题

　　请举例说明该条款在学校的应用。

七、不合格输出的控制

GB/T 19001—2016 标准条款内容：

> 8.7　不合格输出的控制
>
> 8.7.1　组织应确保对不合格要求的输出进行识别和控制，防止非预期的使用或交付。组织应根据不合格的性质及其对产品和服务符合性的影响采取适当的措施，这也适用于产品交付之后以及在服务提供期间或之后发现的不合格产品和服务。组织应采用以下一种或几种途径处置不合格的输出：
>
> a) 纠正；
> b) 隔离、遏制、退货或暂停对产品和服务的提供；
> c) 告知顾客；
> d) 获得让步接收的授权。
>
> 当不合格的输出得到纠正时，应验证其是否符合要求。
>
> 8.7.2　组织应保留下列成文信息：
>
> a) 描述不合格；
> b) 描述所采取的措施；
> c) 描述获得的让步；
> d) 描述处置不合格的授权。

组织应确保对不合格要求的输出进行识别和控制，以防止非预期的使用或交付，一般要规定一个部门（如办公室）督促各业务部门实施控制。

组织的各业务部门应根据不合格的性质及其对产品和服务的影响采取适当措施。

各业务部门负责处置在产品交付之后发现的不合格产品和服务。

各业务部门负责对发现的不合格的产品采取适当措施。

案例 3-45

装饰公司应用"8.7 不合格输出的控制"案例

本公司质安部编制《不合格品控制程序》，对不合格的进货、半成品和成品的识别、控制和处置的有关职责和权限作出规定，以防止其非预期的使用和交付。

1. 不合格品控制

为对不合格品进行识别和控制，以防止非预期的使用或交付，本公司编制了《不合格品控制程序》，由质安部归口管理，组织实施。

(1) 不合格物资的控制。

1) 不合格物资的范围包括：

a) 材质、规格、外形尺寸、公差标准等项目不符合国家标准或合同规定的物资；
b) 受潮、受损、变质及过期的物资；
c) 无产品合格证或质量证明书的物资；
d) 不具备规定生产资质或行业"备案"许可厂家的物资。

2) 不合格物资处置的方法有：

a）让步接收；
　　b）降级使用；
　　c）拒收。
　　3）公司根据项目部的责权，规定不合格物资评审和处置的权限：
　　a）采购的不合格物资，由现场材料员根据检验和试验结果，进行记录、标识和隔离，报告质安部评审和处置；
　　b）物资在储存和使用期间发现不合格，由项目部材料员记录、标识和隔离，由材料负责人组织有关人员进行评审，确定处理方式；
　　c）不合格物资的评审和处置情况须进行书面记录。
　　4）不合格物资的标识包括：
　　a）对经验证或检验和试验确定为不合格的物资，由现场材料员按照公司《施工和服务提供程序》的规定要求进行标识，必要时隔离，严禁投入工程中使用；
　　b）施工过程中发现不合格物资时，由现场材料员确认后立即追回并予以标识，必要时隔离，严禁投入工程中使用；
　　c）不合格物资的降级使用或让步接收，需得到业主和公司技质部同意后实施；
　　d）让步接收或降级使用的物资对使用的数量、部位建立书面记录，确保可追溯性要求。
　　(2) 不合格工序的控制具体如下：
　　1）适用范围：
　　公司施工项目、分包项目和业主分包项目的施工过程（或成品），部分在保修期内的已竣工项目。
　　2）工程质量不合格的分级控制：
　　a）轻微不合格（质量通病）：
　　对来自各种渠道的直接或间接的质量缺陷（问题）信息，项目部质检员认定为"轻微不合格"等级的一类问题，均由质检员以书面（质量问题通知单）或口头形式通知作业人员责任人进行整改或返修，并负责处置后的质量验收。
　　b）一般不合格过程（或成品）：
　　对来自各种渠道的直接或间接的质量缺陷信息，现场质量检查员判定为"一般不合格"一类问题的，均由质检员整理并下达《质量问题通知单》；技质部组织生产、技术、质量、材料等相关人员参加的质量专题会议，按"5W1H"查找原因，定出整改措施，并组织相关人员对返修后的质量结果进行验收（签认）。质检员负责全过程记录，填写《不合格项整改报告》，并按信息渠道要求进行回复，记录由项目经理部保存。
　　c）严重不合格过程（或成品）：
　　对来自各种渠道的直接或间接的质量缺陷信息，现场质检员判定为"严重不合格"一类问题的，由质检员报告项目总工程师核准同意后上报质安部。公司专职工程师再次签订认可后，开具《质量问题通知单》，由公司总工（或主管部长）主持召开公司相关部门参加的质量专题会，找原因、定措施，并对返工后的质量结果进行验收。由公司专职工程师填写《不合格项整改报告》，质安部按相关信息渠道要求进行回复，记录由公司保存。

  d) 质量事故：

  发现后立即上报公司，由公司按上级规定进行处理。

  市级以上质量大检查、评优过程中专家组提出的质量问题，由质安部负责整理，提出整改意见。项目经理按公司要求整改（整改前后各有照片附上），整改完毕由公司验收并签署意见后将整改资料向上回复。

  e) 交付使用的工程，用户反映有质量缺陷的，由质安部配合公司施工管理部解决，直到用户满意为止。

  (3) 试验不合格品控制。

  当原材料经试验不合格时，由试验中心填写试验不合格通知单，通知项目部按照公司《不合格品控制程序》进行标识、评审、处置。

  施工试验不合格时，由试验中心填写试验不合格通知单，通知项目部，由项目部组织评审并提出处理方案。

  对于有见证试验，在双方签署试验委托协议时，说明出现不合格时的通知方式。

  (4) 不合格品的标识、记录、评审、处置及验证。

  a) 对不合格物资的标识、记录、评审和处置，由各使用部门负责组织实施；

  b) 对施工中出现的不合格品的标识、记录、评审、处置及验证由质安部组织实施。

  (5) 当在交付或开始使用后发现产品不合格时，由质安部组织相关部门分析原因，并采取与不合格的影响或潜在影响的程度相适应的措施。

  2. 组织应保留的成文信息

  a) 描述不合格；

  b) 描述所采取的措施；

  c) 描述获得的让步。

案例 3-46

服装生产企业应用"8.7 不合格输出的控制"案例

  公司建立实施《不合格品控制程序》，及时对不合格品标识、隔离、记录、评审和处置，以便对不合格品进行适当控制，防止其非预期使用。

  (1) 公司应通过下列一种或几种途径处置不合格输出：

  a) 纠正；

  b) 对提供产品和服务进行隔离、限制、退货或暂停；

  c) 告知顾客；

  d) 获得让步接收的授权。

  对不合格输出进行纠正之后应验证其是否符合要求。

  (2) 不合格的分类及处置权限，具体如下：

  a) 一般不合格品。发现的一般不合格品，经质检员判定返修、返工或报废，责任人具体实施，质检员跟踪验证，并做好记录。

b）严重不合格。当出现严重不合格或批量性不合格时，必须由相关部门评审，然后责令工序部门分析、查找原因，并实施纠正措施。质检员跟踪验证并做好记录。

c）不合格品经过返工返修后，按照检验规程重新检验。

d）经返工或返修仍然不合格的产品，经批准后报废。

e）对交付后发现的不合格品，由生产部对不合格品的性质进行识别和记录，对其进行评价，并采用与不合格品相适应的措施，交技术生产部处置。

（3）生产部填写的《不合格品报告单》应包括以下方面的信息：

a）有关不合格的描述；

b）所采取措施的描述；

c）获得让步的描述；

d）处置不合格的授权标识。

思考题

请以学校为例，在学校中如何应用该条款？

第十节 绩效评价

一、监视、测量、分析和改进

（一）监视、测量、分析和评价

GB/T 19001—2016 标准条款内容：

> **9 绩效评价**
> 9.1 监视、测量、分析和评价
> 9.1.1 总则
> 组织应确定：
> a）需要监视和测量什么；
> b）需要用什么方法进行监视、测量、分析和评价，以确保结果有效；
> c）何时实施监视和测量；
> d）何时对监视和测量的结果进行分析和评价。
> 组织应评价质量管理体系绩效和有效性。
> 组织应保留适当的成文信息作为结果的证据。

对组织质量管理与活动的关键特性进行测量与监视，判定质量管理体系运行的符合性和有效性，发现问题，以便采取纠正措施和预防措施。

质量管理测量和监视内容：

第一，确定监视和测量的对象，以便：

① 证实产品和服务的符合性；
② 评价过程绩效；
③ 确保质量管理体系的符合性和有效性；
④ 评价顾客满意度。

第二，评价外部供方的业绩。

第三，确定监视、测量、分析和评价的方法，以确保结果可行。

第四，确定监测和测量的时机。

第五，确定对监测和测量结果进行分析和评价的时机。

第六，确定所需的质量管理体系绩效指标。

记录充分地监视和测量的数据和结果，以便于后面纠正措施和预防措施的分析。

确保所使用的监测和测量设备经过校准和验证，并予以妥善维护，且保存相关的记录。

各部门要保留适当的成文信息，作为监视、测量、分析和评价结果的证据。

在现实生活中，首先要确定组织运行的各个过程，针对每一个过程确定关键的控制点，确定对人员、设备、实施、顾客所要进行的监督检查。对学校而言学校要确定学生管理过程、教学教育过程等，如违纪过程、活动、大赛等过程。采取怎样的方法进行监视测量？如学校通过监控录像、信息员检查统计教师到岗情况及学生出勤情况等。何时进行测量？对于教师课堂来说，每堂课信息员学生请任课教师填写教学日志证明其出勤。分析评价监视测量结果的时机需要组织在策划中进行规定并执行。另外，组织必须要对质量管理体系的绩效和有效性进行评价并保持文件化的信息。

案例 3-47

服装生产企业应用"9.1 监视、测量、分析和评价 9.1.1 总则"案例

对公司质量管理绩效和对可能具有与活动的关键特性进行测量与监视，判定质量管理体系运行的符合性和有效性，发现问题，以便采取纠正措施。

(1) 质量管理测量和监视内容：

a) 确定监视和测量的对象，以便：
—— 证实产品和服务的符合性；
—— 评价过程绩效；
—— 确保质量管理体系的符合性和有效性；
—— 评价顾客满意度。

b) 评价外部供方的业绩。

c) 确定监视、测量、分析和评价的方法，以确保结果可行。

d) 确定监测和测量的时机。

e) 确定对监测和测量结果进行分析和评价的时机。

f) 确定所需的质量管理体系绩效指标。

(2) 记录充分地监视和测量的数据和结果，以便于后面纠正措施的分析。

(3) 生产部负责监督各部门确保所使用的监测和测量设备经过校准和验证,并予以妥善维护,且保存相关的记录。

(4) 生产部应评价绩效和管理体系的有效性。应保留适当的文件化信息,作为监视、测量、分析和评价结果的证据。

案例 3-48

装饰公司应用 "9.1 监视、测量、分析和评价 9.1.1 总则" 案例

公司由管理者代表策划监视、测量、分析和改进的全过程。质安部负责监视、测量、分析和评价,确保质量/规范、环境、职业健康安全管理体系的有效性。

(1) 质量管理体系应确定:
a) 所需要的监视和测量。
b) 所需的监视、测量、分析和评价方法,以确保有效的结果。
c) 实施监视和测量的时机。
d) 分析和评价监视和测量的结果的时机。
e) 施工企业应建立质量管理自查与评价制度,对质量管理活动进行监督检查。施工企业应对监督检查的职责、权限、频度和方法作出明确规定。
f) 施工企业应对各管理层次的质量管理活动实施监督检查,明确监督检查的职责、频度和方法。对检查中发现的问题应及时提出书面整改要求,监督实施并验证整改效果。监督检查的内容包括:
① 法律、法规和标准规范的执行;
② 质量管理制度及其支持性文件的实施;
③ 岗位职责的落实和目标的实现;
④ 对整改要求的落实。

公司应采用适宜的方法对质量/规范管理体系过程进行监视,并在适用时进行测量。公司就这些过程对产品要求的符合性和质量管理体系有效性的影响,考虑监视和测量的类型与程度。

(2) 环境管理体系应确定:
a) 需要监视和测量的内容;
b) 适用时,监视、测量、分析与评价的方法,以确保有效的结果;
c) 组织评价其环境绩效所依据的准则和适当的参数;
d) 何时应实施监视和测量;
e) 何时应分析和评价监视和测量结果。

(3) 职业健康安全管理体系应确定:
a) 适合公司需要的定性和定量测量;
b) 监视公司职业健康安全目标满足程度;
c) 监视控制措施的有效性(既针对健康也针对安全);

d) 主动性的绩效测量：监视是否符合职业健康安全方案、控制措施和运行准则；

e) 被动性的绩效测量：监视健康损害、事件（包括事故、未遂事件等）和其他不良职业健康安全绩效的历史证据；

f) 对监视和测量的数据和结果的记录，以便于其后续的纠正措施和预防措施的分析。

（4）评价其质量、环境、职业健康安全绩效所依据的准则和适当的参数；记录充分地监视和测量的数据和结果，以便于后面的纠正措施和预防措施的分析。

（5）质安部负责监督部门确保所使用的监测和测量设备经过校准和验证，并予以妥善维护，且保存相关的记录。

（6）质安部应评价质量、环境、职业健康安全绩效和管理体系的有效性。

（7）公司应按其建立的沟通和信息交流过程的规定及其合规义务的要求，就有关质量、环境、职业健康安全绩效的信息进行沟通、内部和外部信息交流。

应保留适当的文件化信息，作为监视、测量、分析和评价结果的证据。

思考题

1. 请阐述本条款对监视测量的要求。
2. 请以一家企业为例，谈谈如何实施该条款。

（二）顾客满意

GB/T 19001—2016 标准条款内容：

> 9.1.2 顾客满意
> 组织应监视顾客对其需求和期望得到满足的程度的感受。组织应确定获取、监视和评审该信息的方法。
> 注：监视顾客感受的例子可包括顾客调查、顾客对交付产品或服务的反馈、顾客座谈会、市场占有率分析、顾客赞扬、索赔担保和经销商报告。

通过对顾客是否已满足其要求的感受的信息进行测量和分析，评价本组织质量管理体系的符合性和识别可改进的机会。

一般情况下，组织的各业务部门向主要顾客发放顾客满意程度调查内容，调查顾客对本组织产品质量、服务质量的满意程度。

顾客满意的调查可以来自顾客关于交付产品质量方面的数据、用户意见调查、业务损失分析、顾客赞扬、担保索赔、经销商报告等，见表 3-28。

在内审或管理评审前进行顾客满意程度统计分析，对本组织管理体系的业绩进行一次评价，对本组织目标的完成情况进行一次阶段确认，见表 3-29。

案例 3-49

山东天文规划建筑设计有限公司顾客满意度调查表

表 3-28 满意度调查表

JL/Q9.1.2-01

建设单位	天文投资控股集团有限公司		调查人	潘文文	
工程项目名称	天文市天文九州安置区		电话/传真		

项目	单项	程度 K_i \ X_i	很满意 100	满意 80	一般 60	不满意 40	很不满意 20	项目计分
设计质量 (70)	法律法规符合性	0.10	■ 10	□ 8	□ 6	□ 4	□ 2	10
	文件、图纸质量	0.30	■ 30	□ 24	□ 18	□ 12	□ 6	30
	设计深度	0.05	■ 5	□ 4	□ 3	□ 2	□ 1	5
	按期交付	0.10	□ 10	■ 8	□ 6	□ 4	□ 2	8
	专业协调能力	0.05	■ 5	□ 4	□ 3	□ 2	□ 1	5
	设计更改	0.05	□ 5	■ 4	□ 3	□ 2	□ 1	4
	技术创新能力	0.05	□ 5	■ 4	□ 3	□ 2	□ 1	4
服务 (20)	现场	0.05	■ 5	□ 4	□ 3	□ 2	□ 1	5
	设计过程	0.10	■ 10	□ 8	□ 6	□ 4	□ 2	10
	有效性	0.05	■ 5	□ 4	□ 3	□ 2	□ 1	5
交付 (10)	成品交付数量、装订质量	0.05	■ 5	□ 4	□ 3	□ 2	□ 1	5
	成品交付及时性	0.05	■ 5	□ 4	□ 3	□ 2	□ 1	5

顾客对公司的整体评价: ■ 很满意　□ 满意　□ 一般　□ 不满意　□ 很不满意	顾客满意度总分	96

您对公司的要求及建议：如与其他公司的差距、市场信息、改进的建议等（对于好的建议一经采用，公司将给予奖励）（可另附纸）

首先感谢您同公司的友好合作，为了使公司的服务能够更好地满足你们的要求，需您再次合作，将意见填写好此表，并于2周内回传我公司生产管理处，然后传真或邮寄给我们，以利于我们在质量管理方面持续改进，非常感谢！

电话：0666-85858585　　　传真：0666-85585858

案例 3-50

山东天文物业公司顾客满意度调查结果分析报告

综合办公室在1—3月份向顾客发送调查表26份，收回20份。在20份调查表中，顾客反映下列方面的问题：

A：环境卫生：7次；B：绿化情况：5次；C：电话热线：3次；D：维修服务：1次；E：其他：2次。

表 3-29 分析统计表

序号	项目	不满意项数（频数）	累计不满意项数（累计频数）	频率/%	累计频率/%
1	环境卫生	7	7	39	39
2	绿化情况	5	12	28	66
3	电话热线	3	15	17	83
4	维修服务	1	16	6	88
5	其他	2	18	10	100
	合计	18			

顾客满意度调查情况排列，如图 3-20 所示。

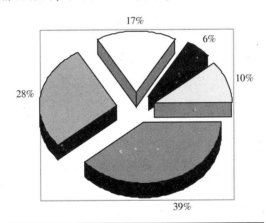

图 3-20 顾客满意度调查情况排列图

由上述排列图可分析出：

在物业管理和服务过程中存在的主要问题是环境卫生、绿化情况和电话热线三方面。针对这三方面的问题在今后的物业管理和服务过程中，需在以下方面进行改进：

加强物业管理人员的职业道德教育，提高物业管理人员和保洁人员的业务素质；在物业管理和服务过程中对物业管理人员进行业务能力评比，实行末位淘汰制，增强做好物业管理工作的主动性、自觉性。

天文物业综合办公室

2015年4月8日

案例 3-51

装饰公司应用 "9.1.2 顾客满意" 案例

对顾客满意的监视和测量,是评价质量管理体系业绩的一种有效的方法。本公司编制了《顾客满意度测量程序》,由经营部归口管理,组织实施。

监视顾客感受可以包括从诸如顾客满意度调查、来自顾客的关于交付产品质量方面数据、用户意见调查、流失业务分析、顾客赞扬、索赔和经销商报告之类的来源获得输入。

经营部负责监视顾客对其要求和期望得到满足的程度的感受,收集顾客关于公司是否满足顾客感受的相关信息,针对公司的产品和服务、售后服务等方面是否达到顾客满意等相关问题,供销部等进行调查和收集顾客满意或不满意信息,以监视顾客的要求和期望得到满足的程度的感受。

以此衡量公司所建立的质量管理体系的业绩,并明确可以改进的方面。

1. 收集信息

经营部及各有关部门从不同侧面通过市场调查、顾客的投诉和抱怨、与顾客的沟通、问卷与调查、各种媒体和行业交流活动、顾客满意度调查、质量回访、客户座谈会、客户联谊活动等来收集与顾客有关的各种信息。信息可以是书面的,也可以是口头的。

2. 信息的分析

经营部负责对收集到的信息采用适当统计技术进行分析,做出有关顾客满意度的评价,并保留有关记录。

3. 信息的利用

将得出的定性(趋势性、满意或不满意)或定量(投诉率、返修率)的结果与预期目标进行比较,找出差距,并制订实施改进措施,持续改进,满足顾客合理要求。

(三)分析和评价

GB/T 19001—2016 标准条款内容:

9.1.3 分析评价

组织应分析和评价来自监视和测量获得的适当的数据和信息。

应利用分析的结果评价:

a) 产品和服务的符合性;
b) 顾客满意程度;
c) 质量管理体系绩效和有效性;
d) 策划是否得到有效实施;
e) 应对风险和机遇所采取的措施的有效性;
f) 外部供方的绩效;
g) 质量管理体系改进的需求。

注:分析数据的方法可以包括统计技术。

组织应收集和分析适当的数据，评价管理体系的适宜性和有效性，并识别实施改进的机会。一般制订具体部门（如办公室）负责数据分析的控制，各职责部门负责所承担过程的相关数据的收集和分析工作。对于数据的收集具体要求有：

第一，主控部门（如办公室）负责收集与管理体系运行绩效和有效性以及改进的需求信息，策划是否得到有效实施；

第二，各部门负责收集本部门的过程控制和任务完成情况有关的信息；

第三，各部门负责收集与本部门质量有关的信息；

第四，各部门负责收集与本部门有关顾客满意方面的信息等；

第五，各部门负责收集与本部门有关供方有关的信息等；

第六，各部门负责收集与工艺技术、产品设计和开发完成情况有关的信息；

第七，评价针对风险和机遇所采取措施的有效性。

对于数据分析，要求各部门对收集到的数据和信息根据本部门的业务特点定期或随时汇总分析一次以寻找改进机会。主控部门（如办公室）要对各部门数据分析情况进行检查，并做记录。

对学校来讲，"产品和服务的符合性"是核心，具体如下：

第一，毕业生专业对口率；

第二，学生对知识技能的把握程度；

第三，学生的综合素质；

第四，人才培养方案的可行性；

第五，课程开发、新专业设置的认可度；

第六，老师的教育教学是否能够使学生学到应有的知识、思想和技能。

顾客满意程度包括顾客的赞赏和抱怨。条款c）指对整个部门的工作绩效和措施的有效性。

案例 3-52

2016—2017学年第二学期开课前教学准备工作检查分析报告

为确保新学期正常开课，开课前一周教学中心组织各院系（部）对开课前的教学准备工作进行了检查，以下对检查内容及各项内容检查情况作简要分析：

一、整体情况

本次检查主要是围绕开课的有关准备工作进行的，其主要内容有：任课教师的聘任及到位情况、多媒体教室、普通教室的桌椅、教学用具、灯光等相关教学设备准备情况、教师及学生课表的发放、学生考勤表的发放、教材（包括征订教材和校本教材）的到位情况、教师假期备课、实训教学安排及准备情况、教师说课安排、学生返校统计等。同时，组织各院系（部）对开课第一天的教学秩序进行了全天检查。从各院系自查汇报和教学中心抽查情况看，无论是各项准备工作，还是第一天教学秩序，整体上情况良好。

二、各项检查内容情况

1. 教师聘任及到位情况

本学期全院共有253名专职、兼职及外聘教师承担349门次的教学任务。从各院系报课及检查情况看，除黄海学院因1名教师临时辞职而不到位外，所有教师全部于开学前一周聘任到位。

2. 教师教案准备

在教学中心统一要求下，各院系组织对教师的教案准备情况进行了检查，教学中心对此也进行了抽查，从各院系自查情况看，全院除个别教师因阶段授课或临时更换教师而未按要求准备教案外，其他教师均在假期中准备好两周教案；另外，教学中心共抽查了30名教师的教案，所抽查的教师均准备了两周的教案，且大部分教师教案编写认真、规范，但也有少数教师的时间分配不是很合理、技能目标不够具体。

3. 学期课表编排及各院系教师及学生课表发放

虽然因2016级学生分专业，致使本学期课表在上学期放假前未能编排，但教学中心及各院系（部）教务人员克服一切困难，在开学前一周将课表基本编排好，确保开课前各院系教师、学生课表发放及时，同时也为各位院领导提供了开课第一天的教师课表，并为院领导准备了听课记录表。

4. 多媒体教室、普通教室的桌椅、教学用具等相关教学设备准备情况

开课前一周教学中心汇同各院系（部）及其他相关部门，对以上进行检查，开课前所有教室、教学用具和相关教学设备准备齐全，达到开课要求，但也存在着部分多媒体设备无法正常使用的情况。

5. 教材到位情况

开课第一天，教学中心对各院系征订教材和校本教材的到位情况进行了统计，结果见表3-30。

表3-30 教材统计表

院系	征订教材		校本教材		教材到位率/%	
	征订数	到位数	开发数	到位数	征订教材	校本教材
长江学院	6	6	30	15	100	50
黄河学院	7	0	30	2	0	6.67
地理学院	12	1	15	14	8.33	93.33
黄海学院	6	6	40	3	100	7.50
淮海学院	27	9	27	5	33.33	18.52
东方学院	16	14	17	2	87.5	11.76
外语学院	29	15	10	7	51.72	70
长城学院	19	6	23	11	31.58	47.83
文艺学院	45	6	13	5	13.33	38.46
体育学院	0	0	5	2	100	40
合计	167	63	210	66	37.72	31.43

另外，2月23日教学中心经图书馆了解，本学期各院系共征订本学期征订教材124种，现约有40种未到位，到位率近70%；未到位的原因是征订的太晚。经过图书馆的校本教材148门，印刷结果图书馆不清楚；经印刷厂了解到目前送印刷厂的教材只有50门未印。

6. 实训教学安排及准备情况

本学期全院实训项目共111项，通过各院系了解到，各实训项目的时间、地点及教师均已作安排，近期实训的项目所用材料及其他准备工作也已落实。

7. 教师说课

常规要求，新学期开课第一节课，每个教师都须说课，各院系对此已作安排，开课第一天，院领导据教学中心提供的课表，走进课堂，对教师的说课情况进行听课，也对教师说课情况进行了评价反馈。部分教师存在着说课不到位的情况。

8. 开课第一天教学秩序检查情况

为确保教学秩序的稳定，开课第一天，教学中心和各院系分别对每节课的教师及学生到位情况进行检查，从检查情况看，大部分教师准备充分，精神饱满，除个别教师临时调课外（已事先办理调课手续），其他均按时到岗进行授课，学生方面，除个别2016级学生因对专业分班不清楚而找不到教室外，大部分学生能按时到位，整体上教学秩序正常，教学纪律良好，无教学事故发生，开课第一天教学秩序检查统计，见表3-31。

表3-31 学生到课统计表
2016—2017学年第二学期开课第一天学生到课情况统计

院系	应到人次	实到人次	请假人次	旷课人次	迟到人次	到课率/%	旷课率/%	迟到率/%
长江学院	229	223	6	0	0	97	0	0
黄河学院	96	84	11	1	1	88	1	1
地理学院	415	397	13	5	0	96	1	0
黄海学院	833	793	43	0	0	95	0	0
淮海学院	359	335	11	13	4	93	3	1
东方学院	68	66	2	0	2	98	0	3
外语学院	96	90	6	0	0	94	0	0
长城学院	87	83	4	0	0	96	0	0
文艺学院	28	28	0	0	0	100	0	0
体育学院	594	555	25	14	6	94	2	1
汇总	2 777	2 623	121	33	13	95	1	0.5

9. 学生返校报到情况

为了解开学学生返校报到情况，教学中心对各院系学生返校情况进行了解并统计，全院高职学生返校报到率达97%，各院系情况统计，见表3-32。

表 3-32　学生报到率统计表

2016—2017 学年第二学期学生返校报到统计

院系名称	应到人数	实到人数	请假人数	报到率/%
长城学院	220	213	7	96.82
黄海学院	893	838	55	93.84
长江学院	199	195	4	97.99
黄河学院	108	98	5	90.74
东方学院	149	134	12	89.93
体育学院	2 987	2 915	72	97.59
外语学院	251	230	21	91.63
淮海学院	708	691	17	97.60
文艺学院	76	76	0	100.00
地理学院	422	405	20	95.97

三、存在的问题及原因分析

1. 教材到位不很及时

不管是征订教材还是校本教材，到位率相对较低，其原因是上学期因涉及 2016 级学生分专业，致使教学任务下达延迟，教材征订时间也相对较晚，另外校本教材方面，虽大部分院系提前一周将教材送达印刷厂，但因时间相对集中，印刷厂一时印不过来。

2. 教学异常情况

开课第一天第一节课 2016 级工民建 3、4 班学生未能按时找到教室。经了解，因地理学院对 2016 级工民建专业由原来排课时的 6 个小班在开课前一天下午又分成 3 个班，由于地理学院和体育学院沟通的问题，致使 2016 级工民建 3、4 班学生走错教室，对此教学中心汇同体育学院和地理学院及时将问题解决。

3. 教与学状态情况

从教师的状态看，经过一个假期的调整与准备，绝大多数教师能以更饱满的热情投入教学，并且方法得当，能够很好地吸引学生；但也存在个别教师说课乏味、授课枯燥的现象。

从学生的状态看，仍有较大数量的学生未能从假期状态调整到正常学习状态，上课听讲未进入状态，自习的积极性不高。

总之，新学期开课，在各院系（部）和教学中心的共同努力下，各项准备工作到位，确保了新学期开课第一天教学秩序的井然，为本学期各项教学工作的开展奠定了良好的基础。

天文学院教学中心
2017 年 2 月 24 日

案例 3-53

关于《招生就业工作专题会议》的评价报告

一、招生就业工作会议概述

2017年3月5日下午，由招生就业中心组织承办的招生就业工作专题会议在工业中心召开，所有学院领导都参加了会议。会议由孙爱荣副院长主持，李保城主任做《招生就业工作报告》。专题会议评价小组对招生就业中心在会前、会中、会后的准备、执行情况的信息进行了动态的收集。

专题会议评价小组应到12人，实到12人。

二、会议评价概述

专题会议评价小组依据鲁科职院字〔2015〕12号文件的规定，对本次会议进行了评价，具体情况如下：

（一）会议期间科学调度、合理安排，按照既定程序有序进行

1. 会议组织

会议按时召开，参会人员按时参加（计划应到231人，实到249人），会议程序符合规定要求。

2. 形势政策分析

报告对2017年招生就业工作的政策（例如：2017年高考政策变化、山东省实施未就业高校毕业生实名登记制管理等）进行了解读，对招生就业面临的形势（例如：2017年各校纷纷调整招生措施、全国毕业生总量不减等）进行了简述。

3. 工作的绩效及分析

报告对2016年招生就业工作取得的成绩从"实现招生规模增长、认真做好调研分析决策、合理设置招生计划、加强招生校校合作、调整招生队伍，加强机制管理、做好招生宣传工作、扎实推进就业工作，提高就业质量、多渠道搭建就业平台，不断拓展就业渠道"八个方面进行了阐述，总结了工作中先进的经验做法，数据翔实，有理有据。

4. 调查企业师生建议意见反馈及拟采取的措施

报告对毕业生就业满意率进行了调研统计，但未对调研数据进行分析，未提出整改措施。

5. 三年来每年各项目标量化对比

报告用表格的形式对2014—2016年的三年招生计划数、录取数、报到数、报到率、就业率、就业满意度进行了量化对比，数据翔实。

6. 规章制度的变更和制订

针对学院师生建议和反馈意见，报告修订完善了《2017年进一步加强招生就业工作的实施意见》。

7. 工作存在的主要问题及拟采取的措施

报告未对2016年招生就业工作中存在的主要问题进行分析，无相应的预防、纠正措施。

8. 审核的结果及纠正措施
报告中没有提及 2016 年的内审情况。

9. 目标完成情况及拟采取的预防纠正措施
报告对 2016 年的部门目标完成情况进行了说明，但未制订相关的预防纠正措施。

10. 本年度目标及计划措施
报告中针对招生就业工作面临的严峻形势，明确了 2017 年招生就业工作的目标，拟定了"做好专业培养与社会用工对接、加强招生宣传队伍管理、深化就业跟踪指导工作、聚焦重点群体、着力做好困难毕业生帮扶和就业援助"等十四项重点工作，措施的针对性、可操作性较强。

（二）本次会议《招生就业工作报告》需要改进的地方

① 报告对招生工作的形势分析不够（例如：有关生源方面的分析不到位等）。

② 报告中缺乏对工作中存在问题或不足的分析。

③ 报告中缺少对三年来分类型招生、分省招生、投档分数线、单招情况、优质就业单位拓展情况的数据对比。另外，报告中没有对各省毕业生数走势、学生流失率进行对比分析，也没有提出应采取的预防、纠正措施。

④ 调研工作不全面，例如：没有到企业去对我校毕业生在企业的工作情况，包括专业是否对口、学生对企业的适应能力、创新精神、遵法守纪、工作态度及企业对学生的需求等方面进行调研；没有针对教师在就业方面、针对学生在招生方面的调研情况。另外，报告未对调研数据进行分析，未提出整改措施。

⑤ 相关制度的变更发布不及时，尚未挂到学院 FTP 上。

⑥ 报告未对 2016 年招生就业工作中存在的主要问题进行分析，无相应的预防、纠正措施。

⑦ 报告对部分系部未完成招生就业目标的情况，没有分析论述，也缺乏具体的应对措施。

⑧ 报告中 2017 年招生就业工作的目标不全面，例如：缺少招生分数、就业专业对口率等方面的目标。

⑨ 报告中缺少对审核结果的分析，无相应的预防、纠正措施。

⑩ 先进集体和个人的评选标准未及时公布，评优的各种数据没有公示。

⑪ 工作报告的定稿时间为 2017 年 3 月 4 日，不符合鲁科职院字〔2015〕12 号文件规定。

⑫ 工作报告中 2016 年工作回顾篇幅过长，占工作报告的 41.6%，不符合鲁科职院字〔2015〕12 号文件的要求。

三、会议评价得分

专题会议工作评价小组初步评审得分：67.78。

天文学院专题会议工作评价小组
2017 年 3 月 7 日

案例 3-54

服装企业应用"9.1.3 分析评价"案例

（1）收集和分析适当的数据，评价质量管理体系的适宜性和有效性，并识别实施改进的机会，使用时可采用调查表、矩阵表等。

（2）生产部负责数据分析的控制，各职责部门负责所承担过程的相关数据的收集和分析工作。

（3）数据收集，具体如下：

a）行政部负责收集与质量管理体系运行绩效和有效性以及改进的需求信息，策划是否得到有效实施，以及针对风险和机遇所采取措施的有效性；

b）生产部及分厂负责收集生产过程控制和生产任务完成情况有关的信息；

c）生产部质检负责收集与产品质量有关的信息；

d）业务部负责收集有关顾客满意方面的信息等；

e）业务部采购负责收集有关供方的信息等；

f）生产部技术负责收集与工艺技术和新产品研发完成情况有关的信息。

（4）数据分析，具体如下：

各部门对收集到的数据和信息每半年汇总分析一次以寻找改进机会。生产部要对各部门数据分析情况进行检查，并做记录。

（5）记录包括各类统计表。

思考题

请以学校为例，分析评价的内容有哪些。

二、内部审核

GB/T 19001—2016 标准条款内容：

9.2 内部审核

9.2.1 组织应按照策划的时间间隔进行内部审核，以提供质量管理体系的下列信息：

a）是否符合：
——组织自身的质量管理体系的要求；
——本标准的要求；

b）是否得到有效实施和保持。

9.2.2 组织应：

a）依据有关过程的重要性，对组织产生影响的变化和以往的审核结果，策划、制订、实施和保持审核方案，包括审核的频次、方法、职责、策划要求和报告；

b）确定每次审核的审核准则和范围；

c）选择审核员和实施审核，确保审核过程的客观公正；

> d) 确保将审核结果报告给相关管理者；
> e) 及时采取适当的纠正和纠正措施；
> f) 保留成文信息，作为审核方案实施和审核结果的证据。
> 注：见 ISO 19011 管理体系审核指南。

内部审核是为了判定质量管理体系是否符合组织对质量管理工作的预定安排和 GB/T 19001—2016 的要求；是否得到了恰当的实施和保持；是否有效满足组织的方针和目标，并确定质量管理体系的符合性和有效性。

组织按计划的时间间隔实施内部审核，一般情况下每年一次，每次间隔不超过 12 个月。

组织应建立、实施并保持内部审核方案，包括实施审核的频次、方法、职责、策划要求和内部审核报告。

建立内部审核方案时，必须考虑相关过程的重要性、影响组织的变化以及以往审核的结果。

负责内部审核的主控部门（如办公室）应：

第一，规定每次审核的准则和范围；

第二，选择审核员并实施审核，确保审核过程的客观性与公正性；

第三，确保向相关管理者报告审核结果。

应保留成文信息，作为审核方案实施和审核结果的证据。

一般情况下，管理者代表负责审批内部审核方案、审核实施计划和内部审核报告，组织内部审核。

内部审核主控部门（如办公室）负责内部审核的归口管理，编制组织内部审核方案和审核实施计划，开展内部审核，对纠正措施的有效性进行跟踪验证，保存审核记录。

审核组负责按照审核实施计划实施审核，编制检查表，客观公正地进行现场审核；提出不合格项报告，编写审核报告并对不合格项纠正措施的有效性进行跟踪验证。

组织内各部门按照审核计划及审核要求接受审核，对发现的不合格项进行原因分析，制订和实施纠正措施与预防措施，并按期完成。

一般情况下，往往由组织的管理者代表负责确定审核组长，组建审核组。

内部审核主控部门（如办公室）负责按照组织的内审计划的安排，制订组织内部审核实施计划，报管理者代表批准后实施审核。

每年至少应组织进行一次内部审核。内部审核应覆盖质量管理体系全部要素和所有部门。审核组应按内部审核控制程序开展内部审核。内部审核中发现的不合格，由内审员开具不合格纠正与预防措施报告，明确不合格事实、不合格标准条款和条款内容，以及完成期限等事项，并对纠正措施的有效性进行验证。

受审核部门应根据内审控制程序，采取纠正措施和预防措施。

审核组长负责组织编写内部审核报告，报管理者代表批准后按审核报告分发清单下发至受审核部门。

内部审核报告应作为管理评审和管理体系持续改进的输入信息。

案例 3-55

天文学院内部质量审核控制程序

1. 目的

验证学院质量管理体系是否符合标准要求,是否符合本院的实际,确保质量管理体系得到有效实施和保持,并为质量管理体系的不断完善提供依据。

2. 适用范围

本程序适用于学院质量管理体系内部审核的控制。

3. 职责

3.1 院长负责批准学院年度内部审核计划。

3.2 管理者代表负责审核年度内部审核计划,批准每次内部审核实施计划和内部审核报告;负责组织主持内部审核工作,任命审核组长和审核员;负责批准不合格项纠正与预防措施方案,并协调解决纠正措施实施中的问题。

3.3 质量管理办公室负责本程序的编制、修订并归口管理;负责编制学院年度内部审核计划;负责首、末次会议的记录;负责保存内部审核的所有记录;负责组织对纠正措施的实施效果进行跟踪验证。

3.4 审核组长负责组织编制内部审核实施计划和审核检查表,准备现场审核依据的文件、记录和不合格项报告等工作文件;负责按内部审核实施计划推进内部审核,主持首次会议和末次会议;负责编制内部审核报告,向质量管理办公室提交内部审核的全部资料。

3.5 审核员负责做好现场审核记录,填写现场审核检查表,对不合格标准要求的方面开具不合格项报告;负责对纠正和预防措施的实施情况及效果进行跟踪验证。

3.6 各受审核部门负责配合审核工作的开展,对本部门的不合格项制订纠正和预防措施并组织实施。

4. 工作程序

4.1 按本程序要求进行内部审核。

4.2 编制年度内部审核计划。

4.2.1 根据拟审核的活动和区域状况的重要程度及以往审核的结果,年初由质量管理办公室负责策划本年度审核方案,编制《年度内部审核计划》,确定审核的范围、频次和方法,报管理者代表审核,院长批准后实施。

4.2.2 年度内部审核计划的内容包括:审核目的、范围、依据和方法以及受审核单位、部门及审核时间。

4.2.3 审核的频次和时机。

一般情况下学院年度内部审核,每年至少进行一次。遇到下列情况时,应由管理者代表决定追加审核并加大审核力度:

a) 学院的管理体制和组织机构发生重大变化时;

b) 学院发生了重大质量事故或顾客、相关方有投诉和连续抱怨时;

c) 法律法规及其他外部要求发生修改或变更时;

d) 在接受第二、三方审核之前。

4.3 审核准备。

4.3.1 成立审核组。

a) 由管理者代表任命审核组组长和审核员,成立审核组。

b) 审核组长和审核组成员必须是经过质量管理体系内审员培训班培训,并通过考试合格取得证书的人员,且与受审核部门和活动无直接责任关系,独立于受审核部门。

c) 审核组长应明确各审核人员的职责,并按计划进行组内分工。

4.3.2 编制审核实施计划。

4.3.2.1 《内部审核实施计划》由审核组长负责编制,报管理者代表批准,其基本内容包括:

a) 审核目的、范围、方法、依据、要求;

b) 内部审核的日程安排;

c) 审核组的成员;

d) 首、末次会议时间、地点;

e) 审核报告分发范围和日期等。

4.3.2.2 《内部审核实施计划》的发放范围:学院领导层、所有受审核部门、审核组成员。

4.3.3 收集并审阅文件,审核员在进行内审前,应编写检查表(见表 3-33)收集并审阅以下文件:

a) GB/T 19001:2008 标准;

b) 学院质量管理体系文件。

表 3-33 检查表

受审核方:天文医学院		审核时间:2016 年 9 月 12 日 8:00—17:00
过程要求	检查清单	审核记录(不合格描述用 N 标记)
1. 理解组织及其环境	① 本部门的宗旨是什么?查该宗旨的批准文件。 ② 影响本部门实现预期目标的因素有哪些? ③ 上述因素是否得到本部门领导小组的认可?查文件化信息。 ④ 在教学和学生管理方面,国家主管部门有哪些法律法规或者文件要求? ⑤ 咱们学院的竞争对手是谁?他们在学生管理方面的优势和不足各是什么?如何获取这些信息?查文件化信息。 ⑥ 影响我们学院教学和学生管理的技术手段有哪些? ⑦ 我们部门人员的哪些能力对实现部门的目标有影响?	

续表

过程要求	检查清单	审核记录（不合格描述用 N 标记）
2. 理解相关方的需求和期望	① 我们学院的相关方有哪些？ ② 相关方的需求有哪些？ ③ 通过什么渠道获取的？查文件化信息。	
3. 方针	① 我们部门的质量方针是什么？是否形成文件化信息？ ② 抽查二位员工，是否知道该部门的方针？ ③ 该质量方针是如何得到贯彻实施的？	
4. 组织的角色职责和权限	① 本部门有哪些岗位？ ② 查各岗位是否规定了职责和权限？ ③ 抽查二人，问其职责是什么？ ④ 职责的分配如何确保以顾客为关注焦点？	
5. 应对的风险和机遇	① 针对 1. 和 2. 的风险，采取了哪些措施？查文件化信息。 ② 这些措施的效果如何？查文件化信息。	
6. 质量目标及其实现的策划	① 是否拟定了本部门的质量目标？ ② 每个岗位是否都有自己的目标？是否实现？	
7. 人员	本部门的人员的能力和学历是否使本部门的各过程得到有效控制？	
8. 基础设施	① 百名学生配多媒体教室座位数不低于 7 个。 ② 新增科研仪器设备不低于 10%。 ③ 百名学生配计算机 10 台。 ④ 生均宿舍面积不低于 6.5 平方米。 ⑤ 生均设备值不低于 5 000 元。 ⑥ 实验室满足教学的要求。	
9. 能力	① 是否制订了各岗位任职资格要求？ ② 本部门培训计划及其执行情况，包括：青年教师培训和专业发展，提高教师的教学水平和能力及其具体措施。 ③ 高校教师资格证书比例是多少？ ④ 师生比是否是 16:1？	

续表

过程要求	检查清单	审核记录（不合格描述用 N 标记）
9. 能力	⑤ 专任教师中硕士博士学位比例是否超过 50%？ ⑥ 高级职称教师占专任教师不低于 20%。 ⑦ 主讲教师具有讲师比例的人员是否超过 90%？ ⑧ 教师的年龄、学历、专业技术职称结构是否合理？ ⑨ 辅导员数量和学生的比例是否是 1∶200？ ⑩ 是否开展了教学团队建设和专业带头人培养工作？查记录。	
10. 意识	① 询问工作人员质量方针是什么？含义是什么？ ② 自己的质量目标是什么？ ③ 如何提高员工的服务意识？	
11. 过程运行环境	如何确定并维护过程运行环境？（社会因素、物理因素、心理因素）（无歧视、平和、无对抗；减轻压力、预防疲劳、情感保护；温度、湿度等）	
12. 监视和测量资源	① 学生和教师都进行哪些监督检查？ ② 查监督检查记录。	
13. 组织的知识	本部门有哪些需要保护的知识或人才防止外流？	
14. 沟通	和师生及用人单位如何沟通？由谁负责？	
15. 成文信息	① 文件和记录控制清单，文件和记录是否都有编号？ ② 抽查两份文件和记录是否在 2 分钟内找到？ ③ 文件是否都得到批准？ ④ 记录是否都有记录人、记录时间？字迹是否清晰？ ⑤ 查相关文件是否发放到院系？查记录。 ⑥ 是否建立了收发文登记？ ⑦ 作废文件是如何控制的？	

续表

过程要求	检查清单	审核记录（不合格描述用 N 标记）
16. 运行和策划控制	① 教学和学生管理方面建立了哪些文件以确保教育教学质量？ ② 上述这些文件是如何实施的？ ③ 在教师数量、质量及辅导员的数量和质量方面采取了哪些措施保证教育教学的效果？	
17. 顾客沟通	① 顾客有哪些？ ② 上述顾客沟通渠道。 ③ 沟通内容，查记录。 ④ 顾客投诉有哪些？怎么处理的？	
18. 产品与服务的确定	① 如何确定人才培养方案？具体要求有哪些？ ② 人文社会科学类实践教学占总学时不低于 20%；理工农医不低于 25%。 ③ 采取了什么措施满足上述要求？	
19. 总则	① 我们学院是否有课程、教学改革设计开发？ ② 是否有足够的选修课？	
20. 设计开发的策划	查课程改革立项书是否包含： ① 设计开发的各个阶段。 ② 每个阶段的责任人及其职责。 ③ 每个阶段所需的内外部资源。 ④ 每个阶段所需的评审验证和确认。	
21. 设计和开发的输入	① 是否明确了课程的目标和任务？ ② 开发本课程所依据的标准是什么？ ③ 法律法规要求有哪些？	
22. 设计开发的控制	是否按照立项书的要求实施了评审验证和确认活动？	
23. 设计和开发的输出	是否对已经设计开发出来的课程对照立项书的要求实施了评价？	
24. 设计开发的更改	① 是否对课程有更改？ ② 如有更改，在更改后，是否有评审和批准？	

续表

过程要求	检查清单	审核记录（不合格描述用 N 标记）
25. 生产和服务提供的控制	① 查老师和辅导员是否知道教学管理文件及其要求？如：课程标准。 ② 对老师和辅导员的工作如何进行监督检查？查记录。 ③ 采取哪些措施把好老师上讲台关？ ④ 采取哪些措施提高老师的教学质量？ ⑤ 符合怎样的条件才算一堂合格的课堂？ ⑥ 达到怎么样的条件，学生才可以毕业？ ⑦ 实验开出率达到教学大纲要求的 90%。 ⑧ 是否开展了大学生学习指导？ ⑨ 职业生涯规划指导。 ⑩ 创业教育指导。 ⑪ 就业指导与服务。 ⑫ 家庭困难学生资助。 ⑬ 心理健康咨询。 ⑭ 跟踪毕业生发展情况的制度及实施情况。	
26. 标识和可追溯性	学生的档案及考试不及格的同学如何标识？	
27. 顾客和外部供方的财产	学生的档案及成绩如何保存？	
28. 防护	采取哪些措施确保了学生在校（公寓、饮食）、交通、实习的安全？	
29. 交付后活动	学生毕业后如何跟踪？	
30. 总则	对教师和辅导员的工作质量如何进行监督检查？查文件化信息。	
31. 顾客满意	顾客满意度调查和分析，查分析报告，是否包含纠正措施？查实施情况。	
32. 分析和评价	① 学生评教、同行评教、督导组评教。 ② 社会评价。 ③ 初次就业率达到全省平均水平。	
33. 不合格和纠正措施	① 针对未完成的目标采取了哪些措施？ ② 对于不能胜任工作的员工是如何处理的？查记录。	

案例 3-56

山东天文学院内部审核检查表

内审检查，见表 3-34。

表 3-34　内部审核检查表

受审核方		山东天文学院		地址	天文市天文路 88888 号	
联系电话				传真		联系人
审核依据		■ ISO 9001：2015 质量管理体系　要求				
审核类型		■QMS　内部审核				
审核目的		判断我院的质量管理体系是否符合：①组织自身的质量管理体系要求；②本标准的要求；③是否得到有效的实施和保持				
审核日期		2016 年 5 月 4 日至 5 月 6 日　共 3 天				
审核范围（含删减）		全校所有教学、行政、后勤保障部门				
分工		姓名	资格/专业			联系电话
组长	A	王亮	内审员	高等教育		123456
组员	B	李苗	内审员	高等教育		123546
组员	C	赵虎	内审员	高等教育		123645
组员	D	侯洋	内审员	高等教育		123654
组员	E	吴明	内审员	高等教育		142536
组员	F	谢芳	内审员	高等教育		152346
组员	G	朱铭	内审员	高等教育		162345
组员	H	周铭	内审员	高等教育		213456
组员	I	薛亮	内审员	高等教育		231456
组员	J	杨丽	内审员	高等教育		261345
说明		1. 请各部门根据本计划做好审核准备，并与审核组成员联系； 2. Q 表示质量管理体系				

受审核方（公章）： 管理者代表（签字）： 　　　　　　　　　年　月　日	审核组长（签字）： 　　　　　　　　　年　月　日

案例 3-57

山东天文学院内部审核计划

内部审核计划，见表 3-35。

表 3-35 内部审核计划

审核日程安排：

时间	受审核部门	受审核过程（子过程）	审核员
5.4 8:00—17:00	全体	首次会议 组长主持，全体内审员参加	全体
5.4 8:00—17:00	招生办	4.1－4.2－5.1.2－5.3－6.1－6.3－7.1.2－7.1.3－7.1.4－7.1.5－7.1.6－7.2－7.3－7.4－7.5－8.2.1－8.2.2－8.2.3－8.4－8.5.1－8.5.4－8.5.5－8.6－8.7.1－8.7.2－9.1.2－9.1.3－10.2.1－10.2.2－10.3	A
5.4 8:00—17:00	人事处	4.1－4.2－5.1.2－5.3－6.1－6.3－7.1.2－7.1.3－7.1.4－7.1.5－7.1.6－7.2－7.3－7.4－7.5－8.2.1－8.2.2－8.2.3－8.4－8.5.1－8.5.4－8.5.5－8.6－8.7.1－8.7.2－9.1.2－9.1.3－10.2.1－10.2.2－10.3	B
5.4 8:00—17:00	保卫处	4.1－4.2－5.1.2－5.3－6.1－6.3－7.1.2－7.1.3－7.1.4－7.1.5－7.1.6－7.2－7.3－7.4－7.5－8.2.1－8.2.2－8.2.3－8.4－8.5.1－8.5.4－8.5.5－8.6－8.7.1－8.7.2－9.1.2－9.1.3－10.2.1－10.2.2－10.3	C
5.4 8:00—17:00	组织部	4.1－4.2－5.1.2－5.3－6.1－6.3－7.1.2－7.1.3－7.1.4－7.1.5－7.1.6－7.2－7.3－7.4－7.5－8.2.1－8.2.2－8.2.3－8.4－8.5.1－8.5.4－8.5.5－8.6－8.7.1－8.7.2－9.1.2－9.1.3－10.2.1－10.2.2－10.3	D
5.4 8:00—17:00	科研处	4.1－4.2－5.1.2－5.3－6.1－6.3－7.1.2－7.1.3－7.1.4－7.1.5－7.1.6－7.2－7.3－7.4－7.5－8.2.1－8.2.2－8.2.3－8.4－8.5.1－8.5.4－8.5.5－8.6－8.7.1－8.7.2－9.1.2－9.1.3－10.2.1－10.2.2－10.3	E
5.4 8:00—17:00	就业办	4.1－4.2－5.1.2－5.3－6.1－6.3－7.1.2－7.1.3－7.1.4－7.1.5－7.1.6－7.2－7.3－7.4－7.5－8.2.1－8.2.2－8.2.3－8.4－8.5.1－8.5.4－8.5.5－8.6－8.7.1－8.7.2－9.1.2－9.1.3－10.2.1－10.2.2－10.3	F
5.4 8:00—17:00	财务处	4.1－4.2－5.1.2－5.3－6.1－6.3－7.1.2－7.1.3－7.1.4－7.1.5－7.1.6－7.2－7.3－7.4－7.5－8.2.1－8.2.2－8.2.3－8.4－8.5.1－8.5.4－8.5.5－8.6－8.7.1－8.7.2－9.1.2－9.1.3－10.2.1－10.2.2－10.3	G
5.4 8:00—17:00	纪委	4.1－4.2－5.1.2－5.3－6.1－6.3－7.1.2－7.1.3－7.1.4－7.1.5－7.1.6－7.2－7.3－7.4－7.5－8.2.1－8.2.2－8.2.3－8.4－8.5.1－8.5.4－8.5.5－8.6－8.7.1－8.7.2－9.1.2－9.1.3－10.2.1－10.2.2－10.3	H
5.4 8:00—17:00	图书馆	4.1－4.2－5.1.2－5.3－6.1－6.3－7.1.2－7.1.3－7.1.4－7.1.5－7.1.6－7.2－7.3－7.4－7.5－8.2.1－8.2.2－8.2.3－8.4－8.5.1－8.5.4－8.5.5－8.6－8.7.1－8.7.2－9.1.2－9.1.3－10.2.1－10.2.2－10.3	I

续表

时间	受审核部门	受审核过程（子过程）	审核员
5.4 8:00—17:00	资产处	4.1－4.2－5.1.2－5.3－6.1－6.3－7.1.2－7.1.3－7.1.4－7.1.5－7.1.6－7.2－7.3－7.4－7.5－8.2.1－8.2.2－8.2.3－8.4－8.5.1－8.5.4－8.5.5－8.6－8.7.1－8.7.2－9.1.2－9.1.3－10.2.1－10.2.2－10.3	J
5.5 8:00—17:00	院办	4.1－4.2－5.1.2－5.3－6.1－6.3－7.1.2－7.1.3－7.1.4－7.1.5－7.1.6－7.2－7.3－7.4－7.5－8.2.1－8.2.2－8.2.3－8.4－8.5.1－8.5.4－8.5.5－8.6－8.7.1－8.7.2－9.1.2－9.1.3－10.2.1－10.2.2－10.3	A
5.5 8:00—17:00	学生处	4.1－4.2－5.1.2－5.3－6.1－6.3－7.1.2－7.1.3－7.1.4－7.1.5－7.1.6－7.2－7.3－7.4－7.5－8.2.1－8.2.2－8.2.3－8.4－8.5.1－8.5.4－8.5.5－8.6－8.7.1－8.7.2－9.1.2－9.1.3－10.2.1－10.2.2－10.3	B
5.5 8:00—17:00	教务处	4.1－4.2－5.1.2－5.3－6.1－6.3－7.1.2－7.1.3－7.1.4－7.1.5－7.1.6－7.2－7.3－7.4－7.5－8.2.1－8.2.2－8.2.3－8.3.2－8.3.3－8.3.4－8.3.5－8.3.6－8.4－8.5.1－8.5.4－8.5.5－8.6－8.7.1－8.7.2－9.1.2－9.1.3－10.2.1－10.2.2－10.3	C
5.5 8:00—17:00	产业办	4.1－4.2－5.1.2－5.3－6.1－6.3－7.1.2－7.1.3－7.1.4－7.1.5－7.1.6－7.2－7.3－7.4－7.5－8.2.1－8.2.2－8.2.3－8.4－8.5.1－8.5.4－8.5.5－8.6－8.7.1－8.7.2－9.1.2－9.1.3－10.2.1－10.2.2－10.3	D
5.5 8:00—17:00	后勤处	4.1－4.2－5.1.2－5.3－6.1－6.3－7.1.2－7.1.3－7.1.4－7.1.5－7.2－7.3－7.4－7.5－8.2.1－8.2.2－8.2.3－8.4－8.5.1－8.5.4－8.5.5－8.6－8.7.1－8.7.2－9.1.2－9.1.3－10.2.1－10.2.2－10.3	E
5.5 8:00—17:00	公寓办	4.1－4.2－5.1.2－5.3－6.1－6.3－7.1.2－7.1.3－7.1.4－7.1.5－7.1.6－7.2－7.3－7.4－7.5－8.2.1－8.2.2－8.2.3－8.4－8.5.1－8.5.4－8.5.5－8.6－8.7.1－8.7.2－9.1.2－9.1.3－10.2.1－10.2.2－10.3	F
5.5 8:00—17:00	培训处	4.1－4.2－5.1.2－5.3－6.1－6.3－7.1.2－7.1.3－7.1.4－7.1.5－7.1.6－7.2－7.3－7.4－7.5－8.2.1－8.2.2－8.2.3－8.4－8.5.1－8.5.4－8.5.5－8.6－8.7.1－8.7.2－9.1.2－9.1.3－10.2.1－10.2.2－10.3	G
5.5 8:00—17:00	膳食办	4.1－4.2－5.1.2－5.3－6.1－6.3－7.1.2－7.1.3－7.1.4－7.1.5－7.2－7.3－7.4－7.5－8.2.1－8.2.2－8.2.3－8.4－8.5.1－8.5.4－8.5.5－8.6－8.7.1－8.7.2－9.1.2－9.1.3－10.2.1－10.2.2－10.3	H
5.5 8:00—17:00	国际交流中心	4.1－4.2－5.1.2－5.3－6.1－6.3－7.1.2－7.1.3－7.1.4－7.1.5－7.1.6－7.2－7.3－7.4－7.5－8.2.1－8.2.2－8.2.3－8.4－8.5.1－8.5.4－8.5.5－8.6－8.7.1－8.7.2－9.1.2－9.1.3－10.2.1－10.2.2－10.3	I

续表

时间	受审核部门	受审核过程(子过程)	审核员
5.5 8:00—17:00	信息办	4.1 – 4.2 – 5.1.2 – 5.3 – 6.1 – 6.3 – 7.1.2 – 7.1.3 – 7.1.4 – 7.1.5 – 7.1.6 – 7.2 – 7.3 – 7.4 – 7.5 – 8.2.1 – 8.2.2 – 8.2.3 – 8.4 – 8.5.1 – 8.5.4 – 8.5.5 – 8.6 – 8.7.1 – 8.7.2 – 9.1.2 – 9.1.3 – 10.2.1 – 10.2.2 – 10.3	J
5.6 8:00—12:00	体育部	4.1 – 4.2 – 5.1.2 – 5.3 – 6.1 – 6.3 – 7.1.2 – 7.1.3 – 7.1.4 – 7.1.5 – 7.1.6 – 7.2 – 7.3 – 7.4 – 7.5 – 8.2.1 – 8.4 – 8.5.1 – 8.5.4 – 8.5.5 – 8.6 – 8.7.1 – 8.7.2 – 9.1.2 – 9.1.3 – 10.2.1 – 10.2.2 – 10.3	A
5.6 13:00—17:00	中专部	4.1 – 4.2 – 5.1.2 – 5.3 – 6.1 – 6.3 – 7.1.2 – 7.1.3 – 7.1.4 – 7.1.5 – 7.1.6 – 7.2 – 7.3 – 7.4 – 7.5 – 8.2.1 – 8.4 – 8.5.1 – 8.5.4 – 8.5.5 – 8.6 – 8.7.1 – 8.7.2 – 9.1.2 – 9.1.3 – 10.2.1 – 10.2.2 – 10.3	A
5.6 8:00–12:00	生化系	4.1 – 4.2 – 5.1.2 – 5.3 – 6.1 – 6.3 – 7.1.2 – 7.1.3 – 7.1.4 – 7.1.5 – 7.1.6 – 7.2 – 7.3 – 7.4 – 7.5 – 8.2.1 – 8.4 – 8.5.1 – 8.5.4 – 8.5.5 – 8.6 – 8.7.1 – 8.7.2 – 9.1.2 – 9.1.3 – 10.2.1 – 10.2.2 – 10.3	C
5.6 13:00—17:00	纺织系	4.1 – 4.2 – 5.1.2 – 5.3 – 6.1 – 6.3 – 7.1.2 – 7.1.3 – 7.1.4 – 7.1.5 – 7.1.6 – 7.2 – 7.3 – 7.4 – 7.5 – 8.2.1 – 8.4 – 8.5.1 – 8.5.4 – 8.5.5 – 8.6 – 8.7.1 – 8.7.2 – 9.1.2 – 9.1.3 – 10.2.1 – 10.2.2 – 10.3	C
5.6 8:00—17:00	信息系	4.1 – 4.2 – 5.1.2 – 5.3 – 6.1 – 6.3 – 7.1.2 – 7.1.3 – 7.1.4 – 7.1.5 – 7.1.6 – 7.2 – 7.3 – 7.4 – 7.5 – 8.2.1 – 8.4 – 8.5.1 – 8.5.4 – 8.5.5 – 8.6 – 8.7.1 – 8.7.2 – 9.1.2 – 9.1.3 – 10.2.1 – 10.2.2 – 10.3	E
5.6 8:00—17:00	经济系	4.1 – 4.2 – 5.1.2 – 5.3 – 6.1 – 6.3 – 7.1.2 – 7.1.3 – 7.1.4 – 7.1.5 – 7.1.6 – 7.2 – 7.3 – 7.4 – 7.5 – 8.2.1 – 8.4 – 8.5.1 – 8.5.4 – 8.5.5 – 8.6 – 8.7.1 – 8.7.2 – 9.1.2 – 9.1.3 – 10.2.1 – 10.2.2 – 10.3	F
5.6 8:00—17:00	艺术系	4.1 – 4.2 – 5.1.2 – 5.3 – 6.1 – 6.3 – 7.1.2 – 7.1.3 – 7.1.4 – 7.1.5 – 7.1.6 – 7.2 – 7.3 – 7.4 – 7.5 – 8.2.1 – 8.4 – 8.5.1 – 8.5.4 – 8.5.5 – 8.6 – 8.7.1 – 8.7.2 – 9.1.2 – 9.1.3 – 10.2.1 – 10.2.2 – 10.3	G
5.6 8:00—17:00	机械系	4.1 – 4.2 – 5.1.2 – 5.3 – 6.1 – 6.3 – 7.1.2 – 7.1.3 – 7.1.4 – 7.1.5 – 7.1.6 – 7.2 – 7.3 – 7.4 – 7.5 – 8.2.1 – 8.4 – 8.5.1 – 8.5.4 – 8.5.5 – 8.6 – 8.7.1 – 8.7.2 – 9.1.2 – 9.1.3 – 10.2.1 – 10.2.2 – 10.3	H
5.6 8:00—12:00	外语系	4.1 – 4.2 – 5.1.2 – 5.3 – 6.1 – 6.3 – 7.1.2 – 7.1.3 – 7.1.4 – 7.1.5 – 7.1.6 – 7.2 – 7.3 – 7.4 – 7.5 – 8.2.1 – 8.4 – 8.5.1 – 8.5.4 – 8.5.5 – 8.6 – 8.7.1 – 8.7.2 – 9.1.2 – 9.1.3 – 10.2.1 – 10.2.2 – 10.3	I

续表

时间	受审核部门	受审核过程(子过程)	审核员
5.6 8:00—17:00	汽车系	4.1－4.2－5.1.2－5.3－6.1－6.3－7.1.2－7.1.3－7.1.4－7.1.5－7.1.6－7.2－7.3－7.4－7.5－8.2.1－8.4－8.5.1－8.5.4－8.5.5－8.6－8.7.1－8.7.2－9.1.2－9.1.3－10.2.1－10.2.2－10.3	J
5.6 8:00—17:00	建筑系	4.1－4.2－5.1.2－5.3－6.1－6.3－7.1.2－7.1.3－7.1.4－7.1.5－7.1.6－7.2－7.3－7.4－7.5－8.2.1－8.4－8.5.1－8.5.4－8.5.5－8.6－8.7.1－8.7.2－9.1.2－9.1.3－10.2.1－10.2.2－10.3	B
5.6 8:00—17:00	航天系	4.1－4.2－5.1.2－5.3－6.1－6.3－7.1.2－7.1.3－7.1.4－7.1.5－7.1.6－7.2－7.3－7.4－7.5－8.2.1－8.4－8.5.1－8.5.4－8.5.5－8.6－8.7.1－8.7.2－9.1.2－9.1.3－10.2.1－10.2.2－10.3	D
5.6 13:00—17:00	医学系	4.1－4.2－5.1.2－5.3－6.1－6.3－7.1.2－7.1.3－7.1.4－7.1.5－7.1.6－7.2－7.3－7.4－7.5－8.2.1－8.4－8.5.1－8.5.4－8.5.5－8.6－8.7.1－8.7.2－9.1.2－9.1.3－10.2.1－10.2.2－10.3	I
5.6 17:10—17:50	末次会议	组长主持,全体内审员参加	

案例 3-58

山东天文学院内部审核报告

内部审核报告,见表 3-36。

表 3-36 内部审核报告

内部审核报告	
审核目的	判断我院的质量管理体系是否符合:(1)组织自身的质量管理体系要求;(2)本标准的要求;(3)是否得到有效的实施和保持
审核范围	教学、科研、思想政治教育、校务管理和后勤保障服务涉及的各部门
审核依据	(1) ISO 9001:2015 新版质量管理体系要求;(2) 本校 QMS 文件;(3) 相关法律法规
审核组	组长:王虎 组员:徐苗苗、马苗苗、郝苗苗、何苗苗等20位内审员
审核过程概述	本次审核采用滚动审核的方式,从 2016 年 4 月 27 日至 2016 年 5 月 17 日,历时共 21 天,参加审核的审核员共 20 人,共审核了 32 个部门
不合格项目统计与分析	本次审核共发现问题项 195 项。其中,不合格项 115 项,建议项 80 项。存在的主要问题与薄弱环节:见附件2

对质量管理体系的评价与建议	见附件1
要求纠正措施完成时间	2016年6月19日前
报告分发部门	校领导、各部门负责人、内审员

附件1

对我院质量管理体系的评价

学院内部审核小组采用查阅资料、现场观察、询问、查验等方法,对全院所有部门进行了质量管理审核。

本次内审依据ISO 9001:2015版新标准,对关键岗位、重点过程进行了审核,共发现不合格项115项。现将内审情况汇报如下:

(1) 我院已经按照ISO 9001:2015标准建立起了质量管理体系,该体系覆盖了标准的全部内容,基本符合要求。

(2) 质量管理体系在全院各部门都得到了不同程度的运行。各部门负责人具备一定的质量管理意识,重视内审工作,理解实施和保持质量管理体系对部门工作的作用,运行情况出现了"火车头"效应。例如:国际商务外语系、继续教育与培训中心、招生就业中心、膳食服务中心等部门给人留下了很深刻的印象。

(3) 文件控制和记录控制基本符合要求。例如:招生就业中心各项材料整理有序,招生、就业各关键环节的过程材料保留齐全,便于查找。

(4) 全院各部门都制订了质量方针,并在部门内组织了传达。部门人员能理解质量方针的内涵,并按照质量方针的要求开展工作。

(5) 全院各部门的工作职责基本得到了制订并沟通,大部分老师熟悉其职责并认真履行。

(6) 全院各部门内部沟通渠道得到了规定且沟通畅通。

(7) 各部门通过座谈会、问卷调查等方式获得并全力满足相关方的需求。

(8) 各授课老师能认真执行教学计划、教学大纲,并编制了教学实施计划、学期授课计划和实训计划。能坚持定期检查教师备课、讲课、辅导和作业批改情况,能坚持开展教研活动、集体备课。

(9) 通过期初、期中、期末、日常教学检查、教学督导组听评课、教师评教、学生评教等方式对教师教学能力水平、日常教学秩序等涉及学院教学工作运行的关键环节进行监视、评价、分析,强化对教师教育教学过程的管理,提高了教育教学质量。

(10) 各部门制度执行情况较以前有很大的改善,制度执行情况良好,有的部门制度落实到科室和个人,每个岗位都有对应的制度约束,例如:办公室、产业中心。

(11) 各部门针对部门的工作都进行了阶段性分析,针对存在的问题,制订了整改措施并实施。

（12）专任教师的培训主题和形式多样化，建立了专任教师培训档案，高职教育研究与教师发展中心制订了《2016年校本培训计划》，含高职教育创新发展、课程桌面录制设备、互动教室一体机使用、教师信息素养提升、现代职教平台使用技巧、信息化资源管理配需等29项培训项目。针对2015年度教学质量评价后15%～30%的老师，进行单项能力提升培训。

（13）各教学系都制订了针对专任教师的培训计划，并按照计划实施了培训，并对培训效果进行了评价。有的教学部门针对行政管理人员也进行了培训，例如国际商务外语系、五年大专部、经济管理系等；科研与校企合作中心、教学中心每月都进行部门统一的相关政策和业务能力学习，以此来提升部门员工的思想意识和业务能力。

（14）有的部门针对部门面临的风险和机会，制订、实施了应对措施，并进行了有效性评价，例如国际商务外语系。

（15）有的部门针对硬件设备不足、师资力量不足、资金不足的情况，不等不靠，创新工作。

（16）有的部门对于影响本部门发展的制约因素，进行了分析评价，有分析评价记录，并调研、参照同类院校的先进经验提出了建议，例如继续教育与培训中心。

（17）有的部门对检查中发现的问题的整改速度快，如招生就业中心发现部门岗位职责中没有体现"提高本部门全体员工以增强顾客满意为焦点的意识"以及"负责向最高管理者定期汇报质量管理体系的绩效和改进的建议"的工作内容，便及时对岗位职责进行了修订。

（18）针对顾客提出北门安全隐患的问题，安全保卫处通过和交警支队、市公路局、公交公司等多个部门洽谈协商，设置人行道、震荡减速带、协调建设辅道专用通道。对于校园安全隐患，安全保卫处在校园设置减速带，通过每月的安全会议传达老师进校园减速慢行、学生注意安全，是对"以顾客满意为关注焦点"质量管理原则的切身践行。

（19）膳食服务中心严把食品质量安全，所有原材料统一采购，肉类均有检验检疫报告，每天抽取6种蔬菜（净菜）进行农药残留监测，每天对饭菜进行留样，留样记录齐全。

（20）产业中心的大学生创新创业基地已基本按照质量管理体系要求建立起框架。制订了相关的管理制度并得到实施；规定了各岗位职责，职责履行率100%；与顾客沟通渠道畅通；根据入驻条件对入驻公司资格进行严格监督检查并保留审批单，加强对双创基地的各工作室的日常管理监督检查并形成记录。

附件2

本次内审发现的主要问题

我院在国内同行当中，在教育教学管理和探索创新方面已经走在了前面，但同国际优秀学校和国际管理标准相比还存在以下差距：

（1）未针对部门内外情形的相关信息（例如：教育部、省、本校的规章制度指导本部门工作的有利因素和制约因素，兄弟院校的先进经验、做法等）进行监视评审，或监视评审不全。

（2）未针对部门2015年未完成目标进行不合格原因分析。

（3）未针对部门相关方的需求进行分析评价。

（4）针对人才培养方案修订、校本教材，未形成相关策划的文件化信息。

（5）未针对部门相关规章制度执行情况进行监督检查。

（6）大部分部门教职工的业务档案存档不全。

（7）个别部门的岗位任职条件存在"迁就"部门人员的情况。

（8）有的部门未与外聘教师签订协议，或签订不全。

（9）针对部门应对风险和机会的措施的实施效果，未开展有效性评价，或有效性评价流于形式。

（10）未针对部门不合格采取的措施进行有效性评价。

（11）个别部门满意度调查流于形式，抽样偏少，调查内容不能覆盖本部门所有工作，制订的整改措施不充分。

（12）现代职教课程开发立项书中没有明确出每个阶段需要的资源，未对每个阶段结束后进行评价、验证和确认。

（13）未对"每堂课是否合格"提出要求（未制订合格课堂标准）。

（14）个别专任教师尚未取得高校教师资格证书。

（15）个别部门的数据统计工作浅尝辄止，缺乏进一步的分析及纠正措施的制订。

（16）个别部门提供文件化信息耗时长，文件、记录存在未受控的情况。

（17）个别教师，尤其是新进教师对我院颁发的规章制度不了解。

（18）有的部门未针对与外部签订的合同进行评审。

（19）个别教学系辅导员都没有取得心理咨询资格证书。

（20）有的教学系未组织对行政管理人员开展培训。

（21）部分教学检查仅仅停留在浅层次的检查上，例如：教案检查对于教案设计的核心内容没有涉及，缺少对教学重点是否突出、教学难点的处理是否恰当、教学目标能否实现的监督检查。教研活动检查、集体备课检查也存在类似的情况。

（22）教师听课测评和反馈工作有点走过场，最后反馈的意见或建议多数为：普通话标准、符合高职特点、课堂气氛不够活跃等，针对本堂课教学目标是否达成、重点是否突出、难点是否突破等问题没有进行分析，对授课教师的授课水平的提高起不到帮助作用。

（23）多数教学部门的专任教师数量达不到师生比1:18的配备要求，个别系部（例如艺术传媒系、国际商务外语系）的专任教师都是中级或初级职称，无高级职称，不利于部门相关工作的开展。

（24）学院现代职教课程相关的硬件、软件设施尚有待完善。教师反映现代职教平台上的教学资源不同级部之间不能循环使用，需要教师重新上传；学生反映登录平台网速慢。

（25）个别行政职能部门的办公设备（尤其是电脑）陈旧，影响部门正常工作的开展。

案例 3-59

中国天文大学内部审核不合格报告

内部审核不合格报告,见表 3-37。

表 3-37 内部审核不合格报告

第 1 份 共 1 份

受审核方	中国天文大学（北京）后勤集团学生宿舍教室管理服务中心		受审核部门	办公室	
审核类型	■QMS □EMS □OHSMS □FSMS ■认证审核 □第 次监审 □再认证 □扩项				
审核准则	标准：ISO 9001：2015		审核日期	2016 年 1 月 11 日	
不合格事实陈述： 现场审核中，中国天文大学（北京）后勤集团学生宿舍教室管理服务中心未能提供对该部门人员能力的评价证据。					
不合格条款：7.2			不合格性质：严重 □ 一般 ■		
审核员：王虎 日期：2016.1.11 审核组长：孙苗苗 日期：2016.1.12					
请受审核方于 2016 年 1 月 12 日前提交不合格纠正措施，逾期会改变原审核结论。 以上不合格事实及纠正措施提交时间要求，受审核方予以确认。 受审核方管理者代表： 日期：2016.1.12					
纠正措施验证结论： □ 纠正措施不合格要求，请在＿＿＿月＿＿＿日前重新提交纠正措施及实施证据。 □ 纠正措施基本符合要求，其实施效果在下次审核时现场验证。 □ 经审核组于＿＿＿月＿＿＿日现场验证，纠正措施基本符合要求。 审核员： 年 月 日					
对上次审核中不合格纠正措施的验证情况： 审核员： 年 月 日					

注：① 此报告一式三份，一份交受审核方，两份审核组带回中心。
② "纠正措施验证结论"栏由审核组长验证并填写。

三、管理评审

GB/T 19001—2016 标准条款内容：

> 9.3 管理评审
> 9.3.1 总则
> 最高管理者应按策划的时间间隔对组织的质量管理体系进行评审，以确保其持续的适宜性、充分性和有效性，并与组织的战略方向保持一致。
> 9.3.2 管理评审的输入
> 策划和实施管理评审时应考虑下列内容：
> a) 以往管理评审的措施的情况；
> b) 与质量管理体系有关的内外部因素的变化；
> c) 下列有关质量管理体系绩效和有效性的信息，包括其趋势：
> ——顾客满意和有关相关方的反馈；
> ——质量目标的实现程度；
> ——过程绩效及产品和服务的合格情况；
> ——不合格及纠正措施；
> ——监视和测量结果；
> ——审核结果；
> ——外部供方的绩效；
> d) 资源的充分性；
> e) 应对风险和机遇所采取的措施的有效性（见6.1）；
> f) 改进机会。
> 9.3.3 管理评审输出
> 管理评审的输出应包括与下列事项有关的决定和措施：
> a) 改进的机会；
> b) 质量管理体系变更的需求；
> c) 资源需求。
> 组织应保持文件化信息，作为管理评审的结果的证据。

管理评审是为了确保质量管理体系的持续适宜性、充分性和有效性，并对质量方针、目标、指标以及其他要素加以改进，从而实现质量管理体系的持续改进。

一般情况下，组织的最高管理者（总经理）负责主持本组织的质量管理体系管理评审。

组织的质量管理者代表组织编制管理评审计划，负责向最高管理者报告质量管理体系运行情况，并组织实施管理评审后续的纠正措施和预防措施。

管理评审的主控部门（如办公室）是质量管理体系管理评审的归口管理部门，负责编制管理评审计划，组织对管理评审必要的信息资料的收集，整理评审记录并及时归档，形成"管理评审报告"。

组织内各部门主要负责人应参加管理评审。

依据组织内管理评审计划的安排，最高管理者（总经理）每年至少主持一次本组织质量管理体系管理评审，两次评审的时间间隔不超过 12 个月，以确保体系的持续适宜性、充分性和有效性。

如因组织机构、作业条件、产品结构调整等发生重大变化或发生重大事故时，由最高管理者决定增加管理评审频次。

管理评审的输入应包括：

第一，以往管理评审的后续措施。

第二，以下方面的变化：

① 与质量管理体系相关的内外部问题；
② 相关方的需求和期望，包括合规义务；
③ 其重要环境因素和重大危险源；
④ 风险和机遇。

第三，目标和指标的实现程度。

第四，与组织的质量绩效方面相关的信息，包括以下方面的趋势：

① 顾客满意和相关方的反馈；
② 过程绩效以及产品和服务的符合性；
③ 外部供方的绩效；
④ 不合格和纠正措施；
⑤ 监视和测量的结果；
⑥ 其合规义务的履行情况；
⑦ 审核结果。

第五，资源的充分性。

第六，来自顾客及外部相关方的相关沟通、交流信息，包括抱怨。

第七，应对风险和机遇所采取措施的有效性。

第八，持续改进的机会。

管理评审输出应包括：

第一，管理评审的输出应符合组织持续改进的承诺，包括以下方面：

① 对质量管理体系的持续适宜性、充分性和有效性的结论；
② 质量绩效，质量方针和目标、指标；
③ 与质量管理体系变更的任何需求相关的决策，包括资源；
④ 其他质量、环境和职业健康安全目标未实现时需要采取的措施；
⑤ 如需要，改进质量管理体系与其他业务过程融合的机遇；
⑥ 任何与组织战略方向相关的结论。

第二，管理评审的相关输出应可供沟通和协商及信息交流。

第三，管理评审的结果应予以记录；管理评审报告由管理者代表负责组织编写，经总经理批准后下发。管理评审所提出的改进措施的实施效果跟踪验证，如达不到预期效果，应由责任部门重新制订改进措施，直至达到预期效果为止。

内部审核和管理评审的差别，见表 3-38。

表 3-38 内部审核和管理评审的差别

类别	内部审核	管理评审
目的	确定满足审核准则的程度	确保管理体系的持续适宜性、充分性、有效性
客体	组织的质量管理体系	组织的质量管理体系（含质量方针和目标）
评价依据	审核准则	顾客的期望和需求
执行者	内审员	最高管理者
过程	系统独立地获得审核证据，形成文件化的审核发现和审核结论的过程	以 5.6.2 输入信息为依据，对质量管理体系有效性、适宜性、充分性进行评价

审核计划和审核方案的区别，见表 3-39。

表 3-39 审核计划和审核方案的区别

项目	审核计划	审核方案
内容范围	一次具体的审核活动安排的描述	针对特定时间段内具有特定目的的一组审核
性质	描述一次审核活动安排的文件	一组具有共同特点的审核活动以及对审核活动的管理，包括审核计划的制订和实施以及为审核活动提供资源所有必要的活动和安排
编制	审核组长	审核方案的管理人员

案例 3-60

中国天文大学（北京）后勤集团宿教中心文件

天后集宿教发〔2016〕04 号

2016 年管理评审会议通知

按照《质量手册》中管理评审的要求，为了确保中心质量方针目标和管理体系持续有效和适用，进一步提高中心服务水平，中心决定召开管理评审会议，有关事宜通知如下：

1. 会议事项

会议由中心主任主持召开。

（1）会议时间：管理评审会议拟定于 2016 年 11 月 23 日下午 15:00 召开。

（2）会议地点：中心会议室。

（3）参会人员：中心主任、中心副主任、内审员、各宿舍楼楼长。

2. 程序

（1）主持人按照会议计划主持会议。

（2）各报告人汇报工作情况。

（3）提出管理评审的建议。

（4）编制评审报告。

3. 内容

（1）管理者代表进行质量方针、质量目标和管理体系的适用性的分析报告。内审组长进行中心部门内审情况的分析报告。

（2）办公室进行客户反馈意见和投诉处理、宿舍楼比对和质量结果、纠正措施和预防措施的分析报告。

（3）办公室进行规章制度、规范适用性的分析报告。

（4）办公室进行人力资源充分性和需求、人员培训情况和效果分析报告。

（5）楼长进行质量监督等情况的分析报告，以及体系运行存在的问题及建议。

（6）各部门要将征求的意见、建议和存在的问题以书面形式汇报。

（7）会议结束后，由办公室写出管理评审报告，并对评审资料归档保存。

宿教中心
2016 年 11 月 19 日

案例 3-61

中国天文大学管理评审计划

管理评审计划，见表 3-40。

表 3-40　管理评审计划

编号：SGZX-JL-03-01　　　　　　　序号：

评审目的： 为使管理体系满足 GB/T 19001—2008 标准要求，确保体系运行的适宜性、有效性，中心召开管理评审会议。
评审参加人员： 中心领导、内审员、办公室人员、各宿舍楼楼长。
评审依据： ISO 9001—2015《质量管理体系要求》 《质量手册》《工作手册》 内审报告
评审内容： 内部审核情况； 顾客投诉及处理、顾客满意度调查情况； 质量方针和质量目标的实施和完成情况； 纠正措施和预防措施的实施及其结果； 体系运行中存在的问题，以及对管理体系改进的建议。

续表

各部门评审准备工作要求:
管理者代表：质量管理体系运行报告；
中心办公室：顾客满意度报告、质量监督报告、资源管理；
提出的预防和纠正措施；措施执行情况；
宿舍楼：工作质量报告。
评审时间：2016 年 11 月 23 日　　评审地点：中心会议室
编制：王虎　　审核：刘虎　　批准：赵虎　　日期：2016 年 11 月 20 日

思考题

1. 管理评审的意义是什么？
2. 管理评审是谁的职责？
3. 管理评审和内部审核有哪些区别？

第十一节　改进

一、总则

GB/T 19001—2016 标准条款内容：

> 10.1　总则
> 组织应确定和选择改进机会并实施必要的措施，以满足顾客要求和增强顾客满意。这些应包括：
> a）改进产品和服务，以满足要求以及应对未来的需求和期望；
> b）纠正、预防或减少不利影响；
> c）改进质量管理体系绩效和有效性。
> 注：改进的示例可以包括纠正、纠正措施、持续改进、突破性变革、创新和重组。

本条款的核心是组织确定并选择改进机会，采取必要措施，满足顾客要求和增强顾客满意，实现其质量、管理体系的预期结果。

这些应包括以下三方面：

第一，改进产品和服务，以满足要求并关注未来的需求和期望；

第二，纠正、预防或减少不利影响；

第三，改进质量管理体系绩效和有效性。

组织通过内部审核、管理评审、对过程的监督检查、对产品的监视测量、顾客的反馈，发现不合格，并对这些不合格进行评审和分析，确定不合格发生的原因，确定需要纠正的不合格和不需要纠正的不合格，采取切实有效的措施，消除不合格的原因，防止不合格的再发生，满足顾客需求，增强顾客满意。

组织改进产品和服务目的是为了满足要求，便于组织的长远发展。一般所要满足的要求包括法律法规要求、顾客要求、合同订单的要求、组织自己的要求。组织要纠正、预防、减少组织不期望事情的发生。组织还要改进质量管理体系的绩效和有效性。

思考题

改进的目标是什么？

二、不合格和纠正措施

GB/T 19001—2016 标准条款内容：

> 10.2 不合格和纠正措施
> 10.2.1 当发生不合格时，包括来自投诉的不合格，组织应：
> a) 对不合格作出应对，并在适用时：
> ——采取措施以控制和纠正不合格；
> ——处理后果；
> b) 通过下列活动，评价是否需要措施消除，以消除产生不合格的原因，避免其再次发生或在其他场合发生：
> ——评审和分析不合格；
> ——确定不合格的原因；
> ——确定是否存在或可能发生类似的不合格；
> c) 实施所需的措施；
> d) 评审所采取的纠正措施的有效性；
> e) 需要时，更新在策划期间确定的风险和机遇；
> f) 需要时，变更质量管理体系。
> 纠正措施应与不合格所产生的影响相适应。
> 10.2.2 组织应保留成文信息，作为下列事项的证据：
> a) 不合格的性质以及随后所采取的任何措施；
> b) 纠正措施的结果。

依据组织质量管理控制要求，对事件、不合格进行调查和处理，采取纠正措施，最大限度减小由事件、不合格所造成的影响，并防止事件、不合格的再发生。

本条款的主控部门（如办公室）为牵头部门，各部门是质量检查、调查、处理和不合格、纠正措施的归口管理部门，负责职责范围内出现的事件、不合格、纠正措施的管理工作，包括投诉所引起的不合格。各部门应对本部门发生各类事故的报告、调查、登记、统计的正确性和及时性负责；负责对不合格及潜在不合格状况进行原因分析，并制订及实施纠正措施。

调查部门确定可能导致事件发生的质量管理缺陷和其他因素；确定纠正措施需求；确定持续改进的机会；沟通调查结果；事件调查应及时完成，调查的结果形成文件并保存；根据确定的纠正措施进行处理。识别和纠正不合格及潜在不合格状况，采取纠正措施减少其质量影响，纠正措施应与所遇到问题的影响程度相适应。

对不合格及潜在不合格状况进行调查，确定其产生原因，并采取措施以避免发生或再度发生；要充分考虑问题的重要性和所承受的风险程度，在采取纠正措施过程中采取预防性措施，来控制和减少类似不合格及潜在不合格状况的发生。

评审所采取的纠正措施的有效性，并予以实施。

纠正措施实施后，归口职能部门负责对实施效果进行跟踪验证，以验证纠正措施实施的符合性和有效性，防止类似不合格再次发生。

记录和沟通所采取的纠正措施的结果。

如果在实施纠正措施时，必要时，应在实施前通过风险评价。

为消除实际和潜在不合格原因而采取的任何纠正措施，应与问题的严重性和面临的质量影响、风险相适应。

必要时，对质量管理体系进行变更。

在发现不合格的时候，组织一定要做出响应。响应包括"采取措施控制"和"纠正不合格或处理后果"。

如果组织感到出现了新的风险和机遇，要及时评价分析风险和机遇，采取措施防止风险的发生，抓住机遇实现组织的目标。

当组织发现质量管理体系的某个条款不能满足本组织发展的需求的时候，组织要及时进行更改，确保组织的方针和战略目标得以实现。一旦发生不合格，组织要使其得到纠正，防止类似不合格的再次发生。

案例 3-62

山东天文学院不合格控制程序

1. 目的

对本院在教学、学生教育管理、行政管理和后勤保障服务中出现的不合格服务（产品）、采购过程中的不合格品以及后勤保障的不合格有形产品等进行识别和控制，防止不合格服务的发生和不合格有形产品的非预期使用，确保对不合格品的纠正与改进，增强学生及其家长、用人单位、教职工等的满意度。

2. 适用范围

适用于我院教学、学生教育管理、行政管理和后勤保障服务活动所产生的不合格品（服务）的控制。

3. 职责

3.1 质量管理办公室、教务处、团委、学生处、公寓管理办公室、后勤服务中心、膳食服务中心、继续教育学院、培训学院、国际交流与合作学院、中专部为本程序的主控部门，负责本程序的编制、修订并组织实施。

3.2 院长负责组织评审、确认严重不合格品的处置以及所采取的纠正和预防措施。

3.3 各部门负责识别本部门的不合格，并进行处置。

4. 工作程序

4.1 不合格品控制程序流程见附图。

4.2 不合格品的分类如下。

4.2.1 按性质可分为严重不合格品和一般不合格品。

a) 严重不合格品：指在我院造成恶劣影响或连续多次发生一般不合格品；

b) 一般不合格品：个别或偶然的不合格，经向学院或顾客解释沟通，取得谅解并可通过采取纠正措施很快弥补过失的不合格品。

4.2.2 按类别可分为教学、学生教育管理、行政管理和后勤保障服务的不合格。

4.2.2.1 教学不合格包括：

a) 教师在教学过程中出现严重偏离教学大纲和教材要求；

b) 教师在教学过程中严重违背教学规律或由于敬业状态不良而导致学生成绩严重下降；

c) 教师在教学过程中由于管理不善导致学生发生伤害事故；

d) 教学设施、设备和器材管理不善严重影响教学活动的正常进行；

e) 教师教学水平不高，影响教学质量；

f) 教师由于师德不良，在学生中造成严重不良影响；

g) 教师在课堂教学中散布有违国家法律和社会道德的言论；

h) 教师在组织学生学习活动过程中，玩忽职守造成严重事故发生；

i) 《教学事故的认定和处理办法》中规定的其他不合格。

4.2.2.2 学生教育管理不合格包括：

a) 明显可预见但未及时采取措施，造成学生财产和人身伤害；

b) 对违纪学生包庇导致学生出现更为严重的错误；

c) 因教育方法不当而导致学生心理或人身重大伤害；

d) 评奖、争优不按规定执行而导致不公平引起学生投诉；

e) 教师在教育学生过程中严重侵犯学生权利和伤害学生人格；

f) 在学生教育管理的各个环节中，由于策划指导失误或敬业状态不良而造成教学活动产生不良后果；

g) 在组织学生文体活动时因玩忽职守或组织不当造成不良后果乃至重大事故；

h) 学生的思想品德不合格，指学生违反《高等学校学生行为准则》和《天文学院学生管理规定》的行为；

i) 通过其他方式发现或认定的不合格学生教育管理等。

4.2.2.3 行政管理不合格包括以下情况：

a) 因策划和准备不足导致重大工作失误；

b) 决策失误而导致我院人力、物力、财力资源浪费；

c) 因相关部门互相推诿而使工作任务未能按期完成；

d) 工作责任心不强或组织管理不得力导致工作进度缓慢，影响后续工作；

e) 越权或滥用职权产生不良影响；

f) 泄露办学机密造成不良后果；

g) 服务态度不好被服务对象多次投诉；

h) 政令不畅，有令不行，影响工作的正常开展；

i) 违反财经纪律，致使办学成本不必要地增加；

j) 其他严重损害学院声誉和形象的行为等。

4.2.2.4 后勤保障不合格包括以下情况：

a) 房屋、设施、设备明显不能达到规定的标准危及人身或财产安全而继续使用；

b) 在后勤保障服务中产生的严重污染；

c) 由于管理不善给学生带来严重伤害事故；

d) 生活服务（衣、食、住、行、医等）方面出现的过失；

e) 由于供应商和外包各方面造成的严重损失和不良影响；

f) 维修服务中使用低劣材料或不按规定及时维修，影响服务对象正常生活；

g) 违反卫生标准出售过期、变质食品；

h) 其他应认定为不合格事项。

4.3 不合格品的记录、评审、处置和验证。

4.3.1 不合格品的记录。对上述出现的不合格由发现部门或检查部门填写《不合格报告》，并将《不合格报告》报送各主管部门。

4.3.2 不合格品的评审。出现不合格品责任部门的负责人，应及时组织相关人员对不合格事实进行评审，评审不合格的严重程度，提出不合格的处置方式，并记录评审结果，将结果报送主管部门。

4.3.3 不合格品的处置。

a) 对出现的一般不合格，部门负责人应立即要求责任者予以纠正；

b) 对出现的严重不合格，主管院长应组织相关主管部门、责任部门的有关人员分析、查找严重不合格产生的原因，制订处置方案，必要时，追究责任部门或责任人的责任，给予处分，并向全院通报。

4.3.4 不合格品的验证。

a) 一般不合格，由责任部门负责人，对于责任人纠正后的有效性进行跟踪验证；

b) 严重不合格，由主管部门负责人进行跟踪验证，并记录验证结果，将验证结果报告主管院长或院长。

4.4 采购不合格品的控制。当采购的物品到达使用部门时，经使用部门检测判为不合格品时，使用部门应记录在《不合格报告》中，加注标识，并通知采购部门，采购部门应及时与供方联系，进行退货或换货处置。

4.5 内审和管理评审中发现的不合格，执行《内部审核控制程序》《管理评审控制程序》的相关规定。

5. 相关文件

5.1 《高等学校学生行为准则》

5.2 《纠正与预防措施控制程序》TW—CX—8.5—29

5.3 《管理评审控制程序》TW—CX—5.6—03

5.4 《内部审核控制程序》TW—CX—8.2.2—2

5.5 《采购控制程序》TW—CX—7.4—06

5.6 《教学事故认定及处理的办法》TW—WJ—JXZX—29

5.7 《学分制学籍管理暂行规定》TW—WJ—JXZX—13
5.8 《关于重修课程的有关规定》TW—WJ—JXZX—14
5.9 《学分制实施办法》TW—WJ—JXZX—15
5.10 《天文学院学生管理规定》TW—WJ—XSC—01

6. 记录

6.1 《不合格报告》JL—8.2.2—03
6.2 《内审中发现的问题与处置记录》JL—8.3—03

案例 3-63

不合格品控制程序流程,如图 3-21 所示。

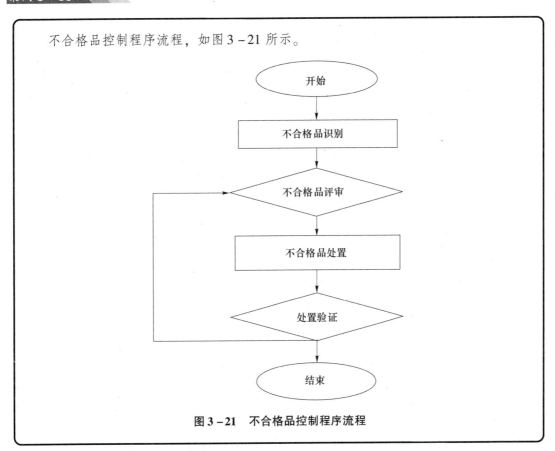

图 3-21 不合格品控制程序流程

案例 3-64

山东天文学院纠正预防措施控制程序

1. 目的

对学院质量管理方面存在的不合格和潜在不合格,制订纠正和预防措施并对评审、实施和跟踪验证工作进行控制,以消除不合格和潜在不合格的原因,防止不合格的发生,持续改进质量管理体系的有效性。

2. 适用范围

适用于学院内部对现存或潜在的不合格采取的纠正和预防措施的制订、实施、验证等活动的控制。

3. 职责

3.1 主管院领导负责审批针对所主管部门的不合格采取的纠正和预防措施。

3.2 质量管理办公室负责本程序的编制、修订;对纠正和预防措施的实施效果进行验证。

3.3 各部门负责针对本部门现存或潜在的不合格提出纠正和预防措施,报主管院领导审批后组织实施。

4. 工作程序

4.1 制订纠正与预防措施控制程序流程。

4.2 纠正措施的控制。

4.2.1 对于现存的不合格应采取纠正措施,以消除不合格原因,防止不合格再发生,纠正措施应与不合格项影响的程度相适应。

4.2.2 不合格的识别。

a) 在质量管理体系实施中,管理职责偏离标准要求;

b) 质量管理体系文件不符合国家和地方的法律法规或行业的标准、规范;

c) 在教育、教学、行政管理、后勤服务过程中出现重大质量问题;

d) 质量管理体系文件实施过程中出现的不合格,内审、管理评审发现的不合格项;

e) 在实施中发现资源提供不充分或不适宜;

f) 学生、家长或社会其他相关方对学院教育、教学、行政管理、后勤服务质量不合格的投诉;

g) 供方提供的设备、设施和服务出现严重不合格;

h) 其他不合格质量方针和目标的情况。

4.2.3 纠正措施的制订。

a) 各部门负责对本部门内出现的不合格的原因进行调查和分析,明确主要责任,制订纠正措施并填写《纠正和预防措施处理单》,报主管院领导审批。

b) 质量管理体系内部审核发现的不合格项的纠正措施,按《内部审核控制程序》的规定执行;管理评审发现的不合格项的纠正措施,按《管理评审控制程序》的规定执行。

4.2.4 纠正措施的实施。纠正措施由各责任部门严格按计划组织实施。

4.2.5 纠正措施实施的效果验证。对采取的纠正措施,经实施后,由质量管理办公室组织进行实施效果的验证,并将验证结果记录在《内审中发现的问题与处置记录》中。经验证发现所采取的纠正措施效果未达到要求时,由责任单位继续分析原因,再次制订纠正措施计划,主管院领导重新审批后实施,最终实现达到预期目的。

4.2.6 纠正措施的巩固。纠正措施实施并取得效果后,各有关部门应按《文件控制程序》中文件更改规定,对相应的技术规范和管理文件进行修订完善,以防止相同性质不合格再次发生。

4.3 预防措施的控制。

4.3.1 各部门应在管理活动过程中充分识别潜在的不合格,并采取预防措施,以消除潜在的不合格因素,防止不合格发生,所采取的预防措施应与潜在问题的影响程度相适应。

4.3.2 潜在不合格的识别。潜在不合格存在于下列情况:
a) 岗位人员未经培训,或未达到任职条件;
b) 所采用的设施设备及物品不符合规定的要求;
c) 工作环境不能满足规定的要求;
d) 供应商或外包方不具备需要的资质和生产能力;
e) 前一环节所存在的不合格未得到纠正;
f) 实施前未经策划或策划不周;
g) 对过程失去监视与测量或测量分析不能准确反映现状。

4.3.3 预防措施的制订和实施。各部门对潜在不合格识别后,应制订预防措施,填写《内审中发现的问题与处置记录》,报主管院领导审批后组织实施。

4.3.4 预防措施实施效果的验证。质量管理办公室负责组织对各部门所采取的预防措施实施情况进行跟踪验证,将验证结果记录在《内审中发现的问题与处置记录》中,确定潜在不合格得到有效控制后方可放行。

4.4 纠正和预防措施的记录由质量管理办公室及各部门负责保存,执行《记录控制程序》。

4.5 由纠正和预防措施引起的质量管理体系文件的任何更改,执行《文件控制程序》。

4.6 纠正和预防措施实施情况,应作为下次管理评审的输入之一。

5. 相关文件

5.1 《内部审核控制程序》TW—CX—8.2.2—26

5.2 《管理评审控制程序》TW—CX—5.6—03

5.3 《记录控制程序》TW—CX—4.2.4—02

5.4 《文件控制程序》TW—CX—4.2.3—01

6. 记录

6.1 《内审中发现的问题与处置记录》JL—8.3—03

6.2 《纠正措施记录》JL—8.5.2—01

6.3 《预防措施表》JL—8.5.3—01

三、持续改进

GB/T 19001—2016 标准条款内容:

> 10.3 持续改进
> 组织应持续改进质量管理体系的适宜性、充分性和有效性。
> 组织应考虑分析评价的结果以及管理评审的输出,以确定是否存在需求和机遇,这些需求和机遇应作为持续改进的一部分加以应对。

组织应持续改进质量管理体系的适宜性、充分性与有效性，应利用通过质量方针、目标、审核结果、纠正措施、合规性评价及管理评审、顾客和相关方投诉及抱怨等确定是否存在持续改进的需求或机遇，持续改进组织质量管理体系的有效性，以提升质量绩效。

第四章

审核知识

第一节 基础知识

一、基本概念

（1）审核：为了获得审核证据并对其进行客观评价，以确定符合审核准则的程度所进行的系统的、独立的形成文件的过程。

（2）审核准则：一组方针、程序或要求。

（3）审核证据：与审核准则有关的并能够证实的记录、事实陈述或其他信息。

（4）审核发现：将收集到的审核证据对照审核准则进行评价的结果。

（5）审核结论：审核组考虑了审核目的和所有的审核发现后得出的最终审核的结果。

（6）审核计划：对一次审核活动安排的描述。

（7）审核范围：审核的内容和界限，包括组织单元、活动单元、地理位置和审核覆盖的时期和描述。

（8）受审核方：被审核的组织。

（9）审核委托方：要求审核的组织或人员。

（10）纠正措施：为消除已发现的不合格或其他不期望情况的原因所采取的措施。

（11）预防措施：为消除潜在的不合格或其他潜在不期望情况的原因所采取的措施。

（12）纠正：为消除已发现的不合格所采取的措施。

（13）顾客：接受产品的组织或个人。

（14）结合审核：当质量管理体系和环境管理体系被一起审核时，称为结合审核。

（15）联合审核：当两个或者两个以上审核组织合作，共同审核同一个受审核方时，称为联合审核。

（16）内部审核：又叫第一方审核，由组织自己或者以组织的名义进行的审核，用于管理评审和其他内部目的，可作为组织自我合格声明的基础。

（17）第二方审核：由组织的相关方（如顾客）或由其他人员以相关方的名义进行的审核。

（18）第三方审核：由外部独立的审核组织进行，如对那些与 GB/T 19001 要求的符合性提供认证或者注册的机构。

（19）审核员：有能力实施审核的人员。

二、审核原则

审核原则是指审核员在审核过程中要坚持的原则，具体如下：

第一，道德行为，这是职业的基础，诚信、正直、保守秘密和谨慎是最基本的要求。

第二，公正表达，真实、准确地报告审核活动。

第三，职业素养，勤奋并有判断力。

第四，独立性，审核员独立于受审核的活动，不带偏见，没有利益上的冲突，保持客观的心态，保证审核发现和结论仅仅建立在审核证据的基础上。

第五，基于证据的方法。在系统的审核过程中，得出可信的和可重现的审核结论的合理的方法。

其中道德行为、公正表达、职业素养是与审核员有关的原则，独立性、基于证据的方法是与审核有关的原则。

三、审核员行为规范

各个级别的审核员在进行审核活动中都要遵守由中国认证认可协会制订的审核员行为规范，具体如下：

第一，遵纪守法、敬业诚信、客观公正。

第二，努力提高个人的专业能力和声誉。

第三，帮助所管理的人员拓展其专业能力。

第四，不承担本人不能胜任的任务。

第五，不介入冲突和利益竞争，不向任何委托方或聘用机构隐瞒任何可能影响公正判断的关系。

第六，不讨论或透露任何与工作任务有关的信息，除非应法律要求或得到委托方或聘用方的书面授权。

第七，不接受受审核方及其员工或任何利益相关方的任何贿赂、佣金、礼物或任何其他利益，同时也不允许在不知情的情况下接受。

第八，不有意传播可能损害审核工作或人员注册过程的声誉的虚假或误导性信息。

第九，不以任何方式损害中国认证认可协会及其人员注册过程的声誉，与针对违背本准则的行为而进行的调查进行充分合作。

第十，不向受审核方提供相关咨询。

四、审核员应具备的个人素质

审核员应具备的个人素质，具体如下：

第一，有道德，即公正、可靠、忠诚、诚实和谨慎。

第二，思想开明，即愿意考虑不同意见或观点。

第三，善于交往。

第四，善于观察，即主动地认识周围的环境或活动。
第五，有感知力，即能本能地了解和理解环境。
第六，适应力强，即容易适应不同的情况。
第七，坚韧不拔，即对实现目的坚持不懈。
第八，明断，即根据逻辑推理和分析及时得出结论。
第九，自立，即在同他人有效交往中独立工作并发挥作用。

第二节　管理体系认证

一、基本概念

（1）认证：指由认证机构证明产品、服务、管理体系符合相关技术规范及其强制性要求或者标准的合格评定活动。

（2）认可：指由认可机构对认证机构、检查机构、实验室以及从事评审、审核等认证活动人员的能力和从业资格予以承认的合格评定活动。

二、我国的认证认可管理机构

1. 中国国家认证认可监督管理委员会（英文简称：CNCA）

CNCA 成立于 2001 年 8 月 29 日，是综合协调、管理、监督我国认证认可工作的组织。该组织的职责主要包括以下方面：

第一，制订并实施国家认证认可、质量安全许可、卫生注册和合格评定等方面的法律法规。

第二，制订并实施我国认证认可和合格评定工作的方针政策，指导、监督、管理认可机构和人员注册机构。

第三，拟定国家实施强制性认证与安全质量许可制度的产品目录，制订并发布认证标志、合格评定程序和技术要求。组织实施强制性认证与安全质量许可工作。

第四，负责进出口视频和化妆品生产、加工单位的卫生注册登记的评审和注册等工作。

第五，根据相关规定，负责认证、咨询、从事认证业务的检验机构的资质审核和监督；依法监督管理外国相关机构在境内的活动；受理有关认证认可的投诉和申诉并组织查处；依法规范和监督市场认证行为，指导和推动认证中介服务组织的改革；监督、规范、管理自愿性认证咨询与培训等中介服务和技术评价行为。

第六，管理相关校准、检测、检验实验室技术能力的评审和资格认定工作，组织实施对出入境检验检疫实验室和产品质量监督检验室的评审、计量认证、注册和资格认定工作。

第七，负责对承担强制性认证和安全质量许可的认证机构和承担相关认证检测业务的实验室、检验检疫和鉴定等机构技术能力和资质的审核。

第八，管理和协调以政府名义参加的认证认可和合格评定的国际活动，代表国家参加国际认可合作组织、太平洋认可合作组织、国际评审员与认证协会、国际实验室认可论坛、亚太实验室认可合作组织等国际或区域性组织以及国际标准化组织和国际电工委员会的合格评定工作，签署与合格评定有关的协议、协定和议定书；归口协调和监督以非政府组织名义参加国际或区域性合格评定组织的活动。

第九，负责与认证认可有关的国际准则、指南和标准的研究和宣传贯彻工作，管理认证认可及相关的合格评定的信息统计，承办世界贸易组织技术性贸易壁垒协议、实施动植物检疫措施的协议中有关认证认可的通报和咨询工作。

第十，研究拟定认证认可收费办法，会同有关部门对收费办法的执行情况进行监督检查。

第十一，管理下属认可机构、认证机构和办事机构。

第十二，承办质检总局交办的其他事项。

2. 我国的认可机构

经国家认监委授权的认可机构有两个，分别是：中国合格评定国家认可委员会（英文简称：CNAS），中国认证认可协会（英文简称：CCAA）。

3. 认可机构的职责

第一，执行国家认证认可工作的方针政策；

第二，受理认证申请并组织实施认证审核；

第三，批准注册、颁发认证证书并向相关认可机构和主管部门定期通报认证信息；

第四，定期发布获证组织名录和认证公告；

第五，负责对获证组织进行监督审核和复评；

第六，负责对认证证书保持、扩大、缩小、暂停、恢复、撤销和注销进行管理；

第七，对分支机构和聘用人员进行监督和管理。

三、管理体系认证的过程

管理体系认证的过程一般包括以下13个步骤：

1. 提出认证申请

由组织向认证机构提出认证的申请。

2. 签订认证合同（协议）

认证机构受理组织提出的申请要求，并组织技术人员对申请和双方拟定的认证合同进行评审，如果评审没有被通过，则重新协商或者终止合同，如果评审通过，则双方签订认证合同（协议）。

3. 审核的启动

（1）确定审核组长。认证机构中负责管理审核方案的人员应为每一次审核指定审核组长，审核组长为此次审核的所有阶段的工作负责。

① 审核组长应具备下列条件：

a. 应为中国认证认可协会（CCAA）注册的相应管理体系的审核员或者高级审核员；

b. 具备一定的组织、管理、协调和处理审核中各种问题的能力；

c. 具备相应的专业能力和广泛的相关技术知识；

d. 具有对管理体系的整体有效性做出判断的能力。

② 审核组长的任务和职责有以下八个方面：

a. 对审核进行策划并在审核中有效地利用资源（包括编制审核计划、分配审核计划等）；
b. 组织和指导审核组成员，为实习审核员提供指导和指南；
c. 主持首、末次会议；
d. 控制和协调审核活动（包括组织审核组内部沟通和防止、解决审核过程中发生问题的冲突）；
e. 组织审核组内部沟通，代表审核组与受审核方和认证机构进行沟通；
f. 组织审核组评审审核发现并得出审核结论；
g. 组织编制和完成审核报告；
h. 履行和完成审核员承担的任务和职责。

（2）确定审核目的、范围和准则。

① 审核的目的。管理体系的审核分为初次审核、监督审核和再认证。其中，初次审核又分为第一阶段审核和第二阶段审核。上述三种审核的目的各不相同。

初次审核是对受审核方的管理体系进行的第一次正式的审核，第一阶段审核的目的是：对照审核准则，评价管理体系的符合性，初步判断管理体系的充分性和适宜性，了解管理体系的运行情况，为第二阶段审核做准备。

第二阶段审核的目的是：确认受审核方的管理体系是否符合审核准则的要求，验证其是否有效运行，以决定是否推荐认证。

监督审核的目的是：确认受审核方的管理体系是否持续符合审核准则的要求以及是否持续保持管理体系的有效性，决定是否推荐保持认证。

再认证的目的是：确认受审核方的整个管理体系的符合性和有效性、适宜性，决定是否推荐再认证。

总之，确定审核的目的，包括：

第一，确定受审核方的管理体系或其一部分与审核准则的符合程度。

第二，评价管理体系确保满足法律法规和合同要求的能力。

第三，评价管理体系实现规定目标的有效性。

第四，识别管理体系潜在的改进方面。

② 审核的范围。审核范围是指审核的内容和界限，包括实际位置、组织单元、受审核方的活动和过程以及审核所覆盖时期的描述。

第一，审核范围的确定，有以下四种方式。

a. 按照组织的管理权限确定审核范围。根据组织的管理权限来确定审核范围，要考虑以下三个方面：

a) 审核范围应是组织的管理者行使权限并承担管理风险的范围，对组织的管理者在行政管理上不能承担风险的区域，不能界定在审核范围内。

b) 在组织的管理权限内，管理者可以通过建立目标、管理方案，提供人、财、物来实现其方针和目标，这样的管理范围可以界定为审核范围。

c) 对管理者来说，在其管理范围内已经明确规定其可能导致事故、不合格的风险活动的责任范围可以界定为审核范围。

审核组在实施审核时，应覆盖上述范围。

b. 按照组织的产品范围确定审核范围，也就是按照组织提供的产品来界定审核范围。一般情况下，组织的产品生产区域可能在一个区域，也可能在多个区域，在确定审核范围时，产品的各个实现过程，必须在组织的控制范围内，如果产品的实现过程没有在组织的控制范围内，那么该产品的范围不能界定为审核范围。

c. 按照组织的活动范围来确定审核范围。活动范围是指组织与产品有关的生产、服务、管理活动，通常包括以下两个方面：

a）审核范围必须包含管理体系覆盖的全部活动，如果资质的主要活动和其他活动有关联，那么要分析与主要活动有关联的那些活动的风险是否有独立性，据此决定是否将与主要活动有关联的其他活动也纳入审核范围内。

b）对于没有纳入组织的管理体系但又在组织的管理权限内的活动，要分析这些活动是否具有独立性，据此决定是否将其纳入审核范围。

d. 根据组织的现场区域决定审核区域。组织的现场区域可能是单一的，也可能是多现场。但确定审核范围时，审核范围应是组织的管理权限覆盖下的区域。对于较复杂的现场审核的情况，确定审核范围时，应考虑以下原则：

a）当组织有几个相似的现场时，例如：相似的活动、由相同的行政管理机构控制管理、在同一个管理体系内运行且都实行了内部审核和管理评审，这时可以进行抽样审核。

b）当一个组织由具备不同职能的部门或者联合体构成，且从事的活动和风险也各不相同，这时，应对所有现场列入审核范围。

c）临时现场（例如：临时搭建的工棚、车间），只要在组织的管理体系之内，都要列入审核范围。

d）对于无法确定的现场区域（例如：流动服务站），应将组织的服务范围列入审核范围。

需要说明的是：如果一个组织的管理体系的认证证书覆盖了多个现场，假设在一个现场发现了不合格，其纠正措施程序应适用于认证证书覆盖的全部现场。

第二，确定审核范围应考虑的因素。审核范围涉及审核的区域位置、内容、审核的专业，在确定审核范围时，应考虑以下几个方面的因素：

a. 审核所依据的标准或其他文件。

b. 与产品有关的法律法规：与产品有关的法律法规是组织必须遵守的最基本的准则，所以，应将与产品或活动有关的法律法规纳入审核的范围。

c. 审核所覆盖时期及管理权限所覆盖的管理范围。

d. 组织申请认证所覆盖的产品及其活动。

e. 组织申请认证的实际地理位置和组织单元。组织单元是指组织内的职能部门、车间、办公室、外派机构等，地理位置包括组织所在地的街道、门牌号或者经纬度等。

f. 风险及其影响的独立性和相关性。一般情况下，与受审核方的风险有关的活动、产品都应纳入审核范围，除非这些活动或者产品是独立的。

g. 受审核方的特定要求，例如：受审核方要求排除在审核范围之外的活动、产品、地理位置等。

第三，审核范围和认证范围确定的程序。审核范围在管理体系的审核中贯彻始终，根据审核范围的情况，最终确定认证范围。确定审核范围和认证范围一般依据以下程序：

a. 申请认证的组织提出认证的范围。

b. 认证机构接受认证申请后,经评审决定接受申请后,在和申请的组织签订的合同内写明认证范围,据此决定今后的审核范围。

c. 审核组通过现场审核对审核范围进行确认,如果审核范围发生变化,应写明变化的理由。

d. 认证机构根据审核组的审核报告和其他材料,进行审批确定,并在认证证书中写明认证范围。

第四,审核范围和认证范围的区别,见表 4-1。

表 4-1 审核范围和认证范围的区别

类别	审核范围	认证范围
目的	确定一次具体审核的内容和界限	确定受审核方认证注册范围
描述	一次具体审核的实际位置、组织单元、活动单元、过程和覆盖时期的描述	认证所依据的管理体系标准、覆盖时期的产品、活动、过程场所的描述
适应者	审核组	认证机构和获证组织

③ 审核的准则。受审核方的审核准则包括:受审核方的方针、程序、法律法规的要求、操作文件的要求。

(3) 确定审核的可行性。确定审核是否可行,应考虑以下因素:

① 受审核方的管理体系运行时间。一般情况下,受审核方的管理体系运行时间至少 3 个月以上。

② 受审核方已经进行了内部审核和管理评审,并能为审核提供充分的运行证据。

③ 受审核方的生产服务及其他活动能正常开展。

④ 受审核方提交了管理体系的文件。

⑤ 受审核方已经申请了认证范围。

⑥ 受审核方在文件评审、现场审核、时间安排都有人力物力上的保障。

如果受审核方具备了上述条件,就具备了审核的可行性;如果经确认受审核方不具备上述审核的可行性的条件,那么负责管理审核方案的人员或者审核组组长应与受审核方协商,并向认证机构提出推迟审核时间、变更审核的目的、调整审核的范围等要求。

(4) 选择审核组。当确定审核可行之后,认证机构应确定审核组,一般情况下,审核组由审核组长、审核员、实习审核员、技术专家组成。实习审核员是审核组成员,但不能独立承担审核任务,技术专家是审核组成员但不承担审核任务。

组成审核组应考虑以下因素:

① 根据审核的目的、范围、准则确定审核组的人选、人数和技术专家。

② 根据审核工作量的大小确定审核所需人数。

③ 审核组成员需要得到受审核方的确认。如受审核方认为审核组成员与本组织要求不相符,可以向认证机构提出更换审核组成员的建议。如果受审核方的要求是合理的,认证机构应考虑调整更换相关的审核组成员。

(5) 与受审核方建立初步联系。审核组建立以后,认证机构管理审核方案的人员或者审核组长应就审核有关的事宜与受审核方建立初步联系。联系的目的如下：
① 确定受审核方的联系人、通信地址、联系方式；
② 审核的时间安排；
③ 向导和观察员的作用；
④ 审核中沟通的渠道；
⑤ 与审核有关的其他事宜的沟通。

4. 文件的评审

在现场审核前，应当评审受审核方的文件，确定文件与审核准则的符合性，在有些情况下，如果不影响审核实施的有效性，文件评审可以推迟到现场活动开始时，如果发现文件不适宜、不充分，审核组组长应当通知审核委托方和负责管理审核方案的人员以及受审核方，并决定是否继续进行或者暂停直到有关文件的问题得到解决。

文件评审通常由认证机构指定的审核组组长进行，也可以是由认证机构指定的其他审核员进行。

文件评审的依据是管理体系的标准和适应的法律法规。

在进行文件评审时，要了解受审核方的管理体系的文件架构，核实受审核方的管理体系文件是否是有效版本，依据管理体系标准和适用的法律法规对受审核方的文件逐一进行审核和评价。如果管理体系的文件不充分、不适宜，可请受审核方提供所需审查的文件进行评审，并提出评审的意见和结论。

文件评审的内容主要包括：管理体系的管理手册、程序文件、操作文件、岗位职责等。

对于管理体系主要文件的评审内容应考虑以下四个方面：

第一，是否阐述了组织的方针；
第二，各相关职能与层次的职责与质量目标；
第三，文件的查询路径；
第四，是否覆盖了标准的要求，是否符合适用的法律法规的要求。

对于程序文件的评审，应考虑以下四个方面：

第一，程序文件是否包含了管理体系标准中要求建立并保持的程序；
第二，已经建立的程序是否满足了管理体系标准中对要素的所有要求；
第三，每一个程序是否清楚地阐明了该程序的目的、范围、运行的职责等；
第四，程序文件之间以及程序性文件和操作文件之间是否有矛盾之处。

文件评审的意见或者建议只需要指出存在的问题，不需要指出修改的建议，更不能代替受审核方进行修改。

文件评审的结论一般分为：符合、不合格、部分不合格。如果文件评审结论是"符合"，可以进行下一步的审核工作；如果文件评审结论是"部分不合格"，一般要求受审核方在规定的时间内对文件进行修改，修改后可以在第一阶段审核或现场审核时进行验证；如果文件评审的结论是"不合格"，一般情况下应停止下一步的审核工作，待问题得到解决后再继续审核工作。

5. 现场审核的准备

现场审核的准备包括：审核计划的编制、审核组分配工作、准备审核工作文件三方面的工作。

（1）审核计划的编制。审核计划是对一次具体的审核活动和安排的描述，是审核组和受审核方就审核的事宜进行沟通的文件之一。编写审核计划的工作由审核组组长完成，并与受审核方交流，得到受审核方的确认后，经认证机构有关授权人员批准后实施。审核计划的修改应当在征得审核组组长、受审核方、审核委托方的同意后实施。

审核计划包括：审核的目的、范围、审核准则、审核的日期和地点、现场审核预期的时间和期限、审核组成员、向导和观察员的作用和职责、为审核的关键区域配置适当的资源等。

审核分第一阶段审核和第二阶段审核，由于这两个阶段的审核目的不同，所以编写审核计划时应予以区别。

审核的准则是指管理体系标准、组织的管理体系文件、法律法规、组织的方针。

审核的范围包括：管理体系所覆盖的产品涉及的地理位置、组织单元、活动单元、过程等。第一阶段审核的范围是所有现场和主要职能部门，第二阶段审核的范围是所有现场和部门。

审核的日期和地点是指审核的开始日期和结束日期以及受审核方的现场地址。

现场审核预期的时间和期限是指审核的日程安排。

为审核的关键区域配置适当的资源是指在审核专业性较强的区域时，应配备专业审核员与技术专家以及专业设备等。

① 审核时间的确定。编制审核计划时，要首先考虑的问题就是审核时间的确定，在确定审核时间时要考虑以下两个方面的因素：

a. 受审核方的规模和类型。受审核方的员工人数、区域分布、风险大小决定了审核人日数的多少（审核人日是指一个审核员一天工作八小时是一个人日，如果一个审核员工作两天就是两个人日，两个审核员工作三天就是六个人日）。

b. 受审核方的场所。受审核方的现场分多现场和单一现场，前者用的时间比后者要多。

在审核时间的安排上一般采用两人三天或者三人两天，但不可搞极端的安排，例如：一人六天或者六人一天。因为前者由于时间跨度太长容易造成评判的误差，后者由于缺乏沟通的时间而造成判断的不统一。

② 审核方式的确定。审核方式主要有以下三种：

a. 按部门审核。按部门审核就是以该部门涵盖的主要过程为主线实施审核。其优点是计划性强，节省时间，其缺点是内容分散，相关过程容易遗漏，所以按部门进行审核应认真策划、编好检查表、及时沟通以避免该方法的缺点。

在初次审核中，审核一个部门一般按照下列程序进行：

a) 审核体系内的职责权限；
b) 审核各岗位人员对组织的质量方针的理解；
c) 审核部门的目标及其完成情况；
d) 负责过程必查，配合过程选查；
e) 审核时要涵盖标准全部要求；
f) 注意抽样样本和样本量的合理性；

g) 注重审核过程中，客观证据的获得；
h) 注意受审核方 PDCA 方法的使用；
i) 注意询问有无改进的需求；
j) 注意审核思路的选择。

b. 按过程审核。按过程审核就是以组织的每个主要过程为主线实施审核，例如：在审核天文学院时，天文学院共有 12 个系，我们可以以教学过程、科研过程、学生管理过程为主线分别实施审核，在审核教学过程时，全院所有的系和教务处都进行审核。其优点是目标集中、明确，运用标准、体系文件对照判断的误差小；缺点是审核线路多，难确定受审核部门的具体时间，效率低。

在初次审核中，审核一个过程一般应按照下列程序进行：
a) 查文件的符合性、适宜性、充分性（有文件要求时）；
b) 负责部门人员必查，相关部门选查；
c) 审核时要涵盖标准全部要求，列出审核项目、重点；
d) 注重审核过程中，客观证据的获得；
e) 注意受审核方 PDCA 方法的使用；
f) 注意询问有无改进的需求；
g) 注意审核思路的选择。

c. 顺向追踪审核。顺向追踪审核就是以体系和过程运作的顺序为主线实施的审核。其优点是可系统、全面地审核运作过程，没有遗漏，问题集中，有针对性，易于发现问题；缺点是费时长，不易突出审核重点，问题复杂，难以掌握。

(2) 审核组分配工作。在审核前，审核组长召集审核组通过内部沟通将要实施的受审核方的基本情况予以说明，并请专业审核员与技术专家介绍受审核方的活动、产品和服务中的重点区域及其特点，在对审核组其他成员进行适当培训后，分配审核工作任务。

(3) 准备审核工作文件。审核工作文件包括：检查表、审核抽样计划、记录信息的表格。

检查表当中通常包括：抽样计划，是审核员进行审核工作时的参考。一般情况下，检查表是由审核员按照各自的审核任务进行编制，最终由审核组长把关批准。检查表的主要内容包括以下方面：

第一，审核内容，即查什么；
第二，审核的方法，即怎么查；
第三，审核的对象，即找谁查，到哪查。

在编制检查表时，应该避免以下四个方面的问题：
第一，将管理体系的要求，一字不差地变成疑问句；
第二，忽视对审核对象、审核方法和抽样计划的策划；
第三，仅仅按照管理体系的要求编制检查表，忽视了受审核方的活动；
第四，对于受审核方的以往的审核结果和过程的重要性，没有考虑在检查表的编写当中。

在使用检查表时，应注意以下三个方面：
第一，检查表是审核员的工作文件，不能把检查表交给受审核方；
第二，检查表是审核员审核活动的参考文件，所以，在审核过程中应避免按照检查表的内容照本宣科，而是应充分利用好"问""查""看"等方法，借鉴检查表的提示，完成审核任务。

第三，现场审核情况复杂，如果一味地按照检查表审核，会因编写检查表时考虑不周，而出现审核不完全、不客观等现象，影响审核的客观公正性。

由于审核的时间限制和审核员的精力有限，审核工作不能做到把审核范围内的所有活动予以检查，所以，抽样就成为审核的基本方法之一。正因如此，不可避免的是抽样有较大的风险和局限性。通过抽样发现的不合格，并不能代表所有这样的工作都是不合格，以此类推，抽样发现的符合，也不能代表所有的工作都符合。这就要求我们在抽样时做到抽样有代表性，以保证审核的系统性和完整性。为此，抽样要做到以下四点：

第一，要明确抽样的样本和总体。

第二，确定抽取样本量，一般情况下，样本量是样本总量的二次方根。

第三，为做到公平、公开、公正，审核员应该亲自抽样。

第四，要保证抽样覆盖面，抽样时要考虑不同的部门、活动都要抽取适当的样本，避免遗漏。

6. 现场审核的实施

（1）首次会议。首次会议由审核组长主持，审核组成员以及受审核方的代表和受审核方的管理层成员参加，会议的时间一般30分钟左右。与会人员都要签到，并由审核组保留签到记录。

首次会议上，一般应有以下内容：

第一，审核组组长和受审核方的代表分别介绍审核组成员及在审核中的职责和受审核方的管理层成员和职务。

第二，审核组组长在首次会议上说明此次审核的目的、范围、审核准则。

第三，审核组组长在会议上确定审核的日程安排，介绍审核的方法和要求。

第四，审核组组长说明审核中与受审核方的沟通方式和沟通渠道。

第五，审核组组长在会议上说明向导和观察员的作用和职责以及审核中需要的资源。

第六，审核组组长在会议上说明审核的实施和投诉、申诉的方法和渠道。

第七，审核组组长在会议上承诺保密的事项。

第八，审核组组长在会议上接受受审核方的问询并予以解答。

首次会议签到表，见表4-2。

案例 4-1

首次会议签到表规范性文本

表4-2 首次会议签到表

组织名称：明天工程建筑有限公司

审核类型：□QMS　□第一阶段　□认证审核　□第一次监审　□再认证　□扩项
　　　　　□EMS　□第一阶段　□认证审核　□第一次监审　□再认证　□扩项
　　　　　□OHSMS　□第一阶段　□认证审核　□第一次监审　□再认证　□扩项
　　　　　□FSMS　□第一阶段　□认证审核　□第一次监审　□再认证　□扩项

日期：2016.06.05　☑首次会议　□末次会议

续表

	姓名	部门	职务	姓名	部门	职务
受审核组织参加人员						
审核组人员						

（2）审核中的沟通。审核中的沟通包括：审核组内部沟通和审核组与受审核方以及审核组与认证机构的沟通。

① 审核组内部沟通，具体如下：

第一，审核活动中审核计划的执行情况及其调整。

第二，审核组针对审核过程中出现的异常情况进行的沟通。

第三，审核员之间证据的互补。

第四，审核过程中超出审核范围，但是确应予以关注的问题。

第五，审核证据和审核发现的确定，审核结论的形成。

第六，审核后续活动的安排。

② 审核组与受审核方的沟通，具体如下：

第一，深化计划的实施和进展情况以及可能需要调整的审核计划的沟通。

第二，当审核组通过收集到的审核证据发现可能发生紧急情况、重大风险或者需要引起受审核方的关注时的沟通。

第三，可能导致审核范围发生任何变更情况的沟通。

第四，当审核组获得的审核证据感到不能达到审核目的时，审核组组长需要向受审核方说明情况，并商定采取的适当措施，包括审核计划、审核目的、审核范围的更改甚至审核的终止等。

第五，向受审核方介绍审核的整体情况以及对受审核方管理体系的有效性的评价等。

（3）审核组与认证机构的沟通，具体如下：

第一，审核时间和审核计划的调整。

第二，需要时，审核组向认证机构报告审核证据显示受审核方可能发生的紧急情况、重大风险或者在审核范围之外的需要引起受审核方关注的问题。

第三，审核证据显示审核目的不能达到或者审核范围需要调整。

第四，审核组和受审核方有分歧以及审核无法继续下去等情况。

（4）向导和观察员的作用。向导和观察员可以与审核组同行，但不能参与审核，也不应干扰和影响审核的实施。

（5）信息的收集和验证。审核的过程就是获得客观证据并对其对照审核准则进行客观评价的过程，信息收集并对收集到的信息予以验证以获得可靠的证据在整个审核过程中就变得极其重要。因为只有被证实的信息才可以作为审核证据。

① 信息的收集。一般情况下，收集信息的渠道包括：

第一，面谈。面谈就是审核员通过和员工或者其他相关人员进行面对面的交流，以获得审核证据的途径。面谈时，审核员应考虑以下因素：

a. 面谈人员应该来自审核范围内的参与活动、过程的层次或职能部门；

b. 审核员在面谈时，应该在被面谈人员的正常工作时间和工作场所内进行；

c. 面谈前，审核员应解释面谈和记录的原因，并让被面谈人处在一种轻松的氛围内，为此审核员可以让对方先从描述其工作开始；

d. 审核员应当避免引导性的提问；

e. 面谈临终，审核员和被面谈者应该共同总结和确认面谈的结果，并表示感谢。

第二，现场观察。现场观察是获取信息的重要方式之一，审核员通过现场观察可以直观地获得受审核方的审核证据。现场观察一般适用于获取设备设施的标识、设备设施的运行情况、员工的现场操作情况、法律法规及生产规范的执行情况等方面的审核证据。现场观察往往按照生产服务的流程，从流程的开始一直到流程的结束。

第三，查阅文件和记录。在审核过程中，查阅文件和记录是审核活动常用的方法。审核员通过查阅文件和记录寻找受审核方在运行管理体系过程中的审核证据。

② 信息的验证。审核证据是指与审核准则有关的能够被证实的记录、事实陈述或其他信息。收集信息仅仅完成了获得审核证据的一个环节，对于收集的信息能不能作为审核证据关键还要看这些信息能不能被证实。所以，要对收集的信息进行验证，以获得审核证据。

（6）形成审核发现。审核发现是指将获得的审核证据对照审核准则进行评价的结果。审核发现能表明是否符合审核准则。

当审核组确定审核发现不符合审核准则时，通常将其定为不合格项，并对不合格项的严重程度进行分级，形成审核报告。

不合格项一般分为以下三类：

第一，文件性不合格：受审核方的文件不符合标准要求和适用的法律法规要求。

第二，实施性不合格：受审核方没有按照标准要求和适用的法律法规的要求组织实施。

第三，效果性不合格：受审核方按照标准要求和法律法规的要求组织了实施，但是没有达到预定目标或者实施效果没有满足标准要求和法律法规的要求。

对不合格项按照其严重程度，可以分为一般不合格和严重不合格。

受审核方的不合格达到下列情况之一的，就构成了一般不合格，具体如下：

第一，不合格对整个管理体系的影响是轻微的。

第二，在管理体系要素和管理体系文件要求方面的不合格是个别的、偶然的、孤立的。

如果受审核方的不合格达到下列情况之一就构成了严重不合格：

第一，已经造成或者可能造成严重后果的不合格。

第二，严重违反法律法规的要求或者标准要求的不合格。

第三，一般不合格没有按期纠正，又没有正当理由的不合格。

第四，目标没有实现又没有经过评审采取必要的措施的不合格。

第五，管理体系系统性失效或者关键过程重复失效，又没有采取纠正措施的不合格。

审核组在确定不合格项时，应注意以下八点：

第一，不合格事实应描述准确、清晰、具体。

第二，表述不合格事实时，不能强调客观因素，不能点名道姓；不能用刺激性语言。

第三，对不合格项的文字表述力求简洁，不能用模糊语言。例如：可能、少数、某些、差不多等。

第四，对不合格项违反审核准则的判断应准确。

第五，对不合格项的严重程度的分级应客观反映不合格的实际影响和产生的后果。

第六，应请受审核方确认不合格事实，并经审核组长签字确认。

第七，对于审核组和受审核方有分歧的不合格项，审核组应该记录，必要时向认证机构陈述情况，由认证机构做出最后决定。

第八，审核组应以不合格报告的形式将不合格项提交给受审核方。

不合格报告，见表4－3。

案例4－2

不合格报告规范性文本

表4－3　不合格报告

受审核方	明天工程建筑有限公司	受审核部门	工程技术部
审核类型	☑QMS　□EMS　□OHSMS　□FSMS　☑认证审核 □第一次监审　□再认证　□扩项		
审核准则	标准：GB/T 19001—2016、GB/T 50430—2007	审核日期	2016年6月5—7日
不合格事实陈述： 不能提供软土地基的作业指导书。			
不合格条款：Q：7.5.2；G：10.5.2		不合格性质：严重□　一般☑	
审核员：王虎　日期：2016－6－14　审核组长：刘明明　日期：2016－6－14			
请受审核方于2016年7月14日前提交不合格纠正措施，逾期会改变原审核结论。以上不合格事实及纠正措施提交时间要求，受审核方予以确认。 受审核方管理者代表：李明明　日期：2016－6－14			
纠正措施验证结论： □纠正措施不符合要求，请在　月　日前重新提交纠正措施及实施证据。 □纠正措施基本符合要求，其实施效果在下次审核时现场验证。 □经审核组于　月　日现场验证，纠正措施基本符合要求。 审核员：　　　　　　　　　　　　　　　　　　　　　　年　　月　　日			

续表
对上次审核中不合格纠正措施的验证情况：   审核员：　　　　　　　　　　　　　　　　　　　　　　　　　　　年　月　日

注：① 此报告一式三份，一份交受审核方，两份由审核组带回中心。
　　② "纠正措施验证结论"栏由审核组组长验证并填写。

（7）准备审核结论。审核结论是审核组考虑了审核目的和所有的审核发现后得出的审核结果，审核结果一般有三种：推荐通过认证、有条件推荐通过认证和不推荐通过认证。

7. 举行末次会议

在完成所有的审核活动后，就要召开末次会议，末次会议是现场审核的结束总结会议，该会议由审核组组长主持，审核组全体成员、受审核方的最高管理者和其他管理者参加，会议时间在30分钟到60分钟之间，审核组负责做好会议记录和参会人员签到。

末次会议通常包括以下七个方面的内容：
第一，感谢受审核方的配合和对审核组在审核期间工作的支持。
第二，重申审核的目的、审核准则和审核范围。
第三，公布审核发现。
第四，宣布审核结论。
第五，提出纠正预防措施的完成时间。
第六，受审核方的管理者做概括发言。
第七，再次对受审核方在本次审核方面的支持和配合表示感谢，宣布末次会议结束。

8. 审核报告的编写、批准和分发

审核报告的内容包括：审核的目的、审核的范围、审核委托方、审核组组长和审核员、现场审核的日期和地点、审核准则、审核发现、审核结论等。

审核组组长负责审核报告的编写，并按照认证机构规定的要求，及时提交给认证机构，确因某些原因不能按时提交者，应及时向认证机构说明延误的原因，并商定提交日期。

认证机构在接到审核组组长提交的审核报告后，应按照规定，对审核报告进行评审和批准。经认证机构批准的审核报告，应该按照认证机构的规定分发给受审核方。

审核报告归认证机构所有，审核组成员和审核报告的持有者负有对审核报告保密的责任。

9. 审核的完成

当审核计划中的所有活动已经完成，并分发了经过批准的审核报告以后，审核活动即告结束。

10. 审核的后续活动

通常情况下，审核的后续活动不是审核的一部分，但却是认证的一部分。审核的后续活动包括：受审核方采取的纠正预防措施或改进措施，认证机构根据和受审核方的约定对纠正预防措施的验证。

认证机构委派的审核员在对受审核方的纠正预防措施进行验证时，一般采用以下方式：

第一，在现场审核期间验证。在现场审核的验证采取了纠正措施，审核组可以在审核结束前对其采取的纠正措施的有效性进行验证。如果受审核方确实实施了纠正措施，并且措施有效，可以现场关闭此不合格项。

第二，书面验证。对于轻微的不合格项，受审核方在审核期间就立即通过书面材料予以判断，审核员可以根据受审核方提供的书面材料，对其实施的纠正措施的有效性予以书面验证。如果验证表明受审核方确实实施了纠正措施，并且措施有效，可以关闭此不合格项。

第三，在随后的审核中验证。对于短时间内无法完成的纠正预防措施，根据受审核方提交的纠正预防计划，经认证机构批准，可以在随后的审核中予以验证。如果验证表明受审核方确实实施了纠正措施，并且措施有效，可以关闭此不合格项。

第四，对于必须到受审核方的现场进行验证的不合格项，应再次派审核员进行现场验证，验证纠正措施的有效性。如果验证表明受审核方确实实施了纠正措施，并且措施有效，可以关闭此不合格项。

11. 监督审核

监督审核是认证机构对获证组织保持和改进管理体系的情况进行检查评价的活动。在获证组织的认证证书的三年有效期内，两次监督审核的时间间隔不应超过 12 个月。如果遇到获证组织的管理体系在运行期间发生了变更，那么认证机构应该针对这些变更进行追加审核。追加审核仅仅涉及与变更有关的活动或者区域。

监督审核的目的是验证获证组织是否实施、保持并有效运行管理体系，以确定是否保持认证资格。

监督审核要组成由熟悉受审核方专业的人员参加的审核组，按照审核计划、编制检查表并做好审核记录，审核完毕向认证机构提交监督审核报告，作为获证组织保持获证资格认证的依据。同等情况下，监督审核的人日数是为初审时第二阶段的三分之一。每次监督审核的范围可以不涉及受审核方的主要过程、活动、职能，但是三次认证审核要覆盖认证有效期的全部要素、过程、职能、区域。对于认证证书、认证标志的使用情况、内部审核、管理评审、顾客满意等是每次监督审核的必查内容。同时，对于上次审核的遗留问题也是每次监督审核要复查的内容。

对于监督审核中发现的问题，认证机构可以根据监督审核的结果，做出"保持认证""认证暂停""认证撤销""认证注销"中的一种决定，并将决定书面通知受审核方。

12. 再认证审核

再认证审核是在获证组织运行管理体系一个认证周期即将结束，获证组织一般在认证证书有效期期满前约 40 天，向认证机构重新提出认证申请要求，认证机构据此确认获证组织管理体系作为一个整体的持续符合性与有效性以及持续适宜性，并评价获证组织是否持续满足管理体系的标准而进行的审核。

再认证审核的程序基本等同于初审，并考虑管理体系认证周期内的运行绩效，但如果获证组织的管理体系有重大变更，应考虑有第一阶段审核。

再认证审核应包括以下三个方面的审核：

第一，再认证范围内整个体系的有效性、相关性和适宜性。

第二，组织的方针和目标的实现情况。

第三，对于在再认证审核中发现的不合格，认证机构纠正措施实施情况。

认证机构应根据再认证审核的结果，以及认证周期内管理体系的评价结果等情况，做出是否更新认证的决定。

13. 特殊审核

在正常审核（例如：初审、监督审核）不能满足获证组织的要求或者获证组织出现了重大变化，例如：获证组织需要扩大认证范围、认证证书的临时变更、认证组织出现了重大投诉现象等特殊情况，而进行的审核叫特殊审核。

有下列情况发生时，认证机构可以启动特殊审核：

第一，获证组织有重大投诉事件的发生。

第二，获证组织的证书被暂停以后，决定要重新恢复证书。

第三，认证范围发生变化（时间允许，可以和监督审核一起进行）。

参 考 文 献

[1] 程恒堂. 人力资源管理 [M]. 北京：化学工业出版社，2007.
[2] 曾明彬，陈计财. 十天学会统计技术 [M]. 广州：广东经济出版社，2009.
[3] 史秀云. 管理学基础与实务 [M]. 北京：北京交通大学出版社，2010.
[4] 陈运涛. 质量管理 [M]. 北京：清华大学出版社，北京交通大学出版社，2008.